東아시아 속의
渤海와 日本

# 東아시아 속의
# 渤海와 日本

한일문화교류기금
동북아역사재단 편

景仁文化社

# 책을 내면서

발해는 서기 698년 고구려의 옛 땅에서 고구려 계승을 표방한 대조 영이 고구려유민과 말갈인을 통합하여 세운 나라이다. 발해는 727년 일본에 첫 사절을 보낸 후, 919년까지 34차례에 걸쳐 사절을 파견했고, 일본에서는 13차례 발해에 사절을 파견했다.

발해의 대일교섭은 2대 무왕때인 726년, 발해에 인접한 흑수말갈이 발해영토를 통과하여 당에 사신을 파견하자, 이에 위협을 느낀 발해가 배후의 신라를 견제하면서 일본과 외교관계를 맺는 것으로부터 시작되었다. 발해는 일본에 대해 고구려를 계승한 국가임을 분명히 했고, 신라를 견제하기 위한 적극적인 외교정책을 펼쳐가면서 양 국가간에 교류기반을 다져갔다.

발해의 대외적 자신감과 이를 바탕으로 한 적극적인 외교는 일본과의 사이에 외교적 갈등을 불러 일으키기도 했으나, 일본으로서는 발해와의 관계를 악화시켜 교류를 통해 얻는 혜택을 포기할 수는 없었다. 특히 일본은 대륙과의 연계에 발해를 이용했고, 발해의 다양한 산물은 일본에 경제적 이익을 초래했다. 양국간의 교류는 정치 · 경제적 이익뿐만 아니라 다양한 문화교류의 장을 열어 나갔다. 특히 9세기 이후 양국 문인간 한시교류는 문화교류의 백미로 평가되기도 한다.

동해바다의 험난한 해로를 건너, 조난과 표류가 거듭되는 위험을 감수한 발해와 일본의 47회에 걸친 교류는 고대 동아시아 세계 속에서도 양국관계가 매우 긴밀하였음을 보여준다.

이 책은 2007년 11월 3일, 한일문화교류기금과 동북아역사재단이 공동주최한 한일국제심포지엄 <東아시아속의 渤海와 日本>에서 발표한 원고들을 단행본으로 엮은 것이다. 일본 國學院大學 鈴木靖民 교수의 기조강연(<발해의 국가와 대외교류>)에 이어, 서울대 송기호 교수의 <발해의 고구려 계승성 보론>을 통해 발해와 고구려의 계승관계를 살펴보았고, 이어 발해의 대외관계 규명을 위해, 金澤大學 古畑徹 교수의 <발해와 당과의 관계>, 金澤學院大學 小嶋芳孝 교수의 <고고학에서 본 발해와 일본의 교류사>, 동북아역사재단 김은국 연구위원의 <발해와 일본의 교류와 크라스키노성>, 그리고 최근 중국의 동북공정사업에 의해 한중 역사분쟁의 현안이 되고 있는 발해사를 일본 早稻田大學 이성시 교수의 <동북아시아 역사분쟁 속의 발해사의 위치>를 통해, 동아시아속의 발해사를 재조명했다. 이 논문들이 발해사의 위상정립을 위해 크게 도움이 되리라 믿는다.

끝으로 이번 심포지엄을 위해 수고해주신 한일문화교류기금 김수웅 국장, 동북아역사재단 임상선 연구위원, 번역에 애를 써준 신동규 박사, 정지연님께 감사의 말씀을 드린다.

2008년 5월   일

한일문화교류기금 운영위원 **손 승 철**

vi

# 개 회 사

(財)韓日文化交流基金

理事長  李 相 禹

오늘 한일문화교류기금과 동북아역사재단은 공동으로 아주 의미 있는 학술회의를 가집니다. 「동아시아 속의 발해와 일본」이라는 주제로 천 삼백년 전 동북아 중심부에 존재했던 발해라는 융성했던 왕국에 대하여 한국과 일본의 전문 학자들이 한자리에 모여 그 실체를 더듬어보는 회의를 가집니다.

발해는 한국 국민에게는 통일신라와 함께 남북조시대를 열었던 우리 조상의 나라로 인식되어있는 왕국입니다. 그러나 그 영역이 현재의 한국 영토 밖에 있어 그 실체를 밝히는 현장연구를 하지 못하는 나라여서 정서적으로는 가깝지만 실체를 소상히 그려내지 못하여 안타까워하는 마음속의 '우리나라'로 남아있습니다. 그래서 단편적인 기록을 바탕으로 작가들의 상상력을 보탠 소설, 드라마로만 접촉해오는 나라입니다. 최근 정부에서 동북아역사재단을 만들어 본격적으로 연구에 착수하고 있어 앞으로 발해의 실체가 더욱 선명한 모습으로 나타나리라 믿습니다마는 아직은 우리의 궁금증을 풀어줄 연구가 나오지 않고 있습니다.

발해는 동북아시아의 여러 나라와 활발히 교류를 가졌던 거대 왕국이었습니다. 중원의 당나라와도 교류가 많았고 바다 건너 일본과도 활발히 인적, 물적 교류를 가졌었으며 통일신라와도 접촉이 많았었습니다. 그래서 이번 회의에서는 발해와 교류를 가졌던 나라들과의 접촉사를 그 나라의 기록과 시각에서 점검해봄으로써 발해의 실체를 규명해보는 작업을 해보기로 한 것입니다.

이번 회의에는 한국 측에서 서울대의 송기호 교수, 그리고 김은국 박사를 비롯한 동북아역사재단의 여러 전문가가 모두 참석하고 있으며 일본 측에서 기조연설을 맡아주신 스즈키(鈴木) 교수, 후루하타(古畑) 교수, 고지마(小嶋) 교수, 이성시(李成市) 교수가 참가하여 발해를 주변국과의 관계사를 토대로 입체적으로 조명하게 됩니다. 이 의미 있는 회의에 참석해준 석학 여러분들에게 주최자의 한 사람으로 심심한 감사의 뜻을 전합니다.

이번 회의는 동북아재단이 저희 한일문화교류기금과 공동으로 주최하고 있습니다. 이 회의를 준비하는데 많은 도움을 주신 동북아재단의 김용덕 이사장님께 감사를 드립니다. 그리고 회의의 기획과 참가자 섭외에 애써주신 한일문화교류기금의 운영위원이신 강원대의 손승철 교수님께도 고맙다는 인사를 드립니다.

비록 하루 동안이라는 짧은 시간 동안에 가지는 회의이지만 많은 성과가 있으리라 기대합니다.

고맙습니다.

# 축 사

東北亞歷史財團

理事長 金容德

존경하는 이상우 한일문화교류기금 이사장님,

정성껏 심포지엄을 준비해 주신 관계자 여러분.

'동아시아 속의 발해와 일본'을 주제로 한 한일국제학술심포지엄이 성대하게 열리게 된 것을 진심으로 축하드립니다. 아울러 바쁘신 가운데 이번 심포지엄에 참여해 주신 발표자, 토론자 여러분과 참석자 여러분. 대단히 감사합니다.

아시다시피 발해의 역사는 흔히 '수수께끼의 왕국'이나 '잃어버린 왕국'으로 알려져 있었지만, 최근의 동북아 역사문제에서는 주요한 쟁점이 되고 있습니다. 발해사는 남북한을 비롯하여 중국, 일본, 그리고 러시아에서도 연구하고 있으나, 각 국의 발해사 인식은 많은 점에서 차이가 나는 것이 사실입니다.

이번 국제학술심포지엄에서는 한국과 일본의 대표적인 발해사 연구자들이 6편의 논문을 발표하고 이에 대한 토론을 벌일 예정입니다. 발표 제목에서 알 수 있듯이, 발해와 고구려, 당, 일본의 관계가 다채롭게 거론될 것입니다. 말하자면, 발해를 중심으로 8~10세기 동북아시아의 국제관계가 폭넓게 해명됨으로써 동북아시아 역사의 중대한 단면이 심도 있게 규명될 뿐만 아니라 발해의 역사적 위상이 보다 분명하게 드러날 것입니다. 또한, 이번 국제심포지엄이 각국 발해사 연구의 차이를 분명히 드러내고 각국의 인식 차이를 좁혀 나가는 중요한 계기가 되리라 믿습니다.

특히 중국 측에서는 발해사를 자국사라 하며 '세계역사'가 아닌 '중국역사' 교과서에 기술하고 있습니다. 그럼에도 발해사와 관련된 학술적 논의에 소극적인 입장을 보이고 있습니다. 이번 국제심포지엄을 통해 한국과 일본의 전공자들이 다양한 관점에서 관련된 쟁점에 대해 공동으로 논의하여 발해사의 온전한 위상을 규명할 수 있으리라 기대합니다.

이번 국제학술심포지엄을 위해 노고를 아끼지 않으신 여러분께 다시 한 번 감사의 말씀을 드립니다. 감사합니다.

2007년 11월 3일

x

# 目 次

–기조강연–

## 渤海의 國家와 對外交流 / 鈴木靖民(國學院大學)

## -주제발표-

### 渤海의 高句麗 繼承性 補論 / 宋基豪(서울대학교 국사학과)

### 渤海와 唐과의 관계 / 古畑徹(金澤大學)

## 東北아시아 歷史紛爭 속의 渤海史의 位置 / 李成市(早稻田大學文學學術院)

-종합토론-

기조강연

# 渤海의 國家와 對外交流

鈴木靖民
(國學院大學)

## 1. 발해국의 개막

발해국은 중국 동북지방에서 한반도 북부, 러시아 연해지방을 영역으로 하고 있으며, 698~926년에 걸쳐 존재한 국가로서 일본이나 당 등과 다양한 교류가 있었다. 7세기 말엽, 유라시아 동단의 광범위한 지역에 거주하면서 중국으로부터 靺鞨某部라고 일반적으로 칭해진 제민족 집단 중에서 남부의 粟末靺鞨의 수장, 乞乞仲象이 고구려의 유민들과 함께 요동 반도의 營州(朝陽市)에서 홍기해 松漠都督으로 거란인 이진충 등의 당에 대한 반란에 호응해 당군을 물리치고, 698년 모란강 상류

지역인 현재 吉林省 敦化市에 정권을 세워 振國(震國)으로 칭했다. 敦化
盆地는 粟末靺鞨의 거주지이며, 乞乞仲象의 출신지라고 생각되고 있다.
거점인 東牟山은 城子山 산성일 것이다. 713년 대조영은 당으로부터 발
해군왕에 봉해져 이후, 발해라고 칭하였고, 762년 大欽茂 때에 발해국
의 호를 인정받았다.[1] 이것이 발해 국가의 개막이다.

　이하, 본고는 본 발표자의 「渤海國家の構造と特質」(『朝鮮學報』 170,
1999), 「東北アジア史のなかの渤海の國家と交流」(『古代日本と渤海:能登
からみた東アジア』, 2005)를 토대로 하여 그 후에 주로 일본의 조사와
연구 성과를 추가한 것이다.[2]


## 2. 발해국가와 민족 집단


　발해국은 강제 이주된 사람들을 포함한 원래 고구려인, 肅愼·挹
婁·勿吉의 계보를 잇는 말갈의 제집단 등, 다양한 민족·문화 상황을
보여주고 있으며, 서쪽으로 접한 당·거란·돌궐·奚와의 다툼이 빈발
하는 동아시아 굴지의 경계 영역에서 오랜 세월에 걸쳐 국제 긴장이나
전란을 계기로 탄생했다. 말갈인 중에서도 남부의 粟末·白山靺鞨 등이
제휴해 공적 권력을 형성하였고, 이윽고 동 유라시아의 구조적 중심인
당에 조공하여 그 책봉을 받음으로서 정치적·경제적·문화적 관계를
연결해 결국 국가를 수립하기에 이르렀다.

　건국자인 대조영은 원래 고려(고구려)의 별종으로 여겨져(『旧唐書』,
渤海靺鞨伝), 또는 粟末靺鞨의 고려에 속한 것이라고도 말해지고 있어

---

1) 振國을 속칭으로서 靺鞨國을 발해 이전의 정식 국호라고 보는 설이 있다(劉
　振華, 「渤海史識徵」『渤海的歷史与文化』, 1991 ; 魏國忠 외, 『渤海國史』,
　2006).
2) 浜田久美子, 「渤海史研究の歩み」『歷史評論』 634, 2003.

(『新唐書』, 渤海伝) 이것이 발해가 말갈인의 국가인가 아닌가라는 屬族 문제에 대한 논의 근원이 되는 기사이다. 두 책은 근원을 고려와 粟末 靺鞨로서 설을 달리하고 있다. 하지만, 특히 이 남부는 다원적인 민족 집단이 거주하는 사회이고, 속말의 걸걸중상과 대조영은 동일인 내지는 부자지간일지도 모르는데, 혈연 또는 정치적 귀속의 차이가 있기는 하지만, 함께 고려 혹은 그 정권에 깊이 관련되어 있다는 것을 전해주고 있다는 점은 부정할 수 없다. 발해의 호칭에 대해서는 唐代의 都里鎭(요동반도 남단. 大連市 旅順口區)에 있던 714년 唐의 사자 崔忻의 鴻臚井 碑에 '敕持節宣勞靺鞨使'라고 있으며, 西安市 興慶宮跡 출토의 9세기 都管七國六弁銀製盒子에 '高麗國'의 인물상을 orl고 있다.3) 일본의 『續日本記』에 720년의 사자를 보낸 앞의 '靺鞨國'을 발해국으로 보는 설이 있지만, 그 후 같은 책의 727~8년 제1회의 발해사에 "渤海郡은 옛날의 高麗國이다."라는 기술이 있고, 발해 국왕의 書(啓)에도 "高麗의 옛터로 돌아왔다."라고 있으며, 平城京 출토의 758년 목간에 '遣高麗使'라고 보인다(한편, 제1회 사절에 대한 일본으로부터의 답장에 '渤海郡王'이라고 불렸고, 長屋王家 목간의 습서 목간에는 '渤海使'라고 적고 있다). 761년, 777년의 견발해(고려)사에 고려 消奴部의 출신이라고 하는 고려 高麗 朝臣氏를 임명한다. 이러한 것들은 발해를 '高麗'의 말로 일본의 사자 등이 개정했다는 해석이 있다. 하지만, 일본의 황족·귀족 지배층들의 사상·논리에서는 발해 사자의 첫 일본 방문부터 발해를 고려(고구려)의 계승국으로 의식하여 고려라고 칭한 것이며,4) 발해나 그 사자등도 외교(교역) 목적을 달성하기 위해 거기에 맞추었던 것일 것이다.

---

3) '高句麗國'에 대해서는 唐이 실제로 관할한 국가가 아니라, 불교사상 또는 이상화의 색채를 띠고 있다라는 설과 이른바 小高句麗 정권을 가리키는 설 등이 있다.

4) 石井正敏, 『日本渤海關係史研究』, 2001 ; 浜田久美子, 「渤海國書にみる八世 紀日本の對外認識」『國史學』185, 2005.

속말말갈에서도 수·당에 속하는 사람들이 있었다. 隋末에 內附한 수령 突地稽의 아들 이근행과 마찬가지로 "그 앞에 틀림없이 肅愼의 苗裔, 涑沫의 후예이다."라고 여겨져(墓誌), 당에 출사하여 營州都督, 鎭軍大將軍, 右衛員外大將軍을 역임했다. 또한 高崇文은 선조가 발해인으로 幽州에서 태어나 平盧軍에서 시작해 貞元 연간 이후 티벳(吐蕃)과의 싸움을 시작으로 군인 내지는 절도사로서 활약했다(『旧唐書』 151, 『文苑英華』 892). 李希烈은 燕州遼西의 사람으로 발해인으로 여겨지지만, 平盧軍으로 시작한 군인이었다(『旧唐書』 145, 『新唐書』 225·中).5)

719~737년 大武芸(武王) 代에 발해는 남쪽 신라 외에 북부 黑水靺鞨과의 긴장 상태를 지속시켜, 그러한 과정 속에서 말갈 제집단에 대한 복속책을 취해, 수령으로 불리는 각지의 지배층들 간에, 또 수령끼리의 결속을 강화시켜 국가로서의 다방면에 걸친 활동을 펼쳐나갔다. 732년 산동의 登州를 공격해 당과의 군사 충돌을 일으켰다. 이 시기, 압록강 유역에서부터 북한 함경남도 남부에 걸친 수렵·어로, 잡곡이나 水稻의 농경(철제 농구, 가래를 이용한 축경 등)·양잠지대를 지배하에 두었다. 때문에 초기의 지배층이 믿고 있던 불교문화에는 軒瓦文樣과 二仏並座像에서 볼 수 있는 바와 같이 고구려의 영향이 인정된다. 발해 墓葬制의 경우, 시대가 흐르면서 화장이나 합장의 습속 외에 封土墓는 고구려 묘장이나 외형 등과 현저하게 다르지만, 분묘의 구조·형상·벽화·부장토기에 고구려 문화의 영향을 볼 수 있고, 고구려의 묘장과 발해의 묘장의 사이에 밀접한 기원 관계가 있으며, 당 문화의 영향도 엿볼 수 있기 때문에 발해 문화는 고구려·말갈·당의 복합적 문화 요소를 지니고 있다고 여겨진다.6) 또 토기의 器形에는 지역차이가 있지만, 7세기 이래의 말갈 토기를 계승하였고, 그 연장선상에 고구려 토기의 영향을

---

5) 楊曉燕, 「唐代平盧軍与東北亞政局」 『盛唐時代与東北亞政局』, 2004.
6) 鄭永振, 『高句麗渤海靺鞨墓葬比較研究』, 2003.

받아 발해 토기가 형성되었다고 이해되고 있다.[7] 이러한 특징은 러시아 연해 지방 남서부에서도 공통되고 있는 점이다.


## 3. 五京과 교통로


737년 大欽茂(文王)의 즉위 이후, 발해는 拂涅・鐵利・越喜・虞婁 등 북부 말갈의 제집단을 복속시켰다. 이 지역은 수렵・어로・목축・양돈을 주된 생업으로 하고 있었다. 黑龍江省 海林市 細林河渤海遺跡의 예에서는 돼지・개・우마를 주로 사육하였고, 구릉에서 노루・만주사슴・이리 등, 숲에서 큰 곰, 늪에서 메기 등을 잡는 등의 수렵을 부업으로 삼아 피혁・식료・약종 등에 이용하거나 골각을 鏃・刀・방추차・장식품・帶鉤 등으로 가공하는 등의 생활을 보내고 있었다는 것을 알 수 있다.[8]

大欽茂의 代부터 818~830년 大仁秀의 代까지 중국의 府州縣制를 모방하여 지방을 15부・62주로 구분하였고, 직속의 3개의 獨奏州를 두어, 200 이상의 縣을 설치해 府治・州治・縣治를 행정 거점으로서 영역을 주위로 확대하려고 했다. 인구는 최대로 300만 정도로 추산되고 있다.

지방 지배의 진전에 대응하여 중국의 지배 기구를 모델로 삼은 宣詔省・中台省・政堂省의 3성, 유교적 덕목을 붙인 忠・仁・義・智・礼・信 6部, 12의 司, 中正台・殿中寺・司賓寺 등의 중앙관제를 두었고, 左右猛賁・熊衛 이하의 군제를 정비시켜 안정된 국가체제를 형성했다. 9세기에는 五府(五京)와 여러 道 등에 節度使司도 설치된 것 같다(『遼史』, 太祖紀下). 이 국가의 권력 중추는 9세기에 국왕・왕비・부

---

7) 劉曉東, 『渤海文化硏究』, 2006.
8) 陳全家 외, 「黑龍江海林市細林河遺址出土的動物骨骼遺存硏究」『考古』, 2004.

왕(장자)이라고 하는 국왕의 최근친자와 長史・平章事라고 하는 宰相
급에 의해서 구성되고 있었다.[9]

당에 보내진 사자나 유학생은 대부분은 경서, 사서의 서적을 가져왔
다. 발해는 독자적인 원호를 유지했지만, 지배층은 말하자면 당의 주변
적인 국가로서 중국의 禮制, 律令制를 모방한 국가의 수립을 목표로 했
다. 그러므로 貞惠公主墓, 貞孝公主墓 등의 묘지, 貞孝公主墓, 三陵墳二
号墓의 壁畵, 文字瓦・文字磚, 國書 등에 볼 수 있는 대로 한자, 한문의
사용, 복식 등의 唐風化, 唐文化의 도입과 아울러 "드디어 海東의 盛國
이 되었다."라고 칭송되어지는 정도 였다.

750년대 이후, 각지로 통하는 교통의 최요충지로 上京 등의 5경(王
都)을 정했다. 상경을 시작해 각 경의 주위에는 그곳에서 흘러가는 하천
등의 교통로를 따라서 산성이나 토성(平城)을 몇 곳에 두고, 長城・關隘
를 쌓아 올려 방위선을 형성하였고, 일찍이 지역의 府 지배나 문화의
기지로서 기능시켰다. 왕도는 처음 敦化市의 '旧國'[10]에서 中京顯德府
(吉林省和龍市西古城), 더욱이 京龍泉府(黑龍江省 牡丹江市 寧安市 渤海
鎭), 東京龍原府(吉林省 琿春市 八連城) 돌아와서 마지막에 上京 龍泉府
로 4번 옮겼다. 이러한 5개 京에 대해서 각지의 생업형태나 수령의 존
재와의 관련 유무 등 상세한 사정은 알 수 없다.

이 중 상경 용천부는 두 번에 걸쳐 오랫동안 왕도로 여겨진 가장 중
요한 도성이며, 외성을 土壘로 구분지은 네모진 京城 전역은 마을 구획
이 바둑판과 같이 계획되어졌고, 중앙 북부에 위치한 궁성과 황성에는
국왕・왕비・동궁・황자녀 등의 기와를 덮은 저택이나 宮殿 건물들이
회랑으로 연결되어 지도록 해 규칙적으로 늘어서 있고, 별궁이나 禁苑

---

9) 赤羽目匡由, 「封敦作『与渤海王大彝震書』について」 『東洋學報』 85-2, 2004.
10) '旧國'의 거점으로 헤아려지는 永勝遺跡의 건물은 최근의 조사에서 金代에
   속하는 것으로 판명되었다(『考古』, 2007). 吉林大學辺疆考古研究中心 외,
   「吉林敦化 永勝金代遺址一号建築基址」 『考古』, 2007-2.

도 있었다. 경내에는 東西市, 불교 사원도 점재해 있었으며, 발해의 정
치·경제·문화의 일대 중심이 되었다. 대규모 도시 플랜 자체는 완성
까지 두 세 번의 변천이 있었지만, 일본의 平城京과 비교해 당 장안성
의 都城制를 충실히 모방하고 있었다.11) 외성의 북쪽으로 돌출된 부분,
大明宮에 상당하는 궁전의 결여(궁성 북측의 內苑이 大明宮에 해당된다
는 설도 있다), 궁성 내를 구획한 돌담, 궁전의 온돌 시설 등 독자성도
있다. 북쪽 주변을 흐르는 모란강에는 다리를 설치하였고, 그곳을 건너
三陵屯에는 벽화가 있는 석축의 분묘가 몇 개인가 만들어져 후기 왕족
의 陵園이었다.

이 上京 등의 왕도에서 장안까지 '朝貢道'(『新唐書』)라는 길이 압록
강을 거쳐 요동반도를 따라 산동반도로 건너가 唐으로 들어가는 교통로
를 열었다. 상술한 鴻臚井의 碑는 8세기 처음에 旅順을 使者가 지나간
증거이다. 中京(西古城)의 도시 플랜도 해명되고 있지만, 8세기 말엽의
왕도 東京은 중국·러시아의 국경을 넘어 日本海와 약 40킬로미터로
가깝고, '日本道'(『新唐書』)라고 칭해지는 일본 교통로의 기점이며, 上
京시대에는 중계지점이었다. 이 上京으로부터 東京을 거쳐 日本道를 통
과하는 연장선상에는 사원이 많이 분포하여 숙박지로서 제공되었을 것
으로 여겨지는데, 琿春 동쪽 부근의 石頭河子古城은 日本道의 역관(숙
소)과 도성수비를 겸한 기능을 가지고 있었다고 생각되어진다.

'日本道'의 종점에 위치한 것이 圖們(豆滿)江의 서쪽으로 약 20Km,
러시아·하산 지구의 포지에트灣의 에크스페데틴灣에 접한 쿠라스키노
유적(토성)이다.12) 토루(土壘)로 둘러싸인 성내에는 사원의 와요(瓦窯)

---

11) 劉曉東, 『渤海文化硏究』(2006). 또한, 上京의 京城 모방이 平城京을 본떴다
　　고 보는 설도 있다(井上和人, 「渤海上京龍泉府形制新考」 『東アジアの古代都
　　城と渤海』, 2005).

12) ユーリ・ニキーチン, 「渤海の港湾遺跡」 『古代日本と渤海:能登からみた東アジ
　　ア』, 2005.

등의 생산 시설을 포함한 仏殿 등의 구획과 아직 조사되지 않은 초석 건물군의 구획이 있고, 석루(石壘)의 성밖 서쪽에는 묘지군이 모여 있다. 여기의 중국・조선명은 청대에는 顔楚・眼春, 근대에도 煙秋였고, 유적 부근을 일본해 쪽으로 흘러 들어가는 치카노후카 川의 옛 명칭은 엔츄우(岩杵) 川이라고 부른다. 즉 東京 龍原府下의 塩州(龍河郡)에 해당된다. 장기의 말의 형태(駒形)를 한 토성의 서쪽에서 남쪽의 해안으로 향해서는 도로의 자취가 보이는데, 일본과의 교통・교역의 발착지인 항만으로 출토되는 唐의 도자기와 중앙 아시아계의 유물로부터 소그드인 상인이 거주하고 있었던 것으로 상상되고 있다.13) 지금까지의 조사는 주로 10세기 전반의 상태를 보여주는 것이며, 그 下層 시대의 해명이 기대된다.

東京 龍原府는 中國 琿春市 八連城에 비정되는데, 이것에 반대해『遼史』地理志와 부합 하는 석축의 성터, 부동항의 존재, 驛路의 역간 거리, 봉수의 분포에 근거해 북한 淸津市 富居里라고 하는 주장도 있다.14)

西京 鴨綠府(吉林省 白山市 또는 臨江市)15)는 唐의 산동반도 登州(蓬萊市)에 이르는 '朝貢道'의 도중에 있고, 南京 南海府(북한 咸鏡南道 北靑郡 靑海土城)는 일본해를 따라 남하해 신라 泉井郡으로 통하는 '新羅道'를 장악하고 있었을 것이다. 일본의 견당사가 지나간 '渤海道'(『속일본기』)의 일부도 이 길과 같았을지도 모른다. 이 외에 長嶺府를 지나는 '營州道', 扶余府를 지나는 '契丹道' 등이 있었다. 발해의 5경이 각지의 지배와 밀접하게 관계되는 것은 당연하지만,16) 京과 수륙의 교통로는 내부를 연결하는 것뿐만 아니라, 외부와의 교류, 교역을 위해서 열려 있었다.

---

13) 鈴木靖民,「渤海の遠距離交易と荷担者」『アジア遊學』6, 1999.
14) 尹鉉哲,『渤海國交通運輸史研究』, 2006.
15) 鄭永振,「渤海的疆域与五京之地理」『渤海史研究』9, 2002.
16) 酒寄雅志,『渤海と古代の日本』, 2001.

## 4. 首領과 生産·交易

위에서 언급한 바와 같이 발해 사회는 다종의 말갈인, 원래 고구려
인 등 여러 집단으로부터 구성된 다민족 사회였다. 840년 편찬된『日本
後紀』편자가 견당사를 따라 唐 延曆寺의 승 永忠의 서간을 토대로 발
해의 연혁 중에서 초기 粟末의 모습을 언급한 "其國延袤二千里, 无州縣
館驛, 處處村里, 皆靺鞨部落. 其百姓者, 靺鞨多, 土人少. 皆以土人爲村長.
大村曰都督, 次曰刺史, 其下百姓皆曰首領"(『類聚國史』, 渤海上·延曆一
五年四月戊子條)이라고 하는 기사를 시작으로(문장 중의 '土人'을 '士
人'의 誤寫라고 하는 설도 있다),『속일본기』이하의 國史에 이어지는
발해사에 의거한 외교문서에 발해국왕의 뒤를 이어 '官吏·百姓' 또는
'首領·百姓'이라고 부르거나, 일본에 방문한 발해사 전체를 '大使已下
首領', '大使…自余品官幷首領等'이라고 표현하는 등, '首領'이라고 불
리는 신분의 존재가 중시되었고, 그 부하 대다수의 '百姓'을 기초로 해
계층 사회가 구성되어 있었다는 것을 알 수 있다.

727년, 최초의 발해사는 상륙지에서 大使가 사망해 平城京에 들어갔
을 때의 主席은 '首領'이었고, 841년 발해사의 구성을 일본의 宮內廳 書
陵部藏 壬生家文書의 中台省牒寫에 의해 보면, 일행 105인 중에서 '首
領'(大首領)이 65명으로 반수를 넘고 있었다. 716년 이후 唐으로 보낸
'朝貢'使에도 '首領'(大首領)이 자주 참가하고 있었다.

'수령'이란 발해의 고유어는 아니고 외교용의 국제어인 동시에 공용
어이기도 한 漢語이며, 이며, 발해의 각지·각 집단의 지배자를 가리키
지만(발해의 고유어로 莫拂瞞咄이라고 불렸는가), 그들이 밑에 있는 부
하의 주민이나 생산물을 관리·분배해 통제하고, 발해 국가에 복속하고
나서도 그들에게 체현되는 생산·경제활동을 주로 하는 전통적인 지배

질서가 그대로 승인된 사람들이며, 使者로서 참가해 외교에도 관련하고
있었던 것으로 생각할 수 있다.17) 그 수령에 대해서 일본에서는 石井正
敏, 森田悌씨, 한국에서도 朴眞淑, 鄭南一, 宋基豪씨 등의 논고가 있지
만, 그 중에서도 渤海使 속에 大首領이 있듯이, 폭넓은 지위 · 계층의 하
급 관리를 포섭하는 용어였다는 지적,18) 엄밀하게는 지방에 속해도 관
직과 관위를 갖지 않기 때문에 관제의 서열의 밖에 있었다고 하는 견해
가 고려되고 있다.19) 본 발표자는 이 지방 통치 체제를 수령제라고 하
는 개념으로 파악했지만, 최근, 부락 수령제, 또는 부락 조직체제라고
칭해 주현제와의 상호교차, 상호 보완적인 병존의 국면에서 파악하는
설도 나타나고 있다.20) 요컨데 '수령'을 一義的으로 볼 수 없지만, 기본
적으로는 발해 지역사회의 지배층에 속해있으며, 관리와 비관리 사이에
위치했던 특수 신분일 것이다(9세기 전반, 3번이나 일본에 파견된 발해
사자의 王文矩의 경우, 政堂省의 少允 · 左允에서 上京 郭縣의 永寧縣丞
으로 관직을 바꾸고 있다. 그 이유가 외교 활동과 관련이 있을지도 모
르지만, 어느 쪽이든 京官이면서 중추 관청에서 지방 관청으로의 이동
이라고 하는 것은 특수한 관리 신분의 본연의 자세를 시사한다).

발해인의 생업 · 생산은 벌써 언급한 바와 같이 자연 환경과 지리적
조건에 규정되어 수렵 · 어로를 주로 하였고, 목축업이나 농업이 있었
다. 얼마 되지 않는 문헌과 출토품에 의하면, 섬유제품 · 공예품 · 광산
물품 · 토기 · 도자기 · 磚瓦도 생산되었다. 이러한 다양한 생산물은 국
내 집단 사이에서의 유통 · 소비, 그리고 국가에 대한 공납으로 쓰였는
데, 일본이나 당과의 국제간 교역에도 이용되었다. 『續日本紀』日本의
國史, 『册府元龜』朝貢 등에 의하면, '朝貢品' 즉 교역품에는 호랑이 ·

---

17) 鈴木靖民,「渤海の首領に關する基礎的硏究」『古代對外關係史の硏究』, 1985.
18) 古畑徹,「渤海の首領硏究の方法をめぐって」『日本と渤海の古代史』, 2003.
19) 宋基豪,「渤海國首領的性質」『北方文物』, 2004.4.
20) 魏國忠 외,『渤海國史』, 2006.

곰·답비·표범·바다표범 등 해륙짐승의 모피, 송골매의 날개(羽根), 다시마·어류의 수산품, 白附子·인삼·벌꿀 등의 약재, 고래의 안구· 사향·牛黃·狗·瑪瑙 등의 천연의 특산물내지 중계품이 있었다. 각지의 명산으로서 들 수 있는 다시마·마·포·면·명주·철 등은(『新唐書』 渤海伝), 수출에도 공여되었을 것이다.

## 5. 일본과의 교류, 교역

발해 국가의 주된 외교 상대는 일본·당이며, 신라와는 오랜 세월에 걸쳐 대치하고 있어 거의 교섭이 없었다(897년, 賀正使인 발해왕자가 당의 조정에서 신라사자와 爭長事件을 일으켰고, 872년, 906년, 입당한 발해인이 신라인의 賓貢及第의 명부의 순서를 가지고 싸우는 등의 사건이 계속되었다.)[21] 그 밖에 근린의 突厥, 回鶻, 契丹, 室韋, 黑水靺鞨과 관계가 있었다.

교역은 공적인 국제관계를 중심으로 해서 진행되었다.[22] 일본과는 727~919년까지 渤海使 34회, 遣渤海使 12회를 통해 빈번한 교류가 행해졌다.[23] 발해는 당초, 黑水와의 항쟁에 기인하는 당과의 관계 악화 속에서 신라에 대한 대항이라는 목적을 포함한 국교를 유지했다. 일본의 遣渤海使의 구성은 大使, 副使, 判官, 錄事, 譯語, 主神, 医師, 陰陽師, 史生, 船師, 射手, 卜部, 雜使, 船工, 柂師, 傔人, 挾楫, 水手라는 것이 정비된 형태였다(『延喜式』 大藏省式).

728년, 일본 최초의 遣渤海使는 送使였고, 그 후도 일본이 修身의 입

21) 浜田耕策, 『新羅國史の硏究』, 2002.
22) 李成市, 『古代東アジアの民族と國家』, 1998.
23) 石井正敏, 『日本渤海關係史硏究』, 2001.

장이었다. 771년의 325명, 17척의 선단과 같이, 8세기 후엽이 되면 발해
의 교역 활동은 활발해져, 교류의 실태는 시종 상호무역이었으며, 중개
자적인 상인도 동행했을 가능성이 강한데, 그들은 아마 수령층에 속한
사람들이었을 것이다. 824년, 右大臣 藤原緒嗣가 이러한 발해사의 본질
을 "실로 이것은 장사를 하는 무리(商旅)"로 隣客이 아니라고 비난하여
파견하는 기한을 12년에 1회로 제한했지만, 기한을 지키지 않는 일도
자주 있었으며,[24] 그 후에도 일행의 과반수를 수령이 차지하고 있었다.
수령들은 스스로의 지배지에서 획득한 호피·웅피 등의 모피류나 인삼
등의 특산물을 교역품으로서 가지고와 관리하였고, 상륙지인 北陸 등
日本海 주변, 나아가서는 平城京·平安京의 客館 등에서 公私 양면으로
교역을 실시했다. 일본의 발해에 대한 공적인 '回賜品'으로는 絹·絁·
錦·羅 등, 가끔 황금·수은·金漆·椿油·水精·檳榔扇 등의 섬유 제
품이나 남방 산물을 포함한 특산물이 주어졌다. 그 대부분은 수령에게
부여되는 것으로 규정되고 있었다(『延喜式』大藏省式). 9세기 이후, 일
본은 당·신라와의 공적교류를 거의 행하고 있지 않았는데, 그러한 가
운데 발해사가 황족·귀족에게 가져오는 모피류는 선망의 대상이었다.
醍醐天皇의 황태자, 重明親王이 春日祭를 구경할 때, 발해사의 앞에 검
은 담비의 가죽 옷, 즉 모피를 8매나 중첩해서 착용하고 나타나 놀래게
하였다고 하는 에피소드는 유명하다(『江家次第』春日祭). 호피와 표피
는 5位 이상 내지는 參議, 3位 이상의 고관이 의식 등에서 착용이 용서
되는 지위의 심볼이었다(『延喜式』彈正台式). 정월의 7일 법회의 의식에
발해사가 참례할 때에는 의식이 개최되는 平安宮 豊樂院에 큰 곰의 모
피를 까는 것이 규정되고 있고(『內裏式』), 모피야말로 발해를 상징하는
것으로 강하게 의식되고 있었다는 것을 말해주고 있다.

발해사는 사람과 문물, 그리고 정보제공의 면에서 시간적·공간적으

---

24) 森公章,「日渤關係における年期制の成立とその意義」『ヒストリア』189, 2004.

로 멀었기에 단절된 唐과의 중계적 역할이라고 하는 주요한 채널의 기능을 완수하고 있었다. 예를 들면, 758년의 안사의 난의 정보 전달 외에 859년의 長慶宣明曆, 861년의 인도 경전·尊勝呪가 장차 들어오게 된 것 등은 현저한 사실이다.[25]

그 외에 발해로부터 박재품의 실물이라고 간주되는 것에는 奈良市 正倉院 보물인 彩畵用과 약재 臘密이나 약용 人參이 있다. 奈良縣 明日香村 坂田寺跡 출토의 平行沈線이 있는 三彩壺·大盤·獸脚(향로? 벼루?)의 파편은 渤海産의 三彩로 여겨진다. 발해의 삼채는 중국·러시아 연해 지방 11개의 도시나 사원 유적·분묘에서 출토된 사례가 있고, 施釉陶器도 각지에서 조사되고 있다. 平城宮·平城京跡에서도 西市跡 등에서 黑陶片 등이 5곳에서 출토되어 발해산일 가능성이 제기되고 있다. 北海道 余市町 大川遺跡의 黑色土器(壺)도 한때, 발해말·遼·女眞 초기의 토기일 것이라고 간주되었는데, 제작 기법·태토가 다르다고 한다. 2003년 11월, 秋田縣 仙北町(現在 大仙市) 拂田柵跡 서쪽의 鍛冶工房跡에서 톱니 모양(鋸齒文)이 있는 黑灰色의 도기편이 출토되어 발해산일지도 모른다는 주목을 받았지만, 일본 동북산이라는 의구도 있다. 실물은 아니지만, 長屋王家 木簡에는 '豹皮'를 사기 위한 동전의 付札이 있어 豹皮를 발해산이라고 하는 설이 있다. '豹皮'는 『續日本紀』와 『三代實錄』 발해사의 '方物'에도 보이고 있으며, 唐으로의 貢獻物에도 보인다. '豹' 자를 '貂' 자로도 통용하였던지, 단순한 오자라고도 생각되지만, 발해의 영역에 표범이(아무르 표범) 서식하고 있던 것이 아니면, 북방으로부터의 중계품일 것이다. 나라시대 이후 표피는 관리가 의식 때에 허리에 두르는 橫刀의 띠 장식해, 鞍具 등에 사용되었다. 일본의 귀족 지배층들에게도 발해와의 교류는 물자, 문화, 정보의 면에서 충분히 유익하는 것이었던 것이다.

25) 石井正敏, 『日本渤海關係史硏究』, 2001.

## 6. 唐과의 교류, 교역

唐과의 교류도 '朝貢'무역이다. 발해로부터 唐으로의 조공은 713~
926년까지의 214년간이며, 10세기의 後梁・契丹으로의 사신도 포함하
면, 약 150회나 있다. 1년에 2~5회 파견되는 일도 있었다. 조공품은 일
본과 거의 동종이지만, 그곳에서는 冊封・納質入侍・朝賀 등이 행해졌
다. 발해의 견당사는 9세기 전반에 활발히 행해져 신라와 동시의 조공
도 자주 볼 수 있다.26)

발해의 견당사는 단지 '使'라고 기록되는 경우가 많지만, 자세한 것
은 王族, 首領, 臣・官吏의 신분으로 나눌 수 있고, 首領(大首領)은 8세
기 전반까지로 이후 자취를 감추어 버린다. 이 변화는 발해의 말갈 지
배 확대 과정과 대응 관계에 있다. 수령들은 지방관제의 정비에 따라
주현 레벨의 관리에 가까운 신분 상승을 이루었고, 그 중에는 지방관으
로서 사절 간부에게 임용 되는 예도 있다. 발해는 조공의 가장 초기부
터 당에 '就市', 즉 공적 교역을 요청해 매년 市에서의 명마 교역, 송골
매의 암컷(鷹鶻)의 歲貢, 왕자 등에 의한 熟銅의 교역 등, 교역 본위의
외교를 계속했지만, 그 주요한 담당자는 首領 층이 분명하였다.

발해로부터 당에 깊은 진홍빛의 '瑪瑙櫃'와 함께 순자색의 매우 얇
은 '紫瓷盆'이 헌상해졌다고 전하지만(『杜陽雜編』下), 전자는 瑪瑙盃도
있고(『册府元龜』 褒異二), 후자는 1960년대 중국과 북한의 聯合考古隊
가 上京 龍泉府에서 발굴한 자갈색과 자색의 자기편이 이것과 비슷하다
고 여겨진다.27)

한편, 당으로부터의 하사품으로서 '器皿'이 보이는데(『册府元龜』 褒

---

26) 浜田耕策, 「渤海國の對唐外交」 『日本と渤海の古代史』, 2003.
27) 朱國 외, 『渤海遺迹』, 2002.

異三), 도자기의 교역은 주목할 만하다. 上京 龍泉府 궁성 내의 物置(창고) 터에서 발견된 다량의 도기군 속에는 河南省 鞏縣(鞏義市) 三彩를 포함한 唐의 施釉陶器가 있다. 러시아에서의 조사에 의하면, 연해 지방에서 북부는 발해의 率賓府, 남부는 東京 龍原府의 관할 하에 들어가지만, 그 州縣의 지역 거점에 해당되는 토성으로부터 주로 唐 시대의 도자기가 출토한다. 한카(興凱)湖의 동남쪽으로 우스리강 동쪽 언덕에 있는 가장 북족의 발해 유적인 마리야노후카 토성, 그 남쪽에 분포하는 노보고르데후카 토성·노보고르데후카 集落·니코라에후카Ⅱ 토성, 남단의 쿠라스키노 토성 등이 있고, 마리야노후카 토성에서는 浙江省 越州窯, 니코라에 후카Ⅱ에서는 河北省 邢州窯, 江西省 景德鎭窯, 쿠라스키노 토성에서는 四川·浙江·陝西·河北·河南 各省의 가마(窯)와 각각 계통의 산물이라고 여겨지는 도자기편이 출토되었다(그 중에는 형태상, 唐 자기의 변형이 포함되어있다고도 말하므로, 唐의 타지역이나 渤海産일 가능성도 포함될 것이다). 또 綏芬河의 서쪽 지류, 크로노후카강 유역 率賓府의 요지에 위치하는 아프리코소바야 사원터에서도 浙江省 越州窯産의 청자편이 출토되었다. 연해지방에서 출토된 唐의 도자는 40여점으로 여겨지지만, 산지별로는 越州窯産이 반수를 차지한다.

唐 남부의 도자기는 長江(揚子江) 삼각주, 즉 杭州湾의 越州(紹興市)·明州(寧波市)로 부근의 생산지로부터 모여지는데, 동쪽으로는 일본·신라·발해로 운반되었고, 남쪽으로는 필리핀, 서쪽으로는 이집트나 이탈리아까지도 미치고 있었다. 발해에 보내려면 선박의 화물로 실려 동중국해로부터 楚州(淮安市)·海州(連雲港市) 등의 육지를 따라 황해로 북상해, 山東半島의 密州(膠州), 靑山浦(成山角)를 거쳐 登州都督府(蓬萊市)에 이르렀다. 登州는 물자의 집산지로 신라관·발해관이 있으며, 교역 즉 공적인 대외교역의 장소이기도 했다. 섬서성·하북성의 도자기도 등주까지 반출되었을 것이다. 도자기 등을 선적한 선박은 산동

을 출발해 황해·발해만을 지나 요동반도에 들르는 등 동쪽을 향했고,
압록강 하구로부터 발해 영역에 들어가 '朝貢道'를 거슬러 올라가 西京
을 거쳐 東京 龍原府를 시작으로 하는 都城과 각지의 지배 거점, 수령이
재주한 지역에 도착해, 실용을 위해서 소비되었을 것으로 추정된다. 연
해 지방에 가려면 산을 넘어 水系로 천천히 가던가, 일본해를 따라가는
루트를 취했을 것이다. 당으로부터 일본 경유의 遞送에 의한 루트도 생
각되어진다.

예를 들면, 산동성 蓬萊市(登州)에서는 唐代 湖南省 長沙窯의 黃釉褐
彩貼花執壺(水注)가 출토되었고, 동형의 靑釉褐彩人物壺가 膠州湾 서북
측의 膠南市 膠南鎭에서도 출토되었다. 더더욱 유사한 長沙窯壺는 일본
의 福岡縣 太宰府市 大宰府跡, 福岡市 鴻臚館跡, 鹿兒島縣 屋久島의 上
屋久町 叶遺跡, 平安京跡, 石川縣 小松市의 古代山岳寺院, 淨水寺 유적
에서 발견되고 있다. 동류의 파편이 러시아의 쿠라스키노 유적에서도
출토하고 있다.28) 또 膠南市 塞里鎭에서 출토된 唐의 靑釉小型甕은 이
른바 이슬람 도기이며, 일본의 鴻臚館跡이나 福岡市 有田遺跡群, 多々
良込田遺跡群, 博多遺跡群과 그 외의 출토품 등에서도 유사한 사례가
알려지고 있다. 膠西市는 원래 密州板橋鎭에 해당되어, 宋代에는 遼의
압박으로 登州가 폐항된 것에 대신해, 1088년 市舶司가 설치되어 일
본·고려와의 교역 내지 조공, 국내 연해의 明州·廣州·泉州 등과 연
결되는 교역항으로서 상인들이 모여 번영했다.29) 특히 板橋鎭에는 교역
과 외교를 위해서 고려관이 설치되었다고 한다.

이러한 자료를 근거로 하면, 唐의 廣州·福建·浙江-山東(密州·登
州)-일본의 大宰府·鴻臚館-平安京, 또는 일본해 연안-러시아 연해
지방(塩州=쿠라스키노 토성)이라고 하는 도자기의 길을 상상할 수 있

28) エフゲーニア·ゲルマン, 「交易の硏究における渤海, 金, 東夏の陶磁器の役割」
『北東アジア交流史硏究』, 2007.
29) 呂英亭, 「宋麗關係与密州板橋鎭」『海交史硏究』, 2003-2.

다. 신동−한반도(신라·고려)−일본해라고 하는 루트를 상정해도 괜찮을 것이다.

발해를 둘러싼 동북아시아의 교역의 담당자들로 당·신라의 상인, 발해의 상인이 있었다는 것이 일본 사료에 의해 알려지고 있다. 동중국해로부터 황해에 걸친 해상 활동에서, 우선 도자기를 가지고 있던 당의 상인이 博多나 大宰府에서 교역을 실시했다. 그들은 博多에 거주하는 越州·明州의 상인이며, 본거지인 越州·明州 외에 福州·泉州 등에서 남해산의 물자도 싣고 있었던 것일지도 모른다. 10~11세기 이후, 그들은 九州를 남하해 薩摩에서 南島의 屋久島와 奄美·喜界島까지도 족적을 남기고 있다.30)

그 중에서도 9세기 초엽의 周光翰·言升則은 신라선박으로 일본에 도착해, 거기서 발해사와 만나 발해로 향했다. 그들은 唐의 강남−일본−발해−당이라고 하는 사이클을 가지고 다국간의 교역을 실시한 국제성 풍부한 상인들이다. 9세기 후엽 李延孝는 越州·台州(臨海市)와 일본 사이를 8번이나 왕래해 교역을 실시했는데, '渤海商主'라고도 칭해져 발해를 주된 거점으로 삼고, 원거리 교역을 위해 일본과 浙江에도 거점을 만들어 해상을 종횡으로 왕래한 국제 상인의 전형이었다. 도교 경전인 『金液還丹百問訣』에는 浙江에서 산동 근처의 지역을 주된 무대로 중국·일본·발해를 발아래 두고 교역에 종사했다고 하는 李光玄이라는 전설적 인물도 보인다. 실제로 산동에서 절강에 걸쳐 거점을 두어, 동아시아에 형성된 교역 네트워크 속에서 활약하고 있던 상인들이 몇 명인가 존재하고 있었던 것이다. 이 밖에도, 동북아시아 제국을 이동·교류하는 상인들이 많이 있었다는 것은 상상하기 어렵지 않다.

원거리 교역은 동아시아의 범위에 머무르지 않았을 가능성을 포함하고 있다. 러시아의 샤후크노프는 멀게는 러시아의 세미례체를 기점으로

---

30) 鈴木靖民,「古代喜界島の社會と歷史的展開」『東アジアの古代文化』130, 2007.

몇 개인가의 초원 또는 水系를 따라가 극동에 이르는 '黑貂의 길'이 있었다고 하여 중앙아시아나 당, 또는 발해와의 교역을 담당한 소그드인 상인의 활동을 상정했다.[31] 이 길은 '日本道'를 통해 바다를 건너 일본에 이른다고 한다.[32] 유라시아의 초원의 길을 지나는 원거리 교역에 대해서는 홍콩의 許曉東씨가 시대는 내려가지만, 遼의 분묘에서 출토된 장식품으로 사용되었던 琥珀器의 원료가 발트海로부터 구해지고 있다는 사실을 명확히 하고, 『遼史』 태조기의 波斯(페르시아)·大食(아라비아)·回鶻·敦煌·突厥·轄戞斯(에니세이 강 상류 지역) 등의 來貢 기사, 『契丹國志』 南北朝覊獻礼物의 서역으로부터 契丹에 정기적으로 공헌하고 있다는 기사에 의해, 발트海에서 서아시아, 중앙아시아의 상인들이 옮기고 있다는 것을 논하고 있다.[33] 참고로 덧붙이자면, 『遼史』 태조기에는 '日本國'의 來貢 기사도 있기 때문에 遼에서의 일본과 서역이나 북아시아 제민족 집단과의 접촉도 생각해볼 수 있다.

발해에서 교역을 담당한 것은 지방의 지배층으로서 수령들이며, 우선 일본·당으로의 사자의 구성원으로 편성되어 공적인 '首領'이 되는데, 그 이외에도 독자적으로 당·신라를 상대로 국제적인 교역을 행하는 상인집단이나 리더가 있었던 것으로 생각된다. 원래 발해 정권의 기반 세력이 된 粟末靺鞨 등은 穢의 後身으로 여겨지는데, 5세기의 '東海賈'(『廣開土王碑』)에도 연결되는 전통적인 수렵·어로민인 동시에 교역민이기도 했다. 白山靺鞨도 교역민인 東沃沮의 후예였다. 발해 정권은 그들의 번성한 생산·유통 기능을 대외적인 교역 활동에 이용했던 것이다. 말하자면 수령을 정점으로 하는 사회 질서·사회경제적 조직을

---

31) エルンスト・シャフクノフ,「北東アジア民俗の歴史におけるソグド人の黑貂の道」『東アジアの古代文化』96, 1998.
32) 이것과는 별도로 朝貢道·日本道 등을 지나 唐朝, 발해국, 일본과 연결되는 교통로를 발해국의 '비단 길'이라고 칭하는 설도 있다(尹鉉哲,『渤海國交通運輸史研究』, 2006).
33) 許曉東,「遼代的琥珀工芸」『北方文物』, 2003-4.

기초로 하여 중국식의 지배 기구나 율령제 제도를 조합해 통치하는 국가의 골격을 만들고 있었던 것이다.

10세기 이후, 발해 말기·여진 초기의 러시아 연해 지방에서는 河北省 定窯의 도자기가 가장 많지만, 磁州窯·河南省鈞窯·陝西省燿州窯·福建省建窯 등 당에서부터 北宋·金代에 걸친 제품이 샤이긴스카야 山城·아나니에후카 토성을 시작으로 연해지방 각지에서도 출토된다. 유지노우스리스크 토성터에서는 고려청자도 출토되었다고 한다.[34] 北宋錢의 출토도 눈에 띈다. 이들 중국·한반도와의 교역 대가는 진귀한 특산의 모피·인삼·벌꿀·말·鷹鶻(海東靑) 등이었을 것이다. 서쪽 부근의 契丹人이 국가를 세웠던 遼의 영역에서도 10세기 이후, 越州窯, 定窯, 耀州窯 등 각종의 도자기가 각지의 契丹王族, 한인 관리의 무덤 등에서 출토된다.[35]

## 7. 발해국의 종막

926년 발해는 대인선 때에 契丹人(947년, 遼)에게 공격을 받아 붕괴했다. 정치적 수장으로서 각지의 수령들은 의존해왔던 국가를 잃어 발해는 종막을 고했다. 982년까지 契丹(東丹)에 의한 지배는 계속되지만, 대신하여 말갈(黑水)인의 후예인 여진인이 등장하였고, 1115년에는 金을 건국한다.

주지한 바와 같이 10세기 이후, 발해국의 임종과 그 후의 변동뿐만이 아니라, 동아시아 제국은 거의 마찬가지의 격렬한 변혁에 휩쓸린다.

---

34) エフゲニア·ゲルマン, 「交易の研究における渤海, 金, 東夏の陶磁器の役割」 『北東アジア交流史研究』, 2007.
35) 彭善國, 『遼代陶瓷的考古研究』, 2003.

그러한 가운데에서 契丹과 吳越 내지 五代와의 원거리, 혹은 契丹과 고려와 같은 근거리의 조공(교역) 활동이 계속되지만, 국가가 관리하는 공적교역만이 아니었다. 일본을 둘러싼 상인이나 승려에 의한 동아시아의 교류는 일본 열도 주연부의 蝦夷(북동북・北海道)나 남도(奄美・沖縄)와의 관계 외에 한반도 고려와의 사이에서도 확산되는데, 중심은 중국의 오나라와 월나라, 북송과의 관계로 옮겨 간다. 물론 고려 또는 華南 등의 각지에서도 새로운 움직임이 펼쳐지고 있었다.

# 渤海の國家と對外交流

鈴木靖民
(日本・國學院大學)

## 1. 渤海國の開幕

　渤海國は中國東北地方から朝鮮半島北部、ロシア沿海地方を領域とし、698~926年にかけて存在した國家であり、この間、日本や唐などと様々な交流があった。

　7世紀末葉、ユーラシアの東端の廣範な地域に居住し、中國から靺鞨某部と汎称された諸民族集団のうち、南部の粟末靺鞨の首長、乞乞仲象が高句麗の遺民たちとともに遼東半島の營州(朝陽市)で起こった松漠都督で契丹人の李盡忠たちの唐に對する反亂に呼応して唐軍を退け、698

年、牡丹江上流域の現在の吉林省敦化市に政權を立て、振國(震國)と称した。敦化盆地は粟末靺鞨の居住地であり、乞乞仲象の出身地であると考えられている。據点の東牟山は城子山山城であろう。713年、大祚榮は唐から渤海郡王に封じられ、以後、渤海と号し、762年、大欽茂の時に渤海國の号を認められた[1]。これが渤海の國家の開幕である。

　以下、本稿は鈴木靖民「渤海國家の構造と特質」『朝鮮學報』170、1999年、同「東北アジア史のなかの渤海の國家と交流」『古代日本と渤海　能登からみた東アジア』2005年、を基として、その後の主に日本の調査、研究成果を加えたものである[2]。

## 2. 渤海國家と民族集團

　渤海國は強制移住された人々を含む、もとの高句麗人、肅慎・挹婁・勿吉の系譜を引く靺鞨諸集団など、多様な民族・文化狀況を示し、西に接する唐、契丹・突厥・奚との爭いの頻發する東アジア屈指の境界領域において、長年に及ぶ國際緊張や戰亂を契機にして誕生した。靺鞨人のなかでも南部の粟末・白山靺鞨などが提携して公的權力を形成し、やがて東ユーラシアの構造的中心たる唐に朝貢し、その冊封を受けることにより政治的經濟的文化的關係を結び、遂に國家樹立を達成するに至った。

　建國者の大祚榮はもと高麗(高句麗)の別種とされ(『旧唐書』渤海靺鞨伝)、あるいは粟末靺鞨の高麗に屬したものといわれ(『新唐書』渤海伝)、これが渤海は靺鞨人の國かどうかという屬族問題の議論のもととなる記事で

---

1) 振國を俗称として、靺鞨國を渤海以前の正式國号と見る説がある。(劉振華、「渤海史識徴」『渤海的歴史与文化』、1991年 ; 魏國忠ほか、『渤海國史』、2006年)。
2) 浜田久美子、「渤海史研究の歩み」『歴史評論』634、2003年。

ある。両書は出自を高麗と粟末靺鞨として説を異にする。だが、ことにこの南部は多元的な民族集団が居住する社會であり、粟末の乞乞仲象と大祚榮は同一人か父子かもしれないが、血緣または政治的歸屬の違いがあるもののともに高麗あるいはその政權に關わり深かったことを伝える点は否定できない。渤海の呼称については、唐代の都里鎭(遼東半島南端。大連市旅順口區)にあった714年の唐の使者崔忻の鴻臚井碑に「敕持節宣勞靺鞨使」とあり、西安市興慶宮跡出土の9世紀の都管七國六弁銀製盒子に「高麗國」の人物像を刻する[3]。日本の『續日本紀』に720年の使者を送った先の「靺鞨國」を渤海國のことと見る説があるが、その後、同書の727〜8年第一回の渤海使に「渤海郡は旧の高麗國なり」とあり、渤海國王の書(啓)にも「高麗の旧居に復す」とあり、平城京出土の758年の木簡に「遣高麗使」と見える(一方、第一回の日本からの返書に「渤海郡王」と呼びかけ、長屋王家木簡の習書木簡には「渤海使」と記す)。761年、777年の遣渤海(高麗)使に高麗の消奴部の出という高麗朝臣氏を任命する。これらは渤海を「高麗」の語に日本の使者などが改めたと解釋がある。だが、日本の皇族・貴族たち支配層の思想・論理では、渤海使者の初來日から渤海を高麗(高句麗)の継承國と意識して高麗と称したのであり[4]、渤海やその使者なども外交(交易)目的を遂げるため、それに合わせていたのであろう。

　粟末靺鞨でも隋唐に屬する人たちがいた。隋末に内附した首領突地稽の子の李謹行のように「その先、蓋し肅愼の苗裔、涷沫の後なり」とされ(墓誌)、唐に出仕して、營州都督、鎭軍大將軍、右衛員外大將軍を歴任した。なお高崇文は先祖が渤海人で幽州に生まれ、平盧軍からスタートし、貞元年中以降吐蕃との戦いをはじめ軍人や節度使となって活躍した

---

3) 「高句麗國」について、唐が實際に管轄した國でなく、仏教思想あるいは理想化の色彩を帯びているとの説やいわゆる小高句麗政權を指すとする説などがある。

4) 石井正敏、『日本渤海關係史研究』、2001年 ; 浜田久美子、「渤海國書にみる八世紀日本の對外認識」『國史學』185、2005年。

(『旧唐書』151、『文苑英華』892)。李希烈は燕州遼西の人で渤海人とされ
るが、平盧軍に始まる軍人であった(『旧唐書』145、『新唐書』225・中)[5]。

　719~737年の大武芸(武王)の代、渤海は南の新羅のほか、北部の黑
水靺鞨との緊張狀態を持續させ、そのなかで靺鞨諸集団への服屬策を取
り、首領と呼ばれる各地の支配層との間、また首領同士の結束を強化し、
國家としての多方面にわたる活動を繰り廣げた。732年、山東の登州を攻
擊して唐朝との軍事衝突を起こした。この時期、鴨綠江流域から北韓咸鏡
南道南部にかけての狩獵・漁勞、雑穀や水稲の農耕(鐵製農具、鍬を用
いた蓄耕など)・養蚕地帶を支配下においた。それゆえ、初期の支配層
が信仰した仏教文化には、軒瓦文樣や二仏並座像に見られる通り高句麗
の影響が認められる。渤海の墓葬制の場合、時代を経ると、火葬や合葬
の習俗のほか、封土墓は高句麗の墓葬と外形など著しく異なるが、墳墓
の構造・形狀・壁畵・副葬土器に高句麗文化の影響が見られ、高句麗
の墓葬と渤海の墓葬の間に密接な淵源關係があり、唐文化の影響も窺わ
れるので、渤海文化は高句麗、靺鞨と唐の複合的文化要素をもつとされ
る[6]。また土器の器形には地域差があるが、7世紀以來の靺鞨土器を継承
し、その延長線上に高句麗土器の影響を受けて渤海土器が形成されると
理解されている[7]。これらの特徴はロシア沿海地方南西部でも共通してい
る点である。

---

5) 楊曉燕、「唐代平盧軍与東北亞政局」『盛唐時代与東北亞政局』、2004年。
6) 鄭永振、『高句麗渤海靺鞨墓葬皮革研究』、2003年。
7) 劉曉東、『渤海文化研究』、2006年。

## 3. 五京と交通路

737年の大欽茂(文王)の卽位以後、渤海は拂涅・鐵利・越喜・虞婁などの北部の靺鞨諸集団を服屬させた。この地域は狩獵・漁勞・牧畜・養豚を主な生業としていた。黑龍江省海林市細林河渤海遺跡の例では、豚・狗・牛馬を主に飼育し、丘陵でノロ鹿・マンシュウアカ鹿・狼など、森で羆、沼で鯰などを獲るなどの狩獵を副とし、皮革・食料・藥種などに利用したり、骨角を鏃・刀・紡錘車・飾り具・帶鉤などに加工したりする生活を送っていたことが分かる[8]。

大欽茂の代から818~830年、大仁秀の代までに中國の府州縣制に倣って、地方を15府・62州に區分し、直屬の3つの獨奏州を置き、200以上の縣を設け、府治・州治・縣治を行政據点として領域を四囲に擴大しようとした。人口は最大で300万ほどと推算されている。

地方支配の進展と對応して、中国の支配機構をモデルとした宣詔省・中台省・政堂省の3省、儒教的德目を付けた忠・仁・義・智・礼・信の6部、12の司、中正台、殿中寺、司賓寺などの中央官制を置き、左右猛賁・熊衛以下の軍制を整備させ、安定した國家体制を形成した。9世紀には五府(五京)、諸道などに節度使司も設置されたらしい(『遼史』太祖紀下)。この國家の權力中樞は、9世紀には國王・王妃・副王(長子)という國王の最近親者と長史・平章事という宰相クラスによって構成されていた[9]。

唐へ遣わされる使者や留學生は多く、彼らは経書、史書の典籍をもたらした。渤海は獨自の元号を保持したが、支配層はいわば唐の周辺的な

8) 陳全家ほか、「黑龍江海林市細林河遺址出土的動物骨骼遺存研究」『考古』、2004-7。
9) 赤羽目匡由、「封放作『与渤海土大彝震書』について」『東洋學報』85-2、2004年。

國家として中國の礼制、律令制に倣った國家の樹立を目指した。それゆえ貞惠公主墓、貞孝公主墓などの墓誌、貞孝公主墓、三陵墳二号墓の壁畵、文字瓦・文字磚、國書などに見られる通り漢字、漢文の使用、服飾などの唐風化、唐文化の導入と併せて、「遂に海東の盛國と爲る」(『新唐書』渤海伝)と讃えられるほどであった。

　750年代以後、各地に通じる交通の最要衝に上京などの五京(王都)を定めた。上京をはじめ各京の周囲には、そこから延びる河川などの交通路に沿って山城や土城(平城)をいくつも置き、長城・關隘を築いて防衛線を形成し、かつ地域の府支配や文化の基地として機能させた。王都は初めの敦化市の「旧國」[10]から中京顯德府(吉林省和龍市西古城)、さらに上京龍泉府(黑龍江省牡丹江市寧安市渤海鎭)、東京龍原府(吉林省琿春市八連城)、戻って最後に上京龍泉府へと4度遷移した。これらの五つの京の設置された各地の生業の形態や首領の存在との關連の有無など事情の詳細は不明である。

　このうち上京龍泉府は2度にわたって永年王都とされた最も重要な都城であり、外城を土壘で區切った四角い京城全域は條坊が碁盤の目狀に敷かれ、中央北部に位置する宮城と皇城には國王・王妃・東宮・皇子女などの瓦葺きの邸宅や宮殿群が回廊でつながれるなどして規則的に建ち並び、離宮や禁苑もあった。京內には東西市、仏教寺院も点在して渤海の政治・經濟・文化の一大中心となった。大規模な都市プラン自体は完成までに2、3度の變遷があったが、日本の平城京に比べ、唐長安城の都城制を忠實に模倣していた[11]。外城の北に突出した部分、大明宮相当宮

---

10) 「旧國」の據点に擬される永勝遺跡の建物は、最近の調査で金代に屬することが判明した。『考古』、2007-2。

11) 劉曉東、『渤海文化研究』、2006年。なお、上京の京城の規模が平城京に倣ったものと見る説がある。(井上和人、「渤海上京龍泉府形制新考」『東アジアの古代都城と渤海』、2005年)。

殿の欠如(宮城北側の內苑が大明宮に当たるとの說もある)、宮城內を區畵
する石垣、宮殿のオンドル施設など獨自性もある。北郊を流れる牡丹江に
は橋が架けられ、そこを渡った三陵屯には壁畫のある切石積みの墳墓が
何基も造られ、後期の王族の陵園であった。

　この上京などの王都から長安まで、「朝貢道」(『新唐書』)という鴨綠江を
經て遼東半島沿いに山東半島に渡って入唐する交通路を開いた。上述し
た鴻臚井の碑は8世紀初めに旅順を使者が通った証據である。中京(西古
城)の都市プランも解明されつつあるが、8世紀末葉の王都、東京は中
國・ロシアの國境を越えて日本海に約40キロメートルと近く、「日本道」
(『新唐書』)と称する日本との交通路の起点となり、上京時代には中継地点
であった。この上京から東京を經て日本道を通る沿線には寺院が多く分布
し、宿泊にも供されたであろうが、琿春東郊の石頭河子古城は日本道の
驛館(宿舍)と、都城守備を兼ねる機能をもったと考えられる。

　「日本道」の終点に位置するのが図們(豆滿)江の西約20キロメートル、
ロシア・ハサン地區のポシエト湾のエクスペデツィン湾に面するクラスキ
ノ遺跡(土城)である[12]。土壘で囲まれた城內には寺院の瓦窯などの生産
工房を含む仏殿などの區畵と未調查の礎石建物群の區畵があり、石壘の
城外西側には墓群が營まれていた。ここの中國・朝鮮名は清代には顏
楚・眼春、近代にも煙秋であり、遺跡付近を日本海に注ぐチカノフカ川は
旧名をイェンチュウ(岩杵)川と呼ぶ。すなわち東京龍原府下の塩州(龍河
郡)に当たる。將棋の駒形をした土城の西側から南の海岸に向かっては道
路跡が認められるので、日本との交通・交易の發着地の港湾であり、出
土する唐の陶磁器、中央アジア系の遺物から、ソグド人商人の居住した
ことも想像されている[13]。これまでの調查は主に10世紀前半の狀態を示す

12) ユーリ・ニキーチン、「渤海の港湾遺跡」『古代日本と渤海 : 能登からみた東アジ
　　ア』、2005年。
13) 鈴木靖民、「渤海の遠距離交易と荷担者」『アジア遊學』6、1999年。

ものであり、その下層の時代の解明が待たれる。

東京龍原府は中國琿春市八連城に比定されるが、これに反對して『遼
史』地理志と符合する石築の城跡、不凍港の存在、驛路の驛間の距離、
烽燧の分布に基づいて北韓淸津市富居里であるする主張もある[14]。

西京鴨綠府(吉林省白山市臨江市か)[15]は唐の山東半島登州(蓬萊市)に
至る「朝貢道」の途中にあり、南京南海府(北韓咸鏡南道北靑郡靑海土城)は
日本海に沿って南下し新羅泉井郡に通じる「新羅道」を押さえたであろう。
日本の遣唐使の通った「渤海道」(『續日本紀』)の一部もこの道と同じかもし
れない。このほか、長嶺府を通る「營州道」、扶余府を通る「契丹道」など
があった。渤海の五京が各地の支配と密接に關係するのは当然とし
て[16]、京と水陸の交通路は内部を結ぶだけでなく、外部との交流、交易
のために開かれていた。


## 4. 首領と生産・交易


上述のように、渤海の社會は各種の靺鞨人、もとの高句麗人などの諸
集團から構成される多民族社會であった。日本の840年撰上の『日本後紀
』編者が、遣唐使に從った在唐の延暦寺僧永忠の書簡をもとに渤海の沿革
のうち初期の粟末の樣子を述べた「其國延袤二千里、无州縣館驛、處處
村里、皆靺鞨部落。其百姓者、靺鞨多、土人少。皆以土人爲村長。大
村曰都督、次曰刺史、其下百姓皆曰首領」(『類聚國史』渤海上・延暦一五
年四月戊子條)という記事をはじめ(文中の「土人」を「士人」の誤寫とする說

---

14) 尹鉉哲、『渤海國交通運輸史研究』、2006年。

15) 鄭永振、「渤海的疆域与五京之地理」『渤海史研究』9、2002年。

16) 酒寄雅志、『渤海と古代の日本』、2001年。

がある)、『續日本紀』以下の國史に引く渤海使に託した外交文書に、相手を渤海國王に次いで「官吏・百姓」または「首領・百姓」と呼びかけたり、來日した渤海使全体を「大使已下首領」、「大使・・・自余品官幷首領等」と表現したりするなど、「首領」と呼ばれる身分、存在が重視され、その配下の大多數の「百姓」を基礎にして階層社會が構成されていたことが分かる。727年、最初の渤海使が上陸地で大使を喪い、平城京に入った時の主席は「首領」であり、841年の渤海使の構成を日本の宮內廳書陵部藏壬生家文書の中台省牒寫しによって見ると、一行105人中、「首領」(大首領)が65人とあり、半數を超えていた。716年以後の唐への「朝貢」使にも「首領」(大首領)がしばしば加わっていた。

　「首領」とは渤海の固有語ではなく外交用の國際語であり公用語でもある漢語であり、渤海各地・各集団の支配者を指すが(渤海の固有語で莫拂瞞咄と呼んだか)、彼らが配下の住民や生産物を管理・分配して統制し、渤海國家に服屬してからも彼らに体現される生産・経濟活動を主とする伝統的な支配秩序をそのまま承認された人たちであり、使者に加わり外交にも關わったものと考えられる[17]。その首領については日本では石井正敏、森田悌氏、韓國でも朴眞淑、鄭南一、宋基豪氏などの論究があるが、なかでも渤海使のなかに大首領がいるように、幅廣い地位・階層の下級官吏を包攝する語であったとの指摘[18]、嚴密には地方に屬しても官職・官位を有さないので、官制の序列の外にあったとする見解が考慮される[19]。私はこの地方統治体制を首領制という概念で捉えたが、最近、部落首領制、または部落組織体制と称し、州縣制との相互交叉、相互補完的な並存の局面で捉える說も提出されている[20]。要するに「首領」を一義

17) 鈴木靖民、「渤海の首領に關する基礎的研究」『古代對外關係史の研究』、1985年。
18) 古畑徹、「渤海の首領研究の方法をめぐって」『日本と渤海の古代史』、2003年。
19) 宋基豪、「渤海國首領的性質」『北方文物』、2004-4。

的に見ることはできないが、基本は渤海の地域社會の支配層に屬し、官吏と非官吏の間に位置する特殊身分であろう(9世紀前半、3度も日本に派遣された渤海使者の王文矩の場合、政堂省の少允・左允から上京の郭縣の永寧縣丞に官職を変えている。その理由が外交活動に關連するかもしれないが、どちらも京官ながら中樞官廳から地方官廳への異動というのは特殊な官吏身分のあり方を示唆する)。

　渤海人の生業・生產は、すでに触れたように自然環境と地理的條件に規定されて狩獵・漁勞を主とし、牧畜業や農業があった。僅かな文獻と出土品によると、繊維製品・工芸品・鉱產品・土器・陶磁器・磚瓦も生產された。これらの多様な生產物は國內集団間での流通・消費や國家への貢納に充てられたが、日本や唐への國際間の交易にも用いられた。『續日本紀』以下の日本の國史、『册府元龜』朝貢などによれば、「朝貢品」すなわち交易品には、虎・熊・貂・豹・海豹などの海陸獣の毛皮、鷹鶻の羽根、昆布・魚類の水產品、白附子・人参・蜂蜜などの藥材、鯨の眼球・麝香・牛黄・狗・瑪瑙などの天然の特產物ないし中繼品があった。各地の名產として擧げられる昆布・馬・布・綿・紬・鐵などは(『新唐書』渤海伝)、輸出にも供されたであろう。


## 5. 日本との交流、交易


　渤海國家の主な外交の相手は日本・唐であり、新羅とは長年對峙してほとんど交渉がなかった(897年、賀正使の渤海王子が唐朝で新羅使者と爭長事件を起こし、872年、906年、入唐した渤海人が新羅人の賓貢及第の名簿の順を爭うなどの事件が續いた)[21]。ほかに近隣の突厥、回鶻、

---

20) 魏國忠ほか、『渤海國史』、2006年。

契丹、室韋、黑水靺鞨と關係があった。

交易は公的な國際關係を中心にして進められた[22]。日本とは727～919年まで渤海使34回、遣渤海使12回を通して頻繁な交流が行われた[23]。渤海は当初、黑水との抗爭に起因する唐との關係惡化のなか、新羅への對抗という目的を含んで國交をもった。日本の遣渤海使の構成は、大使、副使、判官、錄事、譯語、主神、医師、陰陽師、史生、船師、射手、卜部、雜使、船工、〇師、傔人、挾梢、水手というのが整備された形であった(『延喜式』大藏省式)。

728年、日本の最初の遣渤海使は送使であり、その後も日本が受身の立場であった。771年の325人、17隻もの船団のように、8世紀後葉になると渤海の交易活動は活發化し、交流の實態は交易目的に終始して、仲介者的な商人も同行した可能性が强く、彼らは多分首領層に屬した人たちであろう。824年、右大臣藤原緒嗣がこうした渤海使の本質を「實にこれ商旅」であって隣客でないと非難し、派遣年期を12年に1回と制限したが、違期することもしばしばあり[24]、その後も一行の過半數を首領が占めていた。首領たちは自らの支配地で獲得した虎皮・熊皮などの毛皮類や人參などの特産物を交易品として携行、管理し、上陸地の北陸など日本海側、さらには平城京・平安京の客館などで公私兩面の交易を行った。日本の渤海への公的な「回賜品」には絹・絁・錦・綿・羅など、時に黃金・水銀・金漆・椿油・水精・檳榔扇などの纖維製品や南方産を含む特産物が贈られた。その大半は首領に與えられることに規定されていた(『延喜式』大藏省式)。9世紀以後、日本は唐・新羅との公的交流をほとんど欠いたが、そのなかで皇族・貴族にとって渤海使がもたらす毛皮類は羨

21) 浜田耕策、『新羅國史の研究』、2002年。
22) 李成市、『古代東アジアの民族と國家』、1998年。
23) 石井正敏、『日本渤海關係史研究』、2001年。
24) 森公章、「日渤關係における年期制の成立とその意義」『ヒストリア』189、2004年。

望の的であった。醍醐天皇の皇子、重明親王が春日祭見物の時、渤海使の前に黒貂の裘、つまり毛皮を八枚も重ね着して現れ、驚かせたというエピソードは有名である(『江家次第』春日祭)。虎皮と豹皮は五位以上、参議か、三位以上の高官が儀式などで着用を許されるステータス・シンボルであった(『延喜式』彈正台式)。正月の七日會式に渤海使が參列する際には儀式の催される平安宮豊樂院に羆の毛皮を敷くことが規定されており(『内裏式』)、毛皮こそが渤海を象徴するものと強く意識されていたことを物語る。

　渤海使は人や文物や情報提供の面では、往來が間遠で遂には途絶える唐との中継的役割という以上の主要なチャンネルの機能を果たした。例えば758年の安史の亂の情報伝達のほか、859年の長慶宣明暦、861年のインド経典・尊勝呪の將來などは顯著な事實である25)。

　そのほか渤海からの舶載品の實物と見なされるものには、奈良市の正倉院宝物の彩畫用や藥材の臙密と藥用の人參がある。奈良縣明日香村坂田寺跡出土の平行沈線のある三彩壺・大盤・獸脚(香爐か硯)の破片は、渤海産の三彩とされる。渤海の三彩は中國・ロシア沿海地方の11の都市や寺院遺跡・墳墓で出土例があり、施釉陶器も各地で調査されている。平城宮・平城京跡でも西市跡などで黒陶片などが5例出土し、渤海産の可能性が考えられている。北海道余市町の大川遺跡の黒色土器(壺)も一時、渤海末・遼・女眞初期の土器かとされたが、製作技法・胎土が違うという。2003年11月、秋田縣仙北町(現在大仙市)拂田柵跡西側の鍛冶工房跡で鋸歯文のある黒灰色の土器片が出土し、渤海産かと注目されたが、日本の東北産の疑いがある。實物でないが、長屋王家木簡には「豹皮」を買うための錢の付札があり、豹皮を渤海産とする説がある。「豹皮」は『續日本紀』や『三代實錄』の渤海使の「方物」にも見られ、唐への貢獻物

---

25) 石井正敏、『日本渤海關係史研究』、2001年。

にも見える。「豹」字は貂字に通じて使われたか、單なる誤字とも考えられるが、渤海の領域に豹(アムール豹)が棲んでいたか、北方からの中継品であろう。奈良時代以後、豹皮は官吏が儀式の時に腰に帶びる橫刀の帶飾り、鞍具などに使われた。日本の貴族たち支配層にとっても、渤海との交流は物資、文化、情報の面で十分益するものであった。

## 6. 唐との交流、交易

　唐との交流も「朝貢」貿易である。渤海から唐への朝貢は713~926年までの214年の間に、10世紀の後梁・契丹への使も含むと、うち90年について約150回もある。1年に2~5回のこともあった。朝貢品は日本に對するのと同種であるが、そこでは冊封・納質入侍・朝賀などが行われた。渤海の遣唐使は9世紀前半に盛んに行われ、新羅と同時朝貢もしばしば見られる[26]。

　渤海の遣唐使は單に「使」と記される場合が多いが、詳しくは王族、首領、臣・官吏の身分に分けられ、うち首領(大首領)は8世紀前半までで、以後姿を消してしまう。この変化は渤海の靺鞨支配の擴大過程と對應關係にある。首領たちは地方官制の整備にともなって州縣レベルの官吏に近い身分上昇を遂げ、なかには地方官のまま使節幹部に任用される例もある。渤海は朝貢の最初期から唐に「就市」すなわち公的交易を要請し、每年、市での名馬の交易、鷹鶻の歲貢、王子らによる熟銅の交易等々、交易本位の外交を續けたが、その主要な荷担者は首領層にほかならなかった。

　渤海から唐に深い茜色の「瑪瑙櫃」とともに純紫色で超薄手の「紫瓷盆」が貢がれたと伝えるが(『杜陽雜編』下)、前者は瑪瑙盃もあり(『册府元龜』

---

26) 浜田耕策、「渤海國の對唐外交」『日本と渤海の古代史』、2003年。

褒異二)、後者は1960年代、中朝聯合考古隊が上京龍泉府で發掘した紫褐色と紫色の磁器片がこれに類するとされる[27]。

　他方、唐からの下賜品として「器皿」が見えるが(『册府元龜』褒異三)、陶磁器の交易は注目に値する。上京龍泉府の宮城西の物置(倉庫)跡で發見された多量の陶器群のなかには河南省鞏縣(鞏義市)三彩を含む唐の施釉陶器がある。ロシアでの調査によれば、沿海地方では、北部は渤海の率賓府、南部は東京龍原府の管轄下に入るが、その州縣の地域據点に当たる土城から唐を主とする時代の陶磁器が出土する。ハンカ(興凱)湖の東南、ウスリー川東岸にある最北の渤海遺跡のマリヤノフカ土城、その南に分布するノボゴルデェフカ土城・ノボゴルデェフカ集落・ニコラエフカⅡ土城、南端のクラスキノ土城などであり、マリヤノフカ土城では浙江省越州窯、ニコラエフカⅡでは河北省邢州窯、江西省景德鎭窯、クラスキノ土城では四川・浙江・陝西・河北・河南各省の窯それぞれの系統の産とされる陶磁器片が出土する(なかに形態上、唐の磁器の変形が含まれるともいうので、唐の他地域か、渤海産の可能性も含むであろう)。また綏芬河の西の支流、クロノフカ川流域の率賓府の要地に位置するアプリコソバヤ寺院跡でも浙江省越州窯産の青磁片が出土する。沿海地方出土の唐の陶磁は40數点とされるが、産地別では越州窯産が半數を占める。

　唐南部の陶磁器は長江(揚子江)三角州、すなわち杭州湾の越州(紹興市)・明州(寧波市)に付近の生産地から集められ、東は日本・新羅・渤海に運ばれ、南はフィリッピン、西はエジプトやイタリアまでも及んでいる。渤海に送るには船積みされて、東中國海から黄海を楚州(淮安市)・海州(連雲港市)などを陸伝いに北上し、山東半島の密州(膠州)、青山浦(成山角)を経て登州都督府(蓬萊市)に至った。登州は物資の集散地で、新羅

---

27) 朱國ほか、『渤海遺迹』、2002年。

館・渤海館があり、互市、つまり公的な對外交易の場でもあった。陝西省・河北省の陶磁器も登州まで搬出されたであろう。陶磁器などの船は山東を發って黃海・渤海湾を通り、遼東半島に立ち寄るなどして東に向かい、鴨綠江河口から渤海領域に入って「朝貢道」を溯り西京を経、東京龍原府をはじめとする都城や各地の支配據点、首領の居地に着き、實用のために消費されたと推定される。沿海地方へ行くには山越えと水系を辿るか、日本海沿いのルートを取ったであろう。唐から日本経由の遞送によるルートも考えられる。

　例えば、山東省の蓬萊市(登州)では湖南省長沙窯の唐代の黃釉褐彩貼花執壺(水注)が出土し、同型の靑釉褐彩人物壺が膠州湾西北側の膠南市膠南鎭でも出土する。さらに類似の長沙窯壺は日本の福岡縣太宰府市大宰府跡、福岡市鴻臚館跡、鹿兒島縣屋久島の上屋久町叶遺跡、平安京跡、石川縣小松市の古代山岳寺院、淨水寺遺跡で發見されている。同類の破片がロシアのクラスキノ遺跡でも出土している[28]。また膠南市塞里鎭出土の唐の靑釉小型甕はいわゆるイスラム陶器であり、日本の鴻臚館跡や福岡市有田遺跡群、多々良込田遺跡群、博多遺跡群その他の出土品などにも類例が知られる。膠西市はもとの密州板橋鎭に当たり、宋代には遼の壓迫で登州が閉港されたのに代わり、1088年市舶司が置かれて日本・高麗との交易ないし朝貢、國內沿海の明州・廣州・泉州などと結ぶ交易港として商人が集まり繁榮した[29]。特に板橋鎭には交易と外交のために高麗館が置かれたという。

　これらの資料を基にすると、唐の廣州・福建・浙江－山東(密州・登州)－日本の大宰府・鴻臚館－平安京、または日本海沿岸－ロシア沿海地方(塩州＝クラスキノ土城)という陶磁器の道が想像できる。山東－朝鮮半

28)　エフゲーニア・ゲルマン、「交易の研究における渤海、金、東夏の陶磁器の役割」『北東アジア交流史研究』、2007年。
29)　呂英亭、「宋麗關係与密州板橋鎭」『海交史研究』、2003-2。

島(新羅・高麗)－日本海というルートが考えられてもよいであろう。

　渤海をめぐる東北アジアの交易の荷担者には、唐・新羅の商人、渤海の商人がいたことが日本史料により知られる。東中國海から黄海にかけての海上活動で、まず陶磁器を携えた唐商人が博多や大宰府で交易を行った。彼らは博多(唐坊)に居住する越州・明州の商人であり、本據の越州・明州のほか、福州・泉州などで南海産の物資も積んだのであろうか。10～11世紀以降、彼らは九州を南下して、薩摩から南島の屋久島や奄美・喜界島までも足跡を殘した[30]。

　そのなかでも9世紀前葉の周光翰・言升則は新羅船で日本に着き、そこで渤海使と出會い、渤海に向かった。彼らは唐江南－日本－渤海－唐というサイクルをもって多國間の交易を行った國際性豊かな商人たちである。9世紀後葉の李延孝は越州・台州(臨海市)と日本の間を8度も往來し交易を行ったが、「渤海商主」とも称され、渤海を主な據点とし、日本と浙江にも據点を構え、遠距離交易のため海上を縦横に行き交う國際商人の典型であった。道教経典の『金液還丹百問訣』には、李光玄という浙江から山東あたりの地域を主な舞台に、中國・日本・渤海を股にかけて交易に従事したという伝説的人物も見える。現實に山東から浙江にかけて據点を置き、東アジアに形成された交易ネットワークのなかで活躍する商人が何人も存在したのであろう。このほかにも、東北アジアの諸國を移動・交流する商人たちが澤山いたことは想像に難くない。

　遠距離交易は東アジアの範囲にとどまらない可能性を含んでいる。ロシアのシャフクノフは、遠くロシアのセミレーチェを起点としていくつもの草原や水系を辿り、極東に達する"黒貂の道"があったとして、中央アジアや唐や渤海との交易を担ったソグド人商人の活動を想定した[31]。この道は

---

30)　鈴木靖民、「古代喜界島の社會と歴史的展開」『東アジアの古代文化』130、2007年。
31)　エルンスト．シャフクノフ、「北東アジア民俗の歴史におけるソグド人の黒貂の道」

「日本道」を通り、海を渡って日本に達するとされる[32]。ユーラシアの草原の道を通る遠距離交易については、香港の許曉東氏が、時代は下るが遼の墳墓で出土した装飾品に使われる琥珀器の原料がバルト海に求められる事實を明らかにし、『遼史』太祖紀以下の波斯(ペルシャ)・大食(アラビア)・回鶻・敦煌・突厥・轄戞斯(エニセイ川上流域)などの來貢記事、『契丹國志』南北朝贐獻礼物の西域から契丹に定期的に貢獻する記事によって、バルト海から西アジア、中央アジアの商人たちが運んだことを論じている[33]。ついでにいえば、『遼史』太祖紀には「日本國」の來貢記事もあるので、遼での日本と西域や北アジア諸民族集団との接触も考えられなくない。

　渤海で交易に当たったのは地方の支配層としての首領たちであり、まず日本・唐への使者の構成員に編成されて公的な「首領」となるが、それ以外にも獨自に唐・新羅を相手にして國際的な交易をする商人群やリーダーがいたものと思われる。もともと渤海政權の基盤勢力となった粟末靺鞨などは穢の後身とされ、古く5世紀の「東海賈」(『廣開土王碑』)にもつながる伝統的な狩獵・漁勞民であり、交易民でもあった。白山靺鞨も交易民の東沃沮の後裔であった。渤海政權は彼らの盛んな生産・流通機能を對外的な交易活動に利用したのである。いわば首領を頂点とする社會秩序・社會経済的組織を基礎にし、中國式の支配機構や律令諸制度を組み合わせて統治する、國家の骨格を作っていたのである。

　10世紀以後、渤海末期・女眞初期のロシア沿海地方では河北省定窯の陶磁器が最も多いが、磁州窯・河南省鈞窯・陝西省燿州窯・福建省

---

　　『東アジアの古代文化』96、1998年。

32) これとは別に、朝貢道・日本道などを通り、唐朝、渤海國、日本とつながる交通路を渤海國の'絹の道'と称する説がある。(尹鉉哲、『渤海國交通運輸史研究』、2006年)。

33) 許曉東、「遼代的琥珀工芸」『北方文物』、2003-4。

建窯などの唐から北宋・金代にかけての製品がシャイギンスカヤ山城・アナニエフカ土城をはじめ沿海地方各地でも出土する。ユジノウスリースク土城跡では高麗青磁も出土するという[34]。北宋錢の出土も目立つ。これら中國・朝鮮半島との交易の對価は珍重される特産の毛皮・人参・蜂蜜・馬・鷹鶻(海東靑)などであろう。西隣に契丹人が國家を建てた遼の領域でも、10世紀以後、越州窯、定窯、耀州窯の各種の陶磁器が各地の契丹王族、漢人官吏の墓などで出土する[35]。

## 7. 渤海國の終幕

926年、渤海は大諲譔の時、契丹人(947年、遼)に攻められ崩壊した。政治的首長としての各地の首領たちは依存する國家を失った。渤海の終幕である。982年まで契丹(東丹)による支配は續くが、代わって靺鞨(黑水)人の後裔の女眞人が登場し、1115年には金を建國する。

周知の通り、10世紀以降、渤海國の終焉とその後の變動だけでなく、東アジア諸國は同じような激しい變革に見舞われる。そうしたなかで、契丹と呉越ないし五代との遠距離、あるいは契丹と高麗のごとき近距離の朝貢(交易)活動が續くが、國家の管理する公的交易だけではない。日本をめぐる商人や僧侶による東アジアの交流は、日本列島周緣部の蝦夷(北東北・北海道)や南島(奄美・沖縄)との關係のほかに、朝鮮半島の高麗との間にも廣がるが、重心は中國の呉越、北宋との關係に移っていく。むろん高麗でも華南でも、各地で新たな動きを繰り廣げるのである。

---

34) エフゲニア. ゲルマン、「交易の研究における渤海、金、東夏の陶磁器の役割」
『北東アジア交流史研究』、2007年。
35) 彭善國、『遼代陶瓷的考古研究』、2003年。

주제발표

# 渤海의 高句麗 繼承性 補論

宋基豪
(서울대학교 국사학과)

## 1. 머리말

발해와 고구려의 관계를 논한다는 것은 결국 발해가 고구려를 계승했는가 여부를 따지는 일이다. 양자는 동시대적으로 존재했던 것이 아니고, 30년의 간격을 두고 선후 관계에 있기 때문이다. 그러기에 발해와 당나라, 발해와 고대일본과의 왕래 및 교류 관계를 논하는 것과 성격이 다른 것이다.

발해의 고구려 계승성은 1960년대에 발표된 북한의 박시형과 주영헌의 연구,[1] 일본의 三上次男 연구[2]가 선구를 이루었고, 1970년대에 와

---

[1] 박시형, 「발해사 연구를 위하여」『력사과학』, 1962-1 ; 주영헌, 「발해는 고구려의 계승자」『고고민속』, 1967-2.

서 남한의 李龍範과 일본의 石井正敏 연구가 뒤를 따랐다.[3] 그리고 1980년대에 들어서는 활발한 연구 결과가 각국에서 발표되었다.

필자도 이미 고구려 계승성을 탐구한 글을 발표하였으므로,[4] 이 글에서는 이를 보완하는 내용을 담고자 한다. 먼저, 이 방면 연구에서 유의해야 할 점을 지적하고, 그 다음으로 이미 발표한 글에서 미처 언급하지 못한 자료들을 두 가지 범주로 나누어 검토함으로써, 기왕에 발표했던 논문의 補論으로 삼겠다.

## 2. 연구의 시각

지금까지 발해의 고구려 계승성을 다룬 논저는 남한 13편, 북한 14편, 중국 17편, 일본 4편, 러시아 2편으로 모두 50편이다. 물론 부분적으로 언급한 것까지 합치면 일일이 지적할 수 없을 만큼 그 수는 훨씬 늘어나게 된다. 이 방면의 연구는 실증성보다는 정치성을 띠는 경우가 많다. 한국학자는 고구려 계승성을 밝혀내려는 데에 주력하고 중국학자는 이를 부인하는 데에 집중하고 있는 것처럼 연구 성향이 연구자의 국적별로 구분되는 것이 이를 증언해준다. 따라서 정치성을 걷어내고 실증성을 바탕으로 하면서 제3의 연구자도 수긍할 수 있는 연구 방향이 설정되지 않으면 학술 논문이 아닌 선전용 글로 전락할 수밖에 없다.

2) 三上次男,「高句麗と渤海 －その社會・文化の近親性－」『末永先生古稀記念 古代學論叢』, 1967 ; 三上次男,「半拉城出土の二佛幷座像とその歷史的意義 －高句麗と渤海を結ぶもの－」『朝鮮學報』49, 1968.

3) 李龍範,「渤海王國의 形成과 高句麗遺族」上・下『東國大學校論文集』10・11, 1972·1973 ; 石井正敏,「日渤交涉における渤海高句麗繼承國意識について」『中央大學大學院研究年報』4, 1975.

4) 송기호,「발해의 고구려 계승성」하버드대학 한국연구소 고구려학술회의 발표문, 2005.4.5~7.

고구려 계승성 연구는 文獻과 文物의 두 방면에서 이루어져 왔다. 고구려와의 연관성을 보여주는 사료가 일본측 기록에 집중되어 있어서 발해 연구자들은 주로 여기에 주목해왔다. 그 대표적인 것이 石井正敏의 연구이다. 그는 발해와 일본이 모두 발해를 고구려 계승국가로 인식했던 것으로 보았다. 다만, 발해는 스스로 강대했던 국가의 후신이라 생각했던 데에 비해서, 일본은 과거 조공국의 후예라 여긴 인식의 차이가 있다고 설명하였다.[5] 한마디로 양국은 한 가지 사실을 두고 同床異夢을 했던 것이다.

이처럼 고구려 계승을 언급한 사료에는 역사적 사실 그 자체뿐 아니라 당시의 국제정세인식 내지 자국내 정치의식도 담겨 있다. 물론 후자의 인식도 연구 주제로서 중요하지만, 발해의 고구려 계승성 자체를 따질 때에는 이를 걷어내고 속살을 드러낼 필요가 있다.

그렇지만 이는 결코 쉬운 일이 아니다. 북한의 연구자들은 고대일본측 인식은 고려하지 않은 채 강대국 고구려의 계승자라는 발해측 인식만 추종하고 있다.[6] 물론 남한의 연구자들도 그런 경향이 강하다. 반면에 중국의 연구자들은 고대일본이 정치적 목적을 위해서 왜곡한 사료로 치부해버리면서, 발해는 결코 고구려의 계승자가 아니었고 그런 의식도 없었다는 異口同聲의 주장을 편다.[7]

일본 사료를 검토해보면, 발해는 분명히 고구려 계승의식을 가지고 있었고, 일본은 이를 정치적으로 이용하려 했던 것이 분명하다. 따라서 양자를 모두 감안해야만 역사적 사실에 제대로 접근할 수 있을 것이다.

---

5) 石井正敏, 위의 논문 ; 『日本渤海關係史の硏究』 吉川弘文館, 2001, p.414.
6) 박영해, 「발해는 고구려를 계승한 국가」 『력사과학』, 1986-3, pp.20~21 ; 박시형, 「발해는 고구려의 계승국」 『발해사연구론문집』 1, 과학백과사전종합출판사, 1992, pp.11~16.
7) 魏國忠・郭素美・魏建華, 「關于渤日交聘中的'高麗國'問題」 『北方文物』, 2001-1 ; 程妮娜, 「渤海與日本交聘中'高麗國'的辨析」 『吉林大學社會科學學報』, 2001-4 ; 張碧波, 「關于渤海王室高句麗意識的考辨」 『北方論叢』, 2002-1.

당나라가 발해를 말갈국으로 간주하려 하였던 것이나, 신라가 발해를 때로는 고구려 후예, 때로는 말갈국으로 보았던 것도 모두 당시의 정치적 상황과 연결되어 있었다.

중국학자들은 당시의 정황을 생각하지 않고 당나라 자료를 토대로 발해를 말갈국가로 규정하려 한다. 이는 당나라 때의 정치적 주장이 지금도 유용하기 때문에 그대로 추종하는 것에 불과하다. 남북한 연구자들이 고구려 후예라는 문헌 사료를 곧이곧대로 취신하는 것도 동일한 문제점을 안고 있다. 왜 당나라가 발해를 말갈국으로 보려했는지, 일본이 고구려계 국가로 보려했는지, 신라가 말갈계 국가나 고구려계 국가로 오락가락했는지를 생각하지 않을 수 없다.

이렇게 당나라, 신라, 일본의 정치적 상황을 염두에 두면서 역사적 사실에 다가갈 필요가 있다. 이러한 정치색에서 자유로운 사료로서『入唐求法巡禮行記』를 들 수 있다.

1. (開成四年;839)八月 … 十五日, 寺家設餺飩餅食等, 作八月十五日之節. 斯節諸國未有, 唯新羅國獨有此節. 老僧等語云, 新羅國, 昔與渤海相戰之時, 以是日得勝矣. 仍作節, 樂而食儺, 永代相續不息. 設百種飲食, 歌儺管絃, 以晝續夜, 三箇日便休. 今此山院, 追慕鄕國, 今日作節. 其渤海爲新羅罰, 纔有一千人, 向北逃去. 向後却來, 依舊爲國. 今喚渤海國之者是也. (『入唐求法巡禮行記』권2)

일본 승려 圓仁이 赤山院에서 신라 老僧으로부터 들은 추석의 유래이다. 이 승려는 신라와 발해가 전쟁을 벌였다고 하였다. 그렇다면 733년에 벌어진 양국간의 전쟁이 연상될 것이지만, 이 전쟁은 겨울에 벌어졌다. 더구나 '발해' 잔당이 도망갔다가 다시 나라를 세워서 돌아왔다고 하여 발해 건국을 언급하고 있다. 따라서 여기서 말한 전쟁은 그 이전의 삼국통일 전쟁이다. 실제로 나당 연합군이 고구려 평양성을 공략한 것은 668년 8월과 9월이었다.

이처럼 신라 승려는 고구려와의 통일전쟁을 발해와의 전쟁으로 이해 하고 있다. 세 번 나오는 '발해' 가운데 앞의 두 번이 고구려를 가리킨 다. 따라서 당시에 존재했던 발해와 앞 시대에 있었던 고구려를 동일한 실체로 여겼던 것이다. 이처럼 신라인들은 일반적으로 고구려와 발해를 동일시했던 것으로 생각된다. 승려로 대표되는 신라 지식인, 나아가 일 반인들의 생각을 반영하는 것으로 보인다. 이것은 신라 조정의 공식 견 해라고 할 수 있는 최치원의 글들에서 발해를 고구려계 국가와 말갈계 국가로 보는 이중성과 차이가 있다.

무엇보다 중요한 것은 발해인 스스로의 사고를 반영하는 사료들을 추출하는 작업일 것이다. 이것이 발해와 고구려의 관계를 밝혀주는 중 요한 고리가 될 수 있을 것이다. 이런 자료들은 앞서 발표한 논문에서 정리를 해두었으므로 여기서는 생략한다.

다만 두 가지 추가할 것이 있다. 첫째, 발해인은 스스로 고구려계 국 가라고 언급한 적은 있지만, 말갈인의 국가라고 생각한 기록은 전혀 발 견되지 않는다. 오히려 그 반대의 증거가 보이는데, 792년에 당나라에 파견된 발해사신 楊吉福의 사례가 그것이다. 그의 직함이 '渤海押靺鞨 使'였으니,[8] 이것은 발해 사신이 말갈 사신을 押領하여 당나라에 간 것 을 의미한다. 그런데 압령 대상을 '靺鞨'로 표현하고 있는 것은 발해 조 정이 말갈족을 他者化하고 있다는 증거이다. 이것은 마치 당나라의 '押 兩蕃渤海黑水四府經略使'가 이민족인 兩蕃(契丹, 奚), 발해, 흑수말갈을 관리의 대상으로 삼아 타자화한 것과 동일하다. 따라서 발해 정권은 말 갈 속성과 거리가 있다고 하겠다.

둘째, 발해 지배층의 고구려 계승의식을 보여주는 사료이다. 고구려 와 발해의 왕실에서 공유한 天孫意識에 대해서는 이미 다른 글에서 지

---

8) 『唐會要』 권96, 渤海 : 「貞元八年閏十二月, 渤海押靺鞨使楊吉福等三十五人來 朝貢.」

적하였는데,9) 발해 지배층의 대다수를 이룬 高氏들이 고구려의 후예라
는 의식을 지니고 있었던 사실이 다음 사료에서 확인된다.


2. 張浩字浩然, 遼陽渤海人. 本姓高, 東明王之後. 曾祖霸, 仕遼而爲張氏.
　　(『金史』 권83, 張浩傳)


금나라 때의 張浩는 원래 발해 출신의 고씨였다고 하면서, 동명왕의
후예임을 밝혔다. 이는 장호 집안의 전승의식을 그대로 반영한 것으로
보인다.10) 동명왕의 신화가 이 때까지 이어졌는지는 확언하기 어렵지
만, 적어도 발해에서 활동하던 고씨들은 멸망후까지도 高朱蒙의 후예들
로 자부하고 있었던 것이 확실하다. 그러하니 발해 당시에 국정을 책임
지고 있던 고씨들이 어떤 의식을 가지고 국가를 운영해나갔을지는 충분
히 짐작할 수 있는 것이다.

　　文物方面에서의 연구는 문제점이 더욱 많다. 중국에서는 고구려 문
화 요소를 애써 외면하면서 당 문화를 찾는 데에 진력하고 있고, 러시
아에서는 발해 문화에서 차지하는 말갈문화의 비중을 과장하고 있다.
반면에 남북한에서는 다른 요소를 배제한 채 고구려 요소를 찾는 데에
힘을 쏟고 있다. 이처럼 방향성은 다르지만, 모두 발해 문화의 일부를
강조하여 전체 성격을 규정짓는다는 점에서는 동일한 문제점을 안고 있
다. 따라서 발해 문화를 통해서 고구려 계승성을 제대로 규명하려면 다
음 사항을 고려하지 않으면 안 된다.

　　첫째, 地域性을 염두에 두어야 한다. 크게 보면 발해 강역은 옛 고구
려 땅과 그 외곽의 말갈 땅으로 구분할 수 있다. 대체로 현재의 吉林에
서 琿春을 잇는 선을 경계로 동쪽의 말갈 전통 구역과 서쪽의 고구려

---

9) 宋基豪, 『渤海政治史硏究』 一潮閣, 1995, 187쪽.
10) 盧明鎬, 「高麗 支配層의 渤海遺民에 대한 認識과 政策」 『汕耘史學』 8, 1998,
　　　154쪽.

전통 구역으로 구분할 수 있다. 발해 정권이 들어선 뒤에도 고구려 옛 땅에서는 고구려 전통이 계승되고 있었을 것이고, 말갈 땅에서는 말갈 문화가 지속되었을 것은 당연하다. 이 가운데 한 쪽의 자료만 토대로 발해 문화를 규정하려 들면 독단적이 될 수밖에 없다.

북한 연구자들은 함경도의 발해 유적과 유물에서 고구려 계승을 찾고 있다.[11) 또 러시아 연구자들은 연해주 발굴에서 말갈 요소를 찾아내서 말갈계 국가의 근거로 삼고 있다.[12) 그 연구 결과는 不問可知이다. 이러한 연구들은 지역적 특성을 마치 전체인 것처럼 오해하고 있다.

중요한 점은 고구려 지역이었던 곳에서 발해 건국 뒤에 말갈 요소가 왜 새롭게 등장하느냐, 그 반대로 순수 말갈지역이었던 곳에서 고구려 요소가 왜 새롭게 등장하느냐 하는 것이다. 그런데 전자의 사례는 거의 발견되지 않는 반면에 후자의 사례는 뚜렷이 확인된다.

다시 말해서 上京城처럼 말갈 땅이었던 곳에서 왜 외래적인 당나라 문화나 고구려 문화가 새롭게 나타나느냐 하는 것이 발해 문화의 속성을 이해하는 데에 관건이 된다. 두 외래문화 가운데 당나라 문화는 발해가 당나라와 문물 교류를 했던 결과물이 분명하다. 당나라 사람들이 발해국의 세력을 이룬 것이 아니기 때문이다. 이는 누구도 부인할 수 없을 것이다. 문제는 고구려 문화이다. 이에 대해서 중국과 러시아의 연구자들은 交流, 影響 또는 借用의 결과로 보는 데에 반해서[13) 남북한

---

11) 김종혁, 「동해안일대 발해유적의 고구려적성격에 대하여」『조선고고연구』, 1997-4 ; 김남일, 「연차골 1지구무덤떼를 통하여 본 고구려와 발해의 계승 관계」『조선고고연구』, 2005-2.

12) 디야코바 오.붸., 「발해인의 도기 제조에 보이는 말갈 전통」『소련 극동의 고고자료』소련과학원 극동학센타 극동민족 역사학・고고학・민족학 연구소, 블라디보스톡, 1981 ; 샤프쿠노프 에.붸. 책임 감수, 송기호・정석배 옮김, 『러시아 연해주와 발해 역사』대우학술총서 번역97, 민음사, 1996, p.16.

13) 魏存成, 「高句麗,渤海墓葬之比較」『古民俗硏究』, 1990-1 p.123 ; 샤프쿠노프 에.붸. 책임 감수, 송기호・정석배 옮김, 앞의 책, p.278.

연구자들은 繼承의 결과로 간주하여[14] 대립되고 있다.

과연 교류냐 계승이냐의 판단은 두번째로 염두에 두어야 할 階層性을 통하여 규명할 수 있다. 발해국의 속성은 그 나라를 이끌어갔던 주도층, 즉 지배층의 성격 규명에 따라 규정되어야 한다. 그런데 이들이 영위하였던 상층부 문화는 초기에 高句麗的인 性格을 농후하게 띠다가 3대 文王의 唐化政策에 힘입어 唐的인 性格을 강하게 띠었다. 그것은 都城制度, 古墳樣式, 地方制度 등 여러 측면에서 증빙할 수 있다. 그럼에도 불구하고 瓦當 문양, 佛像 양식, 古代 溫突(쪽구들) 등에서는 초기부터 후기까지 고구려 전통을 그대로 계승하고 있다. 이것은 지배층과 불교승려들이 주로 고구려계였다는 것을 반영한다. 말갈인들이 국가를 세운 뒤에 고구려인의 문화에 영향을 받아 이를 차용한 결과로 보기에는 고구려 요소가 너무 광범위하고 생명력이 있는 것이다.

연해주의 체르냐티노 고분군은 초기에 土壙墓가 조성되다가 점차 石室墓로 전환되는 과정이 확인되는데, 이것은 고구려 문화가 말갈 전통을 가지고 있던 지방세력에까지 침투해들어가는 모습을 반영하는 것이다. 발해가 건국된 뒤에도 고구려 요소가 말갈 지역에까지 확산되어 갔던 것이다. 이처럼 고구려 문화가 발해 상층부에 짙게 깔려 있고, 지방에까지 확산되어 갔던 것은 고구려 계승성으로밖에 설명할 수 없다.

지금까지 지적한 바와 같이, 문헌에서 정치적 색채를 제거하고 이해하여야 하고, 문물에서 지역성과 계층성을 고려해야만 발해와 고구려의 관련성에 관한 실상을 제대로 밝힐 수 있을 것이다. 그렇지 않으면, 자신의 견해에 유리한 것만 강조하면서 불리한 점은 다른 이유를 들어서 외면해버리는 잘못을 반복하게 될 것이다.

---

14) 장철만, 「발해무덤의 고구려적성격에 대하여」 『조선고고연구』, 1998-4 ; 韓圭哲, 「高句麗의 繼承性을 통해 본 渤海國의 正體性」 『高句麗研究』 18, 2004 ; 차달만, 「발해무덤을 통하여 본 발해와 고구려와의 계승관계」 『고조선・고구려・발해 발표 논문집』, 고구려연구재단, 2005.

## 3. 馬韓과 高句麗, 渤海

고대에 三韓은 마한, 진한, 변한을 가리킬 뿐 아니라 고구려, 백제, 신라를 의미하기도 하였다.[15] 이 과정에서 高句麗를 馬韓으로 인식했던 사실은 이미 잘 알려져 있다. 그러나 기왕의 연구는 공통적으로 이런 인식의 최초 사례를 『三國史記』에 인용된 9세기 말 崔致遠의 「上太師侍中狀」에서 찾고 있다. 그러나 『册府元龜』에 실려 있는 다음 글을 보면 그 연원은 삼국 말기로 올라가게 된다.

3. (貞觀)十九年七月詔曰, 西戎賢相, 竉光秦册, 北夷嗣子, 榮珥漢貂. 羈以長纓, 用表元功之大, 掩茲宏網, 式昭天覆之寬. 高麗位頭大兄理大夫後部軍主高延壽大兄前部軍主高惠眞等, 幷馬韓酋長, 鯷海英髦, 分義景於扶桑, 數鍾天厭, 竊封疆於孤竹. … 延壽可鴻臚卿, 惠眞可司農卿. (『册府元龜』권170, 帝王部, 來遠)

이 詔書는 『全唐文』권7에도 실려 있다. 貞觀 19년(645)에 당 太宗이 투항해온 고구려 장수 高延壽와 高惠眞에게 각각 鴻臚卿과 司農卿을 내린 내용이다. 두 사람은 이 해에 安市城에서 당 태종의 군대를 맞아 싸우다가 휘하의 군대를 이끌고 항복했었다.

그런데 이 조서에서 두 사람을 모두 '馬韓 酋長'이라 지칭한 것이 주목된다. 여기서 7세기 전반에 이미 고구려를 마한으로 부른 사실을 확인할 수 있기 때문이다. 백제를 변한으로 부른 사례는 아직 확인되지는 않지만, 그 연원도 신라 말보다는 훨씬 올라갈 것이다. 고구려를 馬韓,

---

15) 盧泰敦, 「三韓에 대한 認識의 變遷」 『韓國史研究』 38, 1982 ; 全俊鉉, 「三韓問題の再檢討」 『朝鮮民族と國家の源流』 雄山閣, 1995, pp.253-255 ; 조법종, 「高句麗의 馬韓繼承 認識論에 대한 檢討」 『韓國史研究』 102, 1998 ; 金炳坤, 「崔致遠의 三韓觀에 대한 認識과 評價」 『韓國古代史研究』 40, 2005.

백제를 卞韓, 신라를 辰韓으로 등치시킨 것이 최치원 독자의 발상이 아
닌 것이다.

그런데 고구려를 마한으로만 부른 것은 아니었다. 고구려를 卞韓이
나 辰韓으로 부른 사례도 당나라에서 사망한 高句麗系 人物의 묘지명에
서 확인된다.

4-① 祖福鄒, 本朝大兄, 父孟眞, 本朝大相. 幷以鯷壑景靈, 卞韓英伐, 國楨人
干, 疊祉連花.(李他仁 墓誌)16)
② 公酒扶餘貴種, 辰韓令族.(高震 墓誌)

<사료 4-①>의 주인공인 李他仁(610-677)도 앞의 두 장수처럼 당나
라에 투항한 인물이다. 그는 투항후 고구려와 부여 공격에 앞장 섰던
인물이다. 또 柵州都督兼總兵馬로 임명되어 고구려 12州를 관할하고 靺
鞨 37部를 통솔하였다. 더구나 그를 遼東 柵州人이라 한 것으로 보아서
柵城을 근거로 삼았던 집안인 것 같다. 이렇게 말갈을 통솔하고 지방에
기반을 두었으며 당나라에서 李姓을 수여받았던 것으로 보아서, 순수
고구려인이 아니라 고구려화된 말갈인이었을 가능성이 크다. 李盡忠이
나 李多祚, 李謹行처럼 당에 투항한 거란인, 말갈인에게 李姓을 내려준
사례가 있기 때문이다.

더구나 李多祚(654-707)는 靺鞨酋長 가문에서 태어난 인물인데도 마
치 고구려 귀족 출신인 것처럼 표현되어 있는 것도 참고가 된다. 그의
묘지명에는 遼東의 '蓋州人'으로 표현되어 있고, 『舊唐書』列傳에는 '三
韓의 貴種'이라 기록되어 있는 것이다.17) 그러면서도 몇 대에 걸쳐 고

---

16) 孫鐵山, 「唐李他仁墓志考釋」『遠望集』下, 陝西人民美術出版社, 1998, p.736
(여기에 제시된 원문은 簡字로 되어 있을 뿐 아니라 문장의 단락짓기에서
도 오류를 많이 범하고 있다.) ; 尹龍九, 「중국출토의 韓國古代 遺民資料 몇
가지」『韓國古代史硏究』32, 2003, p.307.
17) 宋基豪, 「粟末靺鞨의 원류와 扶餘系 집단 문제」『한반도와 만주의 역사 문

구려 고위직을 역임한 것으로 보아서 그의 집안은 상당히 일찍 고구려에 귀화했던 것으로 보인다. 설령 말갈 혈통을 지닌 인물이라 하더라도 이미 그는 고구려인으로 활동했던 것이 분명하다. 대조영처럼 그도 '말갈계 고구려인'이었던 것이다.

그런데, 이 묘지명에서 그의 祖와 父가 각기 고구려의 大兄, 大相을 역임한 명문가임을 밝히기 위해 '卞韓의 英伐'이라 하였다. 반면에 고구려 寶藏王의 손자인 高震(701-773)의 묘지명인 <사료 4-②>에서는 그의 가문을 부여의 貴種이요 '辰韓의 令族'이라 표현하였다.

이렇게 당나라에서는 고구려를 가리켜 마한이라 하거나 변한 또는 진한이라 불렀다. 아마 이 용어들이 구분되지 않은 채 三韓과 동일한 의미의 汎稱으로 쓰였던 것 같다. 그럼에도 馬韓의 용례는 좀 더 주목할 필요가 있다. 우선 두 墓誌銘이 私的인데 비해서 앞의 詔書는 이보다 公的인 성격을 띠고 있다. 더구나 시간이 흐르면서 마한만이 고구려를 상징하는 용어로 귀착되었다. 마한=고구려의 등식으로 살아남아 다음과 같이 崔致遠의 글에 반영되었고, 定安國 기사에까지 이어졌던 것이다.

5-① 故其文集有上大師侍中狀云, 伏聞, 東海之外, 有三國, 其名馬韓卞韓辰韓. 馬韓則高麗, 卞韓則百濟, 辰韓則新羅也. (『三國史記』 권46, 崔致遠傳)
　② 定安國本馬韓之種, 爲契丹所攻破, 其酋帥糾合餘衆, 保于西鄙, 建國改元, 自稱定安國. (『宋史』 권491, 定安國傳)

왜 마한을 고구려와 연결시켰는지에 대해서는 분명한 기록이 없다. 다만 『三國遺事』에 몇 가지 시사하는 글만 보인다. 고구려 東明王 때에 이미 馬韓을 병합했기 때문이라거나 고구려 땅에 본래 馬邑山이 있었기

─────────────

화』 서울대학교출판부, 2003, pp.355~356.

때문이라는 두 가지 설이 제시되어 있다.[18] 그러나 그 어느 쪽도 신빙
하기는 어렵다.

위의 사료로 보아서 본래적인 三韓과 다른 새로운 認識은 삼국 내부
에서가 아니라 당나라에서 생성되었을 가능성이 높다. 최치원은 당나라
에 보내는 글에 당나라인의 인식을 담았을 것이다. 그렇지만, 그러한 인
식이 당나라에서 나타나게 된 계기는 현재로서 확인할 수 없다.

다만, 扶餘隆의 묘지명에서 고구려와 백제를 가리켜 兩貊이라 표현
하였고, 『舊唐書』百濟傳에서 백제를 고구려처럼 '부여의 별종이면서
馬韓故地에 해당'한다[19]고 한 데서 추측할 수 있듯이, 당나라에서는 두
나라를 同種의 국가로 이해하면서 백제를 지칭하던 마한이 고구려에도
옮아갔던 것이 아닌가 추측된다. 4세기 전반경에 부여를 공격하였던 실
체를 고구려가 아니라 백제로 표기[20]한 데에서도 이런 혼동의 일단을
엿볼 수 있다.

동시대에 당나라는 백제도 馬韓으로 불렀다. 다음 두 자료는 백제
멸망 전후에 당나라에서 백제를 馬韓이라 불렀고, 백제지역을 馬韓道로
호칭하였던 사실을 보여준다.

6-① 使持節, 神丘嵎夷馬韓熊津等一十四道大摠官, 左武衛大將軍, 上柱國,
　　邢國公, 蘇定方. (大唐平百濟國碑銘)
　② 而馬韓餘燼, 狼心不悛, 鴟張遼海之濱, 蟻結丸山之域. … 以公爲熊津
　　都督, 封百濟郡公, 仍爲熊津道摠管兼馬韓道安撫大使. (扶餘隆 墓誌)

당나라에서는 고구려와 대결하면서 직접적인 호칭을 피하고 마한을

---

18) 『三國遺事』 권1, 馬韓 : 「以此知東明之起, 已幷馬韓而因之矣, 故稱麗爲馬韓.
　　… 麗地自有[馬]邑山, 故名馬韓也.」
19) 『舊唐書』 권199상, 百濟傳 : 「百濟國, 本亦扶餘之別種, 嘗爲馬韓故地.」
20) 『資治通鑑』 권97, 晉 穆帝 : 「(永和二年)春正月, … 初, 夫餘居于鹿山, 爲百濟
　　所侵, 部落衰散, 西徙近燕, 而不設備.」

끌어다 에둘러 언급하는 것을 선호하였을 가능성이 크다. 이것이 고구려=마한 인식의 출발점이었던 듯하다. 그런 다음에 卞韓을 백제에 연결시킴으로써 三韓은 三國이라는 인식이 형성되었던 것은 아닐까.

이렇게 고구려=마한 호칭의 역사를 살펴보면, 발해 유민국가인 定安國을 두고 馬韓種이라 부른 배경도 쉽게 이해할 수 있다. 이것은 발해를 고구려 후신으로 보지 않으면 불가능한 것이다. 따라서 이 표현을 매개로 고구려-발해-정안국으로 이어지는 계승성을 『宋史』編者가 인정하고 있었던 사실을 확인할 수 있다.

이렇게 되면 그 동안 의문시되었던 다음 두 가지 사료도 재해석해볼 수 있다. 첫째는 『新唐書』渤海傳의 기사이다.

7. 盡得扶餘沃沮弁韓朝鮮海北諸國. (『新唐書』권219, 渤海傳)

발해가 건국된 뒤에 부여, 옥저, 변한, 조선 및 海北諸國을 모두 얻었다고 설명한 대목이다. 여기서 나머지 지역은 문제가 없는데 고구려 땅에 대한 언급이 없는 대신에 발해 영역과 무관한 弁韓이 등장하여 연구자들이 이해를 하지 못해왔다.

여기서 '弁韓'이나 '朝鮮'이 고구려를 가리킬 가능성을 생각해볼 수 있다. 후자의 경우, 다음 절의 <표>에서 보듯이 고구려인을 '朝鮮人'으로 표기한 사례가 이를 뒷받침한다. 문제는 이럴 경우 弁韓은 아무런 의미가 없게 된다. 반면에 '弁韓'을 고구려로 상정할 경우에 변한과 조선 모두 의미있는 표현이 된다. 발해 영역에는 고구려, 고조선 영역이 모두 포함되어 있기 때문이다.

이런 가정이 의미가 있으려면 고구려와 변한을 연결시킬 수 있는 사료를 찾아내야 한다. 그런데 최근에 李他仁 묘지명이 확인됨으로써 고구려를 卞韓(弁韓)으로도 불렀던 사실이 확인된다. 아니면 弁韓은 馬韓의 誤寫일 수도 있다. 그 이ㄴ쪽이든 이곳의 변한은 고구려를 의미하는 표현임에 틀림없다. 그래야만 武王이 727년 일본에 보낸 국서에서 "고구려의 옛 터전을 수복하고 부여의 풍속을 소유하게 되었다."[21]고 언급한 배경을 제대로 이해할 수 있을 것이다.

앞에서도 지적하였듯이 당나라는 발해를 고구려 후신으로 보길 원하지 않았다. 발해가 고구려 영역을 차지했다는 말을 직접 언급하고 싶지 않았을 것이다. 자신에게 대적했던 고구려에 대한 기억을 지우고 싶었던 것 같다. 이 기사에서 고구려 대신에 弁韓(馬韓)으로 표기했던 것도 바로 그런 이유였을 것이다.

이러한 경향성은 『新唐書』 발해전의 발해 영토 설명에서도 드러난다. 上京은 肅愼故地, 南京은 沃沮故地, 西京은 高麗故地 등으로 나열되어 있다. 그런데 西京과 함께 中京과 東京까지 고구려 땅이었는데도 이들의 연혁은 애매하게 표현되어 있다. 중경은 '상경의 남쪽'으로, 동경은 濊貊故地라 하였던 것이다. 이것도 당나라에서 고구려를 축소해서 보려는 의도가 개재된 것이 아닌가 의심이 가는 부분이다.

그런 표현법은 앞서 언급하였듯이 후대에 定安國 기사에서도 그대로 계승되었던 것이다. 또 신라가 당나라에 보내는 글에 발해의 고구려 계승성을 강조했던 것도 당나라의 이러한 반감 심리를 이용하려 했기 때문일 것이다.

둘째는 『舊唐書』와 『新唐書』의 百濟傳 기사이다.

8-① 其地自此爲新羅及渤海靺鞨所分, 百濟之種遂絶. (『舊唐書』 권199상, 百濟傳)
② 而其地已爲新羅渤海靺鞨所分, 百濟遂絶. (『新唐書』 권220, 百濟傳)

백제가 멸망한 뒤에 그 영토가 신라에 편입되었다는 것은 수긍할 수 있지만, 渤海靺鞨이 나누어 가졌다는 것은 이해가 되지 않는다. 이것도

---

21) 『續日本紀』 권10 : 「武藝忝當列國, 濫惣諸蕃, 復高麗之舊居, 有夫餘之遺俗.」

아마 백제를 마한의 후신으로 보는 인식과 고구려를 마한으로 보는 인식이 연결되면서 백제에 대한 설명에 발해말갈이 끼어들게 되었던 것으로 보인다.


## 4. '渤海人'의 의미

다음은 이미 잘 알려진 고구려 유민 高震의 묘지명의 한 부분이다.

9. 公諱震, 字某, 渤海人. 祖藏, 開府儀同三司, 工部尙書, 朝鮮郡王, 柳城郡
   開國公. 禰諱連, 雲麾將軍, 右豹韜大將軍, 安東都護. (高震 墓誌)

그는 寶藏王의 손자인 데에도 이처럼 '渤海人'으로 불러서 발해사 연구자들의 주목을 받아왔다. 여기서 渤海人은 두 가지 의미로 해석될 수 있다. 고구려계의 '渤海國人'을 가리킬 수 있고, 중국의 名望 家門인 '渤海 高氏'를 가리킬 수도 있다.

그동안 국내학계에서는 전자의 뜻으로 이해해왔다. 일찍이 盧泰敦이 이렇게 추정하면서 "그와 그의 집안은 발해인이 고구려인의 후예임을 분명히 인식하고 있었음을 의미한다."고 해석하였고,[22] 필자도 이 견해를 따랐다.[23] 이에 대해서 중국 연구자인 馬一虹이 반론을 제기하였다. 당나라에서 夷狄視하는 渤海國人으로 자처하였을 리 없다고 하면서, 당나라의 명문가인 발해 고씨를 모칭하여 자신의 신분을 높이려 하였을 것이라는 것이다.[24] 그러나 결정적인 근거가 부족하여 그 어느쪽도 추

---

22) 盧泰敦, 「渤海國의 住民構成과 渤海人의 族源」『韓國古代의 國家와 社會』
    일조각, 1985, 293쪽.
23) 宋基豪, 앞의 책, 75쪽.
24) 馬一虹, 「唐封大祚榮'渤海郡王'號考 －兼及唐朝對渤海與高句麗關係的認識－」
    『北方文物』, 2002-2, p.63.

측 차원에서 벗어나지 못했다.

그런데, 근래에 高震의 딸 묘지명이 확인되어 이 의문점이 풀리게
되었다. 다음은 이 논의와 관련된 부분이다.

10. 夫人姓高氏, 渤海人也. 齊之諸裔也, 著令族世傳, 家諜詳矣, 此無備焉.
    曾祖, 皇朝鮮王. 祖諱連, 皇封朝鮮郡王. 父震, 定州別駕. 乃祖乃父, 如
    珪如璋. (高氏夫人 墓誌)[25]

고씨 부인(731~772)은 아버지보다 1년 먼저 사망하였다. 따라서 '발
해인'으로 자처한 것은 고씨 부인이 먼저이다. 그런데 이 묘지명에서 그
녀는 '齊나라의 後裔'로 언급하고 있는데, 이것은 '발해 고씨의 후예'와
동일한 의미를 담고 있다. 따라서 馬一虹의 추측이 옳았다는 것이 확인
되었다.

이런 사실을 감안하면서 고구려 유민의 묘지명들을 다시 살펴보면,
당나라 사람으로 동화되어가는 과정을 선연하게 느낄 수 있다. 다음 표
는 이를 간단히 정리해본 것이다.

〈표〉 고구려 유민 묘지명

| 泉 男 生(634~679) | 遼東郡平壤城人 | 연개소문 장남 |
| 泉 男 產(639~701) | 遼東朝鮮人 | 연개소문 아들 |
| 泉 獻 誠(650~692) | 其先高句驪國人 | 천남생 아들 |
| 泉 毖(708~729) | 京兆萬年人 | 천헌성 손자 |
| 高 足 酉(626~695) | 遼東平壤人 | |
| 高 玄(642~690) | 遼東三韓人 | |
| 高 質(636~697) | 遼東朝鮮人 | |
| 高 慈(665~697) | 朝鮮人 | 고질 아들 |
| 高 震(701~773) | 渤海人 | 보장왕 손자 |
| 高氏夫人(731~772) | 渤海人 | 고진 제4녀 |

---

25) 송기호, 「고구려 유민 高氏夫人 墓誌銘」 『한국사론』 53, 서울대학교 국사학
    과, 2007.

淵蓋蘇文의 아들들은 고구려인으로서 '遼東郡 平壤城人', '遼東 朝鮮
人'이라 했다가 손자에 이르면 '그 조상이 고구려인'이라 하게 되었고,
그 다음에 가서는 '당나라 京兆人'임을 내세웠다. 이와 동일한 과정을
거치면서 보장왕의 후손도 高震 단계에 와서 고구려 후예라는 의식이
사라지게 되었던 것이다.

이와 비교할 수 있는 것이 百濟 遺民의 묘지들일 것이다. 扶餘隆은
'百濟辰朝人', 黑齒常之는 '百濟人', 黑齒俊은 언급 없고, 難元慶은 '扶餘
之尒類', 諾思計는 언급 없고, 祢寔進은 '百濟熊川人'으로 되어 있다.26)
이들로부터는 고구려 묘지명처럼 뚜렷한 의미를 추출하기가 어렵다. 그
것은 고구려 유민의 경우와 달리 한 가문의 변화 과정을 볼 수가 없는
것도 한 원인일 것이다.

이와 관련하여 大祚榮에게 봉한 渤海郡王의 칭호도 검토할 필요가
있다. 만주 내륙에서 건국한 대조영은 바다 이름인 渤海와는 인연이 없
어 보인다. 더구나 대조영은 발해군왕으로 책봉받은 뒤에 국호를 振國
에서 渤海國으로 고쳤다. 근래에 중국에서 靺鞨이 발해 초기의 국호였
다고 주장하는 것은 역사적 사실과 동떨어진 것이다.27)

중국의 책봉호에서 유래된 국호는 아마 발해가 유일할 것이다. 이
때문에 책봉호의 유래가 궁금하다. 대조영에 대한 책봉은 당나라가 일
찍이 고구려왕을 遼東郡王, 신라왕을 樂浪郡王, 백제왕을 帶方郡王으로
책봉한 전례를 따른 것이다. 그런데 요동군, 낙랑군, 대방군은 한반도의
역사와 밀접한 곳이지만, 발해군은 그러한 연관성을 찾기가 어렵다.28)

26) 董延壽·趙振華, 「洛陽,魯山,西安出土的唐代百濟人墓志探索」『東北史地』,
2007-2.
27) 말갈을 국호로 주장하는 중국측 연구들은 다음에 간략히 정리되어 있다.
정영진, 「발해의 建國年代와 建國地, 建國集團과 國號에 대하여」『東北亞歷
史論叢』16, 동북아역사재단, 2007, pp.303~306.
28) 당나라에서 볼 때에 대조영의 국가가 渤海 건너에 위치했기 때문에 渤海란
명칭을 사용하였을 것으로 추측한 견해도 있다(김종복, 「渤海 國號의 성립

발해군왕으로 봉한 것은 아마 당나라의 인식과 관련이 있을 것이다. 당
나라로서 발해의 건국을 고구려의 부활로 보고 싶지 않았던 것이다. 그
러기에 대조영을 고구려와 관련된 遼東郡王이나 朝鮮郡王으로 봉하기
보다는 당나라 內地의 발해 고씨와 연계시켜 책봉했던 것이다.29) 그러
면서도 다른 한편에서는 고구려를 의식하여 아들을 桂婁郡王으로 봉함
으로써 발해 인식에 양면성을 노정시켰다.


## 5. 맺음말


　지금까지 발해의 계승성과 관련된 연구의 문제점을 지적하고, 몇 가
지 자료들을 검토하여 새로운 해석을 시도해보았다. 여러가지 문제를
보충적으로 다루었으므로 여기서 요약은 하지 않겠다.
　다만, 발해가 말갈을 계승했다는 기록이나 의식은 어디에서도 찾아
볼 수 없는 반면에 고구려 계승을 반영하는 자료는 상당수가 된다는 사
실만을 강조해두고자 한다. 발해인 스스로 남긴 사료가 없어서 발해인
의 사고를 직접 확인할 수 없고, 특히 당나라에서는 발해를 고구려의
부활로 보려 하지 않음으로써 사료가 일정 부분 왜곡되어 있는 가운데
서도 그러한 사실이 확인되는 것은 중요한 의미를 지니는 것이다.

---

배경과 의미」『韓國史研究』128, 2005, 17쪽).
29) 馬一虹, 앞의 논문, p.64. ; 張碧波,「漢唐郡望觀念與渤海大氏 －渤海大氏三
　　考－」『學習與探索』, 2002-1(張碧波는 大庭氏의 地望인 渤海郡과 연계시켜
　　渤海郡王을 책봉한 것으로 추정하였다. 그러나 大祚榮을 大庭氏의 후예로
　　보는 것은 무리가 있다.).

〈토론문〉

# '발해의 고구려 계승성 보론'에 관한 토론문

금경숙
(동북아역사재단)

송기호 선생님은 기왕의 논문에서도 발해의 고구려 계승문제에 관하여 엄격한 실증을 통하여 발해의 국가적 성격이나 고구려와의 계승성 연구가 가능하다고 언급하셨습니다. 오늘의 발표문에서도 역시 정치적인 목적성 보다 논리적인 접근을 해야함을 지적하였습니다. 한국·북한·일본·러시아·중국이 발해의 고구려 계승과 관련하여 실증에 치중하지 못하였던 점은 광범위하고 다층적인 발해의 국가적 성격에 비추어 매우 단선적인 해석이라고 비판했습니다. 선생님의 지적에 동감하면서 2가지 질문을 드리고자 합니다.

첫째, 신라의 발해 인식과 관련된 것입니다. 선생님은 발해 존재 당시 주변국의 발해 인식에 관해서 언급을 하시면서, 신라인의 발해 인식을 검토하셨습니다. 圓仁의 『入唐求法巡禮行記』에 唐에 와있던 신라인들이 추석의 유래에 관한 설명에서 나오는 '발해'를 신라인들이 '당시에 존재했던 발해와 앞 시대에 있었던 고구려를 동일한 실체로 여겼던 것'이라고 말씀하셨습니다. 즉 신라인들이 일반적으로 고구려와 발해를 동일시했다고 하셨습니다. 당시 圓仁이 추석의 유래에 관해서 설명하는 가운데, 발해를 3번 언급했습니다. 이 가운데 앞에 두 번 거론된 '渤海'

는 고구려로 인식한 것이라고 하셨고, 뒤의 '渤海'는 당시의 발해를 나
타낸 것이라고 보셨습니다. 그런데 하나의 사안에 관해서 언급한 '발해'
가 앞의 것은 고구려를 지칭한 것이고, 뒤의 것은 발해를 지칭하였을
것이라는 지적은 재고해야 하지 않을까요. 또한 『入唐求法巡禮行記』에
서 언급한 '昔與渤海相戰之時'는 733년 발해와 당과의 전쟁을 언급한
것이 아닌가 합니다.

발해와 당의 전쟁은 武王 14년(732) 발해가 張文休 등을 해상으로
보내어 당의 登州를 공격하면서 시작되었습니다. 이 전쟁에서 당은 등
주에 와있던 신라의 金忠蘭을 귀국시켜 신라가 당을 도와 발해의 남쪽
을 공격하도록 요구하였습니다. 이 전투에서 신라는 당과 적극적으로
협력하여 발해에 대한 공격에 나섰습니다. 圓仁이 전해들은 전쟁은 이
때를 기억하면서 언급한 것이 아닐까요.

둘째, 고구려 유민과 관련된 것입니다.

선생님께서 발표문에서 표로 언급하신 바와 같이 고구려 遺民들이
묘지명에서 밝힌 출신지에는 자신들이 고구려의 후손임을 '遼東郡 平壤
城人', '朝鮮人', '其先高句驪國人' 등으로 표현하고 있습니다. 선생님께
서 말씀하신 것 외에도 高震과 그의 넷째 딸이 出自를 '渤海人'이라고
한 외에, 高欽德(676~733)도 묘지명에 '渤海人'이라고 기록하였습니다.
(名欽德 字應休 渤海人) 그런데 고흠덕의 증조부인 瑗, 조부인 懷는 고
구려가 멸망한 이후 建安州都a을 역임했습니다. 이 '발해인'이라는 표현
을 어떻게 해석할 것인가에 관해서는 좀 더 신중하게 접근을 해야 할
것 같습니다.

高震과 그의 딸, 그리고 高欽德은 시종 唐의 영토 안에서 살았던 사
람들이기 때문에 발해아는 직접적인 관계가 없기 때문입니다. 그럼에도
불구하고 자신들의 출신을 언급해야 하는 묘지명에 '발해인'을 기록한

것은 당시 존재하고 있던 '발해'라는 국가가 '고구려'와 관련이 있다고
생각하고 있었던 것으로 불 수 있지 않을까요. 이것을 馬一虹이 주장한
'渤海 高氏'와 연결시키는 것 보다 합리적이지 않을까요. 고씨 부인의
묘지명에도 그녀의 曾祖父가 '朝鮮王'에 봉해졌었으며, 祖父인 連도 '朝
鮮郡王'에 봉해졌었기 때문에 그러할 개연성을 더욱 짙은 것으로 보입
니다. 즉 朝鮮과의 계승의식이 여전히 인식되고 있었다면 고구려와 발
해의 계승성에 관해서도 당시에 인식되고 있었을 것으로 보입니다. 泉
南產은 '遼東 朝鮮人', 高慈는 '朝鮮人'이라고 기록한 것에서도 짐작할
수 있습니다.

설명을 부탁드립니다.

# 渤海와 唐과의 관계
## -濱田耕策씨의 시기구분을 둘러싸고-

古畑徹

(金澤大學)

## 1. 머리말

　본 심포지엄에서 보고자에게 부과된 주제는 발해와 당과의 관계이다. 이 과제에 대해 보고자로서는 전후 일본에서의 발해·당 관계에 관한 제 연구를 소개하고, 그 중에서 논점이 되고 있는 문제를 하나 뽑아 약간의 고찰을 가하는 것으로 그 책임을 다하고 싶다. 다만, 일본의 발해·당 관계의 연구는 반드시 그 자체를 테마로 하는 것이 아니라, 동아시아의 국제관계·국제질서 전반적 연구의 일각으로서 논해지거나 발해와 일본과의 관계를 분명히 하기 위한 배경이나 방증, 혹은 그 연동성·관련성으로서 논의되는 경우가 많고, 논점도 다양하기 때문에

연구사를 분야·테마 마다 정리하는 형태로서 정리하기 어려운 점이
있다.

때문에 정리의 방법을 통상의 형태와는 달리하여 발해·당 관계 전
체를 개관하는 최근의 대표적 연구인 濱田耕策씨의「渤海國の對唐外交
－時期區分とその特質」(이하,「濱田論文」이라고 약칭)[1]의 견해를 소개
하고, 그 주장이나 문제점과의 관련에서 일본의 여러 연구를 소개해 나
간다고 하는, 이른바 논문평과 같은 형태로 보고를 시도해보고 싶다.
또,「濱田論文」의 견해 속에는 그 전에 발표된 濱田씨의 저서『渤海國
興亡史』(이하,『濱田著書』로 약칭)[2]에서 이미 논해지고 있는 것도 많기
때문에, 이 저서도 함께 濱田씨의 견해로서 소개하도록 하겠다.

또, 濱田씨는 후술 하는 바와 같이 762년의 제3대 대흠무의 ‘渤海郡
王’으로부터「渤海國王」으로의 進爵을 대당외교 뿐만 아니라 발해국 흥
망의 중요한 획기라고 이해하고 있다. 그러나 이점에 대해서는 견해가
갈라진다는 문제점이 다수 존재하며, 그 중에는 책봉이라는 본연의 자
세나 당조의 대발해 인식 등의 중요한 논점이 포함되어 있다. 때문에
후반부에서는「渤海國王」進爵에 관한 여러 문제를 뽑아 검토해보고,
濱田씨와 같은 획기로 이해하는 것의 타당성을 생각해 보고 싶다.


## 2. 濱田씨에 의한 對唐外交 시기 구분의 소개

우선은「濱田論文」의 시기 구분을 소개한다.

「濱田論文」은 최초로 시기 설정의 방법을 제시하고 있다. 그것은 전
후기로 양분한 다음, 이것을 또 2분하는 것으로 전후기의 분기점에 대

---

1) 佐藤信編, 『日本と渤海の古代史』山川出版社, 2003年.
2) 吉川弘文館, 2000年.

해서는 "발해국의 대당외교는 대흠무가 762년에 지금까지의 '左驍衛大
將軍忽汗州都督渤海郡王'을 대신해 '檢校太尉渤海國王'이라고 책봉 된
시점을 큰 획기로 간주할 수 있다."[3]라고 말해 762년의 발해국왕 進爵
에 두고 있다. 전기의 분기점은 大武芸가 말갈 제부족에 대한 대책의
과정에서 당과 충돌한 '唐渤紛爭'의 종료(735년)와 大武芸의 사망(737
년)으로, 전후를 제1기·제2기로 한다. 후기의 분기점은 왕위 계승의 혼
란을 종식시킨 大仁秀의 즉위(817년말 혹은 818년초)와 발해의 대당통
교장해 요소인 산동지방의 淄靑平盧軍節度使·李氏 4대의 멸망(819년)
으로 전후를 제3기·제4기로 한다. 그러한 입장 속에서 각 시기를 다음
과 같이 개술하고 있다.

제1기는 698년의 대조영에 의한 振國(震國) 수립부터로 대조영은 거
란 이진충의 당에 대한 반란을 이용해서 동쪽으로 달려 당의 추토군을
격파하고 정권을 세웠으므로, 당초에는 당과 대립적이었고, 그 군사적
압력을 받아 돌궐과 통교하여 당에 대비했다.[4] 그러나, 705년에 즉위

---

3) 「濱田論文」, p.47.
4) 渤海 건국기의 渤海·唐의 관계와 그것에 관련한 국제정세의 연구로서는
   日野開三郎, 『日野開三郎東洋史論集　第8卷　小高句麗國の研究』 三一書房,
   1984年 ; 古畑徹, 「渤海建國關係記事の再檢討 －中國側史料の基礎的研究－」
   『朝鮮學報』 112, 1984年 ; 同, 「いわゆる「小高句麗國」の存否問題」 『東洋史
   研究』 51-2, 1992年 ; 河內春人, 「渤海と契丹·奚」(佐藤信編, 『日本と渤海の
   古代史』 山川出版社, 2003年)가 있다. 이에 관한 노점으로서는 大祚榮의 父
   인 乞乞仲象이 武則天에서 '震國公'으로 책봉되었다고 하는 『新唐書』 渤海
   伝 기사의 진위문제가 있으며, 古畑의 앞의 논문이 이것을 허구로 고증하고
   나서부터 河內의 논문 외에 허구를 지지하는 논자가 많지만, 『濱田著書』은
   事實說로 파악하고 있다. 또, 渤海建國과 밀접하게 관계하는 당의 요동정책
   에 관해서 日野씨가 698년에 安東都護府가 폐지되어 699년에 당의 위성국
   가·小高句麗를 건설하게 되었다는 것에 비해, 뒤에 소개하는 古畑의 논
   문은 小高句麗國의 존재를 부정하고 699～700년 薛訥의 요동원정과 그 성
   공을 실증하고 있다. 다만, 그 후 얼마 되지 않아 요동이 반도 남단의 都里
   鎭을 제외하고 당의 세력권에서 벗어났다라고 하여 8세기 초두에 대한 정

한 중종은 돌궐 견제를 위해서 발해를 招慰해, 대조영도 이에 응해 왕
자를 파견해 입시시켰다. 당은 책봉하려고 했지만, 거란·돌궐의 침입
으로 실현되지 않았고, 713년에 이르러 현종이 대조영을 '左驍衛貝外大
將軍渤海郡王'으로 책봉해, 그 땅을 忽汗州로서 도독에 임명했다.[5] 濱
田씨는 이 책봉의 의미에 대해서 당조가 대조영의 통치권을 忽汗州라고
하는 羈縻州로 한 것, 자칭 '振國王'이라고는 하지 않고, 전한의 무제이
래의 군현인 '渤海郡'에 유래하는 '渤海郡王'으로 임명한 것으로부터,
당조는 "황제 지배에서 전통적인 내지로 간주하는 관념과 기미지배의
이념에서 발해 왕권을 파악하고, 이 外夷의 민족 정권을 지배하려는 의
도를 엿볼 수 있다."[6]고 한다. 또, 이때에 嫡子인 大武芸에게도 고구려
왕족의 출신으로 유래하는 '桂婁郡王'이 주어지고 있지만, 濱田씨는 西
嶋定生씨의 견해를 계승해 발해 내부의 구고구려 세력을 위무하는 정책
이었다고 보는 것과 동시에 그것이 발해 왕권으로부터의 요청일 가능성
을 지적하고 있다.[7]

---

세 이해는 日野·古畑과 크게 차이가 나지 않는다.
5) 이때의 使者인 崔訢(忻)의 遺使와 그가 남긴 碑에 대한 연구는 酒寄雅志, 「「唐
碑亭」, 즉 즉 「鴻臚井の碑」를 めぐって」(『渤海と古代の日本』, 校倉書房, 2001
年. 原載는 『朝鮮文化研究』 6, 1999年). 小嶋芳孝, 「鴻臚卿崔忻の石碑から井
戸と港の關係を考える」(『考古學に學ぶ』 Ⅱ, 同志社大學, 2003年)이 있다. 또
한, 『濱田著書』는 "물의 혜택을 받지 못한 지역에 황제의 사자가 우물을 판
다는 것은 황제의 은혜를 펼친다는 것을 의미한다."(p.16)라고 서술하고 있
는데, 小嶋씨가 언급한 바와 같이 우물은 선박에 물을 공급하기 위한 항만
시설로 보아야하며, 小嶋씨가 말한 碑를 渤海로의 항로 정비의 선언이라고
보는 견해도 경청할 가치가 있다.
6) 「濱田論文」, p.48.
7) 桂婁郡王 책봉의 해석에 관한 주된 논저로서는 다음과 같은 것이 있다. 西
嶋定生, 「東アジア世界と册封体制－6~8世紀の東アジア－」(『西嶋定生東アジ
ア史論集』 第3卷, 岩波書店, 2002年. 原載는 『岩波講座日本歷史』 2, 岩波書
店, 1962年). 古畑徹, 「大門芸の亡命年時について－唐渤紛爭に至る渤海の情
勢」(『集刊東洋學』 51, 1984年). 金子修一, 「唐朝より見た渤海の名分的位置」
(『隋唐の國際秩序と東アジア』 名著出版會, 2001年. 原載는 『東アジア史におけ

대조영의 사후(718년), 그 뒤를 이은 大武芸는 말갈족을 포함한 '東北諸夷'를 향해 적극책을 전개했지만, 722년에 黑水靺鞨이 입당하자, 당은 725년에 黑水靺鞨에 黑水府를 두어 長史를 파견하였고, 그 치하의 수령을 都督·刺史에 임명해 長史에 복속시키는 기미지배 체제를 그 지역에 마련했다. 이에 대해서 大武芸는 강경과 온화의 두 가지의 대응을 나타내, 사신을 보내 貢獻外交를 성대하게 전개하는 한편, 당과 黑水靺鞨의 협공을 의심해 黑水靺鞨에 선제공격을 가하는 방책을 실행했다. 그러나 이것을 간한 동생 大門芸와의 대립이 표면화해 大門芸는 730년 후반에 당에 망명하였고, 그의 주살을 요구하는 大武芸와 大門芸를 감싸는 당의 현종과의 사이에서 관계가 악화되어, 大武芸가 732년에 登州를 기습해 당발분쟁이 시작되었다. 이윽고 연합을 맺고 있던 돌궐·거란이 열세하게 되자 大武芸는 735년에 당에 사죄하였고, 또 포로의 송환도 행하여 평화를 도모해[8] 737년에는 매와 송골매를 헌상했지만,[9]

---

8) 당발분쟁에 대한 주요 논고로서는 보고자의 일련의 논고(「大門芸の亡命年時について-唐渤紛爭に至る渤海の情勢」前揭, 「日渤交渉開始期の東アジア情勢-渤海對日通交開始要因の再檢討-」『朝鮮史研究會論文集』23, 1986年. 「唐渤紛爭の展開と國際情勢」『集刊東洋學』55, 1986年. 「張九齡作『勅渤海王大武藝書』と唐渤紛爭の終結-第二·第三·第四主の作成年時を中心として-」『東北大學東洋史論集』3, 1988年. 「張九齡作『勅渤海王大武藝書』第一首の作成年時について-「大門芸の亡命年時について」補遺-」『集刊東洋學』59, 1988年)가 있고, 石井正敏, 「對日本外交開始前後の渤海情勢-玄宗皇帝「勅渤海王大武芸書」の檢討-」(『日本渤海關係史の研究』, 吉川弘文館, 2001年. 原載는『朝鮮學報』112, 1984年) 등이 있다. 보고자와 石井씨와의 사이에는 大門芸의 망명시기, 張九齡의 各勅書作成年次, 분쟁 종결 등의 사정에서 상당한 견해의 차이가 있으나, 이 점에 대해서는 앞의 石井論文의 「付記」에 상세한 정리가 있다. 참고로 「濱田論文」『濱田著書』는 古畑의 견해에 가깝다.

9) 鷹와 鷂(매의 암컷)의 헌상이 內地의 府州와 같은 취급을 나타내는 것은 金子修一, 「唐朝より見た渤海の名分的位置」(前揭)에 상세하다.

같은 해 大武芸는 사망했다.

濱田씨는 이상과 같이 언급한 위에 대조영·대무예 2대의 외교를 "'말갈 제부족을 공략하는 한편 흡수하면서, 서쪽에서는 거란, 돌궐, 奚의 세력 및 당과의 대항, 또는 연합이 變轉하는 동향과 남쪽으로는 신라를 가까이 둔 발해의 지정학적 환경 속에서, 동쪽으로는 바다를 넘어 일본과 통교를 개시하고, 대당외교책의 정립을 시행하는 말하자면 요람기였다."[10]라고 총괄하고 있다.

제2기는 737년부터 762년까지의 25년간으로 당에 후더운 사신을 파견해 친당적 자세를 유지했던 시기로 간주하고 있다. 그러한 자세의 시작이 된 것이 738년의 왕위계승을 보고하는 사신 파견 때에『唐礼』,『三國志』,『三十六國春秋』의 書寫 요청과 그 허가이다. 濱田씨는 이 발해 측의 목적을 당의 礼教를 도입함으로써 당조로의 귀속의 지향을 나타내는 국가 방침의 표명이라고 이해하였고, 당조도 '車書混一'(문물제도의 일체화)의 진화를 기대했다고 추측하고 있다.[11] 이후, 대흠무는 친당책을 추진해 안사의 난을 당하였어도 그 자세를 바꾸지 않았고, 원군 요청 등에도 그것이 실로 唐 조정의 의향인지 어떤지를 확인하는 등 신중하게 대응했다고 한다. 이 안사의 난을 둘러싼 문제는 '渤海國王' 책봉과 관계가 있으므로 뒤에서 언급토록 하겠다.

제3기는 762년부터 817년 혹은 818년까지의 55·56년간이다. 濱田씨는 762년의 國王進爵과 武官이었던 '左驍衛大將軍'[12]에서 三公의 하나

10)「濱田論文」, p.51.

11) 이 請書를 외교적 의지의 표명이라고 하는 논문에 石井正敏,「第二次渤海遣日本史に關する諸問題」(前揭石井著書. 原載는『朝鮮歷史論集』上, 龍溪書舍, 1979年). 坂上康俊,「書禁·禁書と法典の將來」(『九州史學』129, 2001年)가 있다.『濱田著書』는 국가 체제 정비라는 문맥에서 請書를 해석하고 있는데,「濱田論文」에서는 일변하여 石井·坂上의 견해를 채용하고 있다.

12)『濱田著書』는 大武芸·大欽茂가 '左金吾(衛)大將軍'을 받게 되었다는 기사도 있다는 것에 검토를 가하여, 당초는 左驍衛大將軍을 받았지만, 후에 左

인 '檢校太尉'(正一品)로 오른 것을 "당의 발해를 향한 자세의 일대 변화"[13]로서 특히 주목해, 여기에 시기 구분을 설정하고 있다. 이 일대 변화라는 것은 당조의 발해에 대한 예우가 신라에 많이 접근하고 있는 것을 가리킨다. 즉, 신라는 당시 신라의 시조 신화에 근거한 '鷄林州大都督'의 '신라왕'이며, 일찍이 받고 있던 전한의 郡에서 유래하는 '樂浪郡王(公)'을 받지 않았다.[14] 발해의 경우, 이미 과거 중국에 의한 동방 지배의 州縣名에 유래하지 않는 '忽汗州都督'이었지만, 작위는 황제의 내지인 '渤海郡'의 유래에서 唐朝의 '內地'를 의미하는 '郡王'이었기 때문에 여기에서 벗어나, 당의 '遠國'으로서 인식되는 '國王'이 되었다는 것으로 약간 낮은 예우이기는 하지만 신라에 가까워진 것이라고 한다. 관위의 쪽에서 발해왕에게는 신라왕에게 부여되고 있던 勳官은 없지만, 신라왕에게는 주어지지 않았던 文散官이나, 발해왕보다는 늦은 785년에 처음으로 신라왕에게 주어진 三公이 벌써 부여되고 있다는 것을 지적하여 이것도 포함시켜 종합적인 평가로서 발해왕에 대한 唐朝의 예우가 신라왕의 예우에 많이 접근해 있다고 간주하는 것이다. 또, 이 進爵의 배경으로서, 唐朝가 발해 왕권을 안사의 난을 배후에서 견제할 수 있는

金吾衛大將軍으로 옮겨졌다는 견해를 보인다. 이것에 앞서 石井正敏, 「第二次渤海遣日本史に關する諸問題」(前揭)는 左金吾衛大將軍을 먼저 받았다는 견해를 보이고 있다. 이 두 가지의 將軍号는 마찬가지로 正三品이기는 하지만, 格은 左驍衛大將軍이 위로서 濱田씨의 견해에 의하면 격하해버린 것이 된다는 문제가 남는다. 보고자는 石井說을 따라야만 한다고 생각한다.

13) 「濱田論文」, p.54.
14) 新羅王에 대한 「樂浪郡王(公)」의 爵位가 신라를 羈縻州로 했을 때 격하되었다는 견해는, 이것을 一國一羈縻州 체제의 성립으로 이해하는 栗原益男, 「7·8世紀の東アジア世界」(唐代史研究會編, 『隋唐帝國と東アジア』 汲古書院, 1979年)에 이미 보이고 있는데, 古畑徹, 「7世紀末から8世紀初にかけての新羅·唐關係—新羅外交史の一試論—」(『朝鮮學報』 107, 1983年)이나 金子修一, 「唐朝より見た渤海の名分的位置」(前揭)가 지적한 바와 같이 聖德王이 開元 元年에 획득하고 있던 爵号가 '樂浪郡公'이었기 때문에 그때까지 '樂浪郡公'은 계속되고있었다고 보아야만 한다.

세력으로서 기대하고 있었기 때문이라고 하는 이해에도 반대 의견을 내
세워, 번성한 견사외교의 과정에서, "장군호를 대신하여" "天宝 연간
(742-756)에 正二品 文散官의 특진이나 正三品 太子詹事, 太子賓客의 문
관이 進除되고 있었던 것"15)에 주목하고 있다. 이러한 외교의 연장선상
에 進爵이 있었다고 하는 이해인 것이다.

濱田씨는 또한 제3기를 전반·후반으로 나누어 전반을 제2기에 계
속되어 활발하게 사신을 파견하는 시기로 하여 발해와 당과의 정치 관
계는 안정되어 있었다고 한다. 그런데 당 조정으로 가는 경로에 해당되
는 신동지역의 淄靑平盧軍節度使인 李氏 일족이 778년경부터 반당적인
확대 활동을 개시하자, 당에 대한 遺使가 감소한다. 「濱田論文」에 명확
한 언급은 없지만, 전반·후반의 경계는 이 778년경으로 설정되어 있는
것 같다. 또, 濱田씨가 주목하고 있는 것이 절도사인 李氏가 「海運陸運
押新羅渤海兩蕃使」였었다는 것으로, 이 직무로부터 신라·발해 양국과
당과의 무역을 추진 혹은 통제하고 있었다고 보고 있어, 이러한 직무를
맡고 있었던 것이 그들의 활동과 견사 증감의 관계성을 낳았다고도 보
고 있다.16)

제3기 후반에 濱田씨가 주목하고 있는 것은 '발해군왕'으로의 降爵
과 '발해국왕'으로의 再進爵이다. 793년에 大欽茂가 죽자, 그의 아들 宏

---

15) 「濱田論文」, p.56.
16) 淄靑平盧軍節度使와 발해와의 관계에 대해서는 「日唐交通と渤海」(前揭石井
  著書. 原載는 『東方學』 51, 1976年). 酒寄雅志, 「渤海國家の史的展開と國際
  關係」(前揭酒寄著書. 原載는 『朝鮮史研究會論文集』 16, 1979年). 榎本淳一,
  「渤海が伝えた「大唐淄青節度康志睦交通之事」(佐藤信編, 『日本と渤海の古代
  史』前揭)에 검토가 있다. 또한, 濱田씨는 「海運陸運押新羅渤海兩蕃使」라고
  하는 것이 하나의 使職으로서 이해하고 있는 부분이 있는데, 이것은 海運
  使·陸運使·押新羅渤海兩蕃使라는 3개의 使職이며, 각기의 역할이 다르
  다. 押新羅渤海兩蕃使가 어떠한 역할을 하는가에 대해서는 村井恭子, 「押蕃
  使の設置について－唐玄宗期における對異民族政策の轉換－」(『東洋學報』
  84-4, 2003年)을 참조.

臨이 먼저 죽었기 때문에 族弟 大元義가 즉위 했지만, 인심을 얻지못하고 살해되어 宏臨의 아들 華瑓가 즉위 했다. 그러나 1년이 채 안되어 죽자, 欽茂의 손자 嵩璘이 794년 후반에 즉위 했다. 이 大嵩璘 책봉시의 작호는 '발해국왕'이 아니라 '발해군왕'으로 이에 대해 濱田씨는 "역사적·관념적으로 唐의 내지인 것을 표현한 '발해군왕'으로 후퇴하고 있다. 이 降爵은 대흠무의 훙거로부터 大嵩璘의 즉위에 이르는 앞의 2대 왕통의 혼란과 책봉의 중단이 있었기 때문에 신왕인 大嵩璘의 책봉은 대흠무 당시의 책봉으로 교체되었다고 생각할 수 있다."[17]라고 하는 해석을 보여주었다. 大嵩璘은 이 후퇴에 대해 이의를 제기해 798년에 文散官인 銀靑光祿大夫와 三公인 檢校司空이 가해지고 '발해국왕'에 進爵되었다. 이후, 大嵩璘은 805년에 金紫光祿大夫·檢校司徒에, 806년에는 檢校太尉로 올랐다. 아들 大元瑜가 왕위를 계승하자, '銀靑光祿大夫檢校秘書監忽汗州都督渤海國王'에 책봉되어 이후, 이 책봉호가 계승되어 갔다. 이것을 둘러싼 문제에 대해서는 후술하겠다.

또, 제3기 후반에서는 遣使의 많은 사람이 기록에 남아있거나 혹은 '官告'를 받고 있다는 것에도 주목하고 있다. 이에 대해 濱田씨는 말갈제부족의 조공 격감과 발해가 그들의 조공에 '押靺鞨使'를 붙이고 있는 것에 주목해, 발해에 의한 말갈제부족의 役屬化의 진행과 관련시켜 그 시책의 하나라고 이해하고 있다.[18] 濱田씨의 설명에는 이해하기 어려운 곳이 있지만, 그들의 주체적인 遣使가 제한된 대신에 '押靺鞨使'의 인도에 의한 발해의 대당견사로의 참가와 이것에 계속되는 당조로부터 그들에게로의 '官告' 수여가 보증되었던 것이라고 이해하고 있는 것 같다. 더욱이 이 대당견사의 多人數化가 대일견사의 多人數化에 반영되었다

---

17) 「濱田論文」, p.60.
18) '押靺鞨使'와 靺鞨諸族의 渤海에 대한 종속과의 관련에 대해서는 古畑徹, 「『唐會要』の靺鞨·渤海の項目について」(『朝鮮文化硏究』 8, 2001年)에 언급되어 있는데, 濱田씨와는 종속의 경위에 대한 이해를 달리하고 있다.

는 이해도 나타나고 있다.

제4기는 大仁秀 즉위로부터 멸망까지 약 110년간이다. 大仁秀 시대
에는 820년에 淄靑平盧軍節度使였던 李氏가 멸망한 것과도 관계하여
활발히 대당견사가 행해졌다. 이것은 뒤를 이은 손자 大彝震 대에도 계
속하여 이어지는데, 858년 大虔晃의 '銀靑光祿大夫檢校秘書監忽汗州都
督渤海國王' 책봉 후에는 당측의 기록에서 찾아내기 어렵다. 그 이유를
濱田씨는 당말 절도사의 발호에 의해서 단절된, 혹은 기록이 흩어져 없
어졌다고 생각해 볼 수 있다고 한다.

제4기의 특색으로서 濱田씨는 제3기 후기의 말갈 제부족을 수행하
고, 자신들에게의 '官告' 賜與를 요구하는 견사와 함께, 왕자 파견에 학
생을 수행시키고, 또 宿衛의 허가를 요구하는 것이 현저히 나타나게 되
는 것을 지적한다. 또, 820년 이후도 淄靑平盧軍節度使가 押新羅渤海兩
蕃使를 兼領해 발해·신라와의 교역 실시나 또는 사자의 領導를 행한
사례를 들어 이 절도사가 중요한 역할을 완수한 것도 지적하고 있다.[19]

## 3. 4시기 구분에 대한 의문

이상, 비교적 상세하게 「濱田論文」을 소개했지만, 재차 정리를 해 보
면, 구분의 방법 자체에 문제가 있는 것은 아닐까라고 하는 의문이 생
긴다. 즉, 어떠한 지표로 시기 구분이 이루어지고 있는지가 불명확한 곳
이 몇 곳인가 있다는 것이다.

예를 들어, 제3기 후반과 제4기의 특색적인 차이가 과연 제3기 전반

---

19) 「濱田論文」은 이 뒤에 「新羅との關係―おわりに代えて」라는 節을 두어 발해
의 대신라관계와 대당관계와의 관련성에 대해 몇 가지 점에서 서술하고 있
는데, 이것에 대해서는 본 과제와 직접 관계하지 않기 때문에 소개를 생략
한다.

과 후반을 나누는 구분보다 큰지 어떤지 매우 의문이다. 왜냐하면, 제3
기 후반에 볼 수 있는 말갈제부의 수행이나 淄青平盧軍節度使의 介在라
고 하는 문제는 제4기에 인계되는 한편으로, 제3기 전반에는 볼 수 없
는 것이다. 이 두 점을 중시한다면, 구분은 778년경으로 설정되는 것이
당연하다. 만약, 淄青平盧軍節度使 李氏의 反唐 활동에 의해 발해의 대
당견사가 저해되고 있었지만, 그 멸망에 의해서 대당견사가 다시 활발
하게 되었다고 하는 점을 중시한다면, 820년경의 시기 구분은 가능하지
만, 그것과 동시에 그들이 저해하기 이전과 이후라고 하는 구분도 같은
레벨로서 성립하는 것으로 778년, 820년의 두 구분점이 성립하게 된다.

이것과 마찬가지의 것은 제2기와 제3기 전반과의 사이에도 '발해국
왕' 책봉의 한 점을 제외하면, 전후는 친당정책을 실시해 활발히 견사를
행하고 있었다라고 하여 하나의 정리로서 이해 가능하다고 생각되어진
다. 또 당에 대한 정책을 친당·반당이라고 하는 구분으로 나누고 생각
하면, 大武芸까지의 흔들리는 시기와 大欽茂 이후 친당정책의 시기로
나누어진다고도 생각된다. 이 경우, 제 1 기와 제2기의 사이의 구분은
타당하지만, 그 이후의 분류는 불필요하다. 조금 더 언급하자면, 이 지
표를 사용한다면, 발해가 명확하게 반당활동을 실시해 귀속되지 않았던
건국 당초의 10 몇 년간과 귀속하고 나서 흔들리는 시기와의 사이에서
구분도 가능할 것이다. 발해의 대당외교를 종합적으로 취급해 구분한
것이겠지만, 몇 개라도 존재하는 지표에 의한 변화점을 명시하고, 그것
들이 겹치거나 서로 영향을 주거나 하는 시기를 가지고 구분해야만 종
합적인 것이 아닌가라고 하는 의문은 지울 수 없다. 그러한 의미에서
보고자로서는 濱田씨의 4시기 구분에는 찬성하기 어렵다.

그렇다고는 하지만, 「濱田論文」의 4시기 구분의 종합성의 배경으로,
『濱田著書』에서 발해 국사의 4시대 구분이 있다는 것은 지적해 두지 않
으면 안 된다. 그 4시기 구분이란 다음과 같다.

第一期 698~762년(64년간) '武'의 시대
第二期 762~823년(61년간) '文'의 시대
第三期 823~870년(47년간) '富'의 시대
第四期 870~926년(57년간) '商'의 시대

　이상과 같은 것이지만, 서로 분명히 구분선이 그어져 있는 성질의 것은 아니라고 하는 설명 문구가 붙어 있다.[20] 그렇다고는 해도, 구분지은 年을 두고 있는 이상, 거기에는 변화점에 관계된 그 어떤 사건이 당연히 존재하고 있을 것이며, 762년은 '발해국왕'으로의 進爵인 것이 명확하다.

　그 이외에 명확한 언급은 없지만, 823년은 12년을 1기로 하는 年期가 알려진 발해사의 渡日 해이고, 870년은 大虔晃 통치의 최종 년(다음 해에 沒)이라는 것으로 여겨진다. 이 애매함은 접어두고라도 濱田씨의 대당외교 시기 구분과 겹쳐볼 때, 762년이 딱 겹쳐지고, 823년도 전후 수년의 폭이 있다고 상정하면 거의 겹쳐져 대당외교 제3기=발해국사 제2기라고 하는 관계가 성립한다. 대당외교 제3기 후반과 제4기와의 애매함도, 배후에 발해국사 時代相 의 큰 전환이 이 근처에 있을 것이라고 한다면 수긍되지 않는 것도 아니지만, 반대로 대일 관계를 지표로 설정한 820년대 전반이라고 하는 큰 발해사의 시기 구분에 이끌려 그다지 큰 변환기도 아닌 시기를 대당관계의 시기 구분으로 해 버린 것처럼도 보인다.

　또, 이와 같이 대당외교와 발해국사의 시기 구분을 비교해 보면, 濱田씨가 762년의 '발해국왕' 책봉·진작을 매우 큰 사건이라고 보고 있다는 것도 잘 알 수 있다. 濱田씨 이전에 발해 전시대를 통한 역사적 전개를 논한 연구자로서 酒寄雅志씨가 있지만, 酒寄씨는 이것이 신라 정벌계획의 소멸로 연결되어, 그것에 의해 국제관계의 긴장완화를 유도

해 내어 발해가 당에 접근해 갔다라고 하는 의미로서 이것을 중요한 사건으로 파악하고는 있지만, 안사의 난의 종식을 포함한 동아시아의 긴장 완화라고 하는 문맥 속에서의 한 사건으로 보고 있는 것 같고, 濱田씨와 같이 이것만을 특별히 중시하는 것은 아니다.[21] 또, 濱田씨 이전에 발해·당 관계를 약술한 金子修一씨는 당발분쟁이 종결되어 大武芸의 죽음과 함께 관계가 회복한 시점을 큰 분기점으로 인식해, 이 이후의 양국 관계는 안정되었다고 이해하고, '발해국왕' 진작도 안사의 난과 관계하여 褒封이라고 하는 그 이상의 의미를 부여하지 않았다.[22] 마찬가지로 발해·당 관계를 약술한 馬一虹씨도 "발해 국가의 새로운 단계로의 약진 과정으로서 발해는 국제적 지위를 높이는 것에 직면하고 있었다."라고 하여 발해측이 국왕의 칭호를 요구해 이것을 획득했다고 하는 것은 언급하고 있지만, 그 이상의 특별한 위치설정은 없고, 오히려 그 후의 수년간 발해가 당에 별로 조공하고 있지 않다는 것을 들고 있어, 대당관계에서 이 사건이 그다지 중요한 의미를 가지고 있지 않았다는 인상조차 내포하고 있다.[23] 이와 같이 다른 연구자의 견해와 비교해 보아도 濱田씨의 '발해국왕' 책봉·진작의 중시는 특징적이라고 해도 좋은데, 그에 의한 대당외교 시기구분의 타당성을 생각하는데, 이것을 어떻게 생각하는냐의 문제는 극히 중요하다고 생각된다. 때문에 章을달리해 '발해국왕' 책봉·진작에 관련된 여러 문제를 검토해 보도록 하겠다.

---

21) 酒寄雅志, 「渤海國家の史的展開と國際關係」(前揭酒寄著書. 原載는 『朝鮮史研究會論文集』 16, 1979年). 또, 酒寄씨는 「東北アジアのなかの渤海と日本」(前揭酒寄著書. 原載는 『新版[古代の日本] 2 アジアから見た古代日本』角川書店, 1991年)으로 새롭게 동북아시아에서 安祿山의 난의 중요성을 논하고 있다.

22) 金子修一, 「中國から見た渤海國」(前揭金子著書. 原載는 『月刊しにか』1998年 9月号).

23) 馬一虹, 「渤海と唐の關係」(『アジア遊學』 6, 1998年), p.48.

## 4. '渤海國王' 冊封 · 進爵을 둘러싼 제문제

大欽茂의 '발해국왕' 冊封 · 進爵에 관련한 논고는 꽤 많다. 그것은
일본의 신라정벌계획에 이 문제가 관계되어 있다고 하는 이해가 있기
때문이지만, 의견이 나뉘는 문제점도 적지 않다. 주요한 것을 열거해보
면, "①일본의 신라정벌계획과의 관계성, ②책봉사 도착 시기, ③冊
封 · 進爵의 이유 · 배경, ④冊封 · 進爵 전의 발해 · 당 관계, ⑤冊封使
韓朝彩의 新羅行의 이유와 경로, ⑥명분적 평가"라고 하는 6점으로 정
리될 수 있다고 생각한다. 이 중 ⑤는 다른 것돠 별로 관계하지 않기
때문에 여기에서는 언급하지 않고,24) ①-④는 관련성이 있으므로 일괄
해서 제논고를 정리 · 검토하고, 그 후에 ⑥을 검토하는 순서로 진행해
나가고 싶다.

藤原仲麻呂에 의한 신라정벌계획이 공식적으로 된 것은 759년 6월
의 일로25) 3년 후인 762년 실행을 목표로 하여 준비가 진행되었지만,

---

24) (5)는 冊封使 韓朝彩가 발해 뒤에 신라로 가서 발해로부터 일본으로 돌아온
留學僧 戒融의 소식을 신라 경유로 일본에 요청했다는 것에 대한 문제이다.
이 행동의 이유로서 丸山裕美子, 「唐國勅使韓朝彩についての覺書」(『續日本
紀研究』 290, 1994年)는 韓朝彩은 단순히 戒融의 안부 확인을 위해 신라에
간 것이 아니라, 史朝義의 사망과 안사의 난의 종결을 발해 및 신라에 알려
양국 우호관계의 확인을 모색한 使者라고 이해하고 있다. 한편, 濱田耕策,
「留學僧戒融の日本歸國をめぐる渤海と新羅」(佐伯有淸先生古稀記念會編, 『日
本古代の伝承と東アジア』, 吉川弘文館, 1995年)는 戒融의 귀국이 代宗에 의
해 내려진 명령이었기 때문에 확인을 위해 갔다고 보고 있다. 또한, 濱田씨
는 韓朝彩가 발해에서 신라로의 경로로서 上京 龍泉府에서 鴨綠江口까지
가 거기에서 신라 西辺의 唐恩津에 이르렀다고 하며, 신라 왕성까지는 이르
지 못했다고 하는데, 赤羽目匡由, 「8世紀中葉における新羅と渤海の通交關係
-『三國史記』所引, 賈耽『古今郡國縣道四夷述』逸文の分析-」(『古代文化』
56-5, 2004年)은 부제에 보이는 사료에 기록된 일본 해안의 루트를 이용해
渤海 南京 南海府 경유로 신라 왕성에 이르렀다는 것을 고증하고 있다.

762년 11월의 관련 기사26)를 끝으로 사료에는 보이지 않게 되어, 실행 되지 않은 채 중지되었다. 이를 전후하여 일본과 발해 사이에는 빈번한 통교가 있었고, 발해가 이 계획에 가담하고 있었다고 보는 것이 통설이 다. 여기에서 논점이 되는 것이 762년 10월 발해사 王新福의 일본 방문 이다. 그들이 가져온 정보가 무엇이며, 그것이 이 정벌 계획 중지에 어 떻한 영향을 주었는지가 문제가 되는 것이다. 이에 대해 다룬 수많은 견해 속에서 石井正敏, 酒寄雅志, 河內春人, 馬一虹씨 등과 『濱田著書』 의 견해를 살펴보도록 하겠다

石井正敏씨는 발해가 大欽茂 代가 되어 대당관계 정상화에 노력하고 는 있었지만, 즉위 당초의 상황은 전대의 여파로 꽤 긴박하였던 것으로 당·신라에 대한 疑心暗鬼의 상황 하에 있었고, 그러한 감각을 반영해 발해사에는 武官이 임명되었다. 그러나 대당관계가 원활해진 시기를 맞 이하게 되자 발해로서는 일본과 모색한 신라정벌계획을 실행하지 못하 고, 당초는 소극적으로 계획에 참가하고 있었지만, 실행할 수 없다는 것 을 전하기 위해서 문관인 王新福을 파견하게 되었고, 이것이 藤原仲麻 呂의 전제체제의 요동과 합쳐져, 정벌계획 중지로 연결되었다고 이해하 고 있다.27) 石井씨의 경우, '郡王'으로부터 '國王'으로의 進爵은 王新福 대일 파견보다 늦었을 가능성이 있으므로, 원활화를 대표하는 사건으로 서 파악하고 있어, 어디까지나 대당관계의 원활기를 맞이하고 있다는 발해의 현상분석이 신라정벌계획으로부터의 이탈로 연결되었다고 하는 이해이다.28) 또, 日野開三郞씨의 안사의 난 시기에 발해에 의한 요동점

---

25) 『續日本紀』, 天平宝字 3年 6月 壬子條..
26) 『續日本紀』, 天平宝字 6年 11月 壬寅條.
27) 石井正敏, 「初期日本·渤海交涉における一問題」(前揭石井著書. 原載는 森克 己博士古稀記念會編, 『史學論集對外關係と政治文化』 第一, 吉川弘文館, 1974 年).
28) 石井正敏, 「初期日本·渤海交涉における一問題」(前揭)의 「付記」에 이점이 상 술되어 있다.

령이라고 하는 설29)에 대해 언급하고 있는데, 일본으로의 무관 파견에
동정 정찰의 의도가 있었다고 하는 이해를 지지하고는 있지만, 전술한
바와 같은 대당관계로 이해하고 있었기에 요동점령설은 지지하고 있지
않는 것으로 보인다. 또한 進爵의 이유에 대한 언급은 없다.

酒寄雅志씨는 1977년의 논고에서는 발해가 당과의 관계를 강화하려
하고 있는 것은 엿볼 수 있다고 하면서도, 762년은 당조에서는 현종·
숙종이 잇따라 사망해 대종의 즉위라는 왕권의 혼미가 계속되어, 史朝
義의 跳梁에 맡기고 있는 상황이었으므로 신라정벌계획 입안 당시와 그
어떤 국제 정세의 변화가 없었고, 王新福의 목적은 당 국내의 정세를
알려 아직도 정벌의 기회라는 것을 고했다고 보는 것이 타당하다고 말
해, 정벌계획의 소멸도 오로지 藤原仲麻呂 정권의 권력 쇠퇴에서 그 원
인을 찾고 있다.30) 그러나, 1979년의 논고에서는 '군왕'으로부터 '국왕'
으로의 승격 및 '檢校太尉'라고 하는 당시 신라왕과 동등한 관호가 주
어졌으므로 신라에 대한 위협을 버리고 당으로의 접근을 강화했기 때문
에 발해에서는 신라정벌에 대한 필연성이 감소하였고, 王新福을 파견해
정벌 중지의 취지를 일본에 전달해 왔다31)라고 앞의 주장을 크게 개정
하였다. 현시점에서 酒寄씨의 견해는 후자일 것이다. 더욱이 다른 논고
에서는 발해가 안사의 난의 형편을 살피고 있었다고 하는 이해 속에서
進爵의 이유를, 安祿山이 사망하고 나서도 史思明과 그의 아들 朝義의
난이 계속되고 있었으며, 위구르의 제3대 브크 카간이 史朝義의 요청으

---

29) 日野開三郎,「安史の亂による唐の東北政策と渤海の小高句麗國占領」(前揭日野
    著書. 原載는『史淵』91, 1963年).
30) 酒寄雅志,「8世紀における日本の外交と東アジアの情勢」(前揭酒寄著書. 原載는
    『國史學』103, 1977年).
31) 酒寄雅志,「渤海國家の史的展開と國際關係」(前揭). 또한, 酒寄씨는 양 논문을
    저서에 수록할 즈음에 前說·後說의 변화에 대해서 명확하게 언급하지 않
    은 상태였기 때문에 독자에게는 한 책 속에 모순이 있는 것처럼 보이는 점
    이 있다.

로 남하의 양상을 나타내고 있었기 때문에 동북의 웅자라고 할 수 있는 발해에 지원을 기대한 조치라고 하는 견해를 나타내고 있다.[32)

河內春人씨는 日野開三郎씨의 발해에 의한 요동점령이 있었다고 하는 설을 지지하고 있는데, 발해가 안사의 난을 계기로 친당적인 입장에서 처신을 분명히 하는데, 그러한 행동의 이유가 亂의 파급을 두려워하여 중립 지대를 설정한 것이라고 보고 있다. 한편, 당 측은 발해의 소극적 태도에 관계없이 사절을 파견하여 발해의 난 진압에 대한 참가를 재촉하고 있어, 발해의 進爵을 양호한 관계가 계속된 결과라고 보는 것보다는 반란군 진압의 참가를 재촉하려는 정치적 판단의 결과라고 보는 것이 좋다고 말하고 있다. 그리고 이러한 상황을 받아들여 발해는 당과의 관계를 양호한 방향으로 개선했지만, 친당적인 입장으로 재전환했다고 성급하게는 결론지을 수는 없다고 한다. 또, 河內씨는 신라정벌계획에 발해가 가담해 신라 협공을 양해했다는 견해를 취하지 않고, 발해의 최대의 관심사는 반란군이나 북방 제민족과의 대립으로 거기에 신라와 대립의 첨예화가 가해졌으므로 일본의 신라정벌계획을 알게 된 발해는 신라의 배후인 일본을 부추기는 것으로서 신라와의 대립을 회피하려고 했다고 한다. 그리고 王新福의 일본 방문에 대해서는, 국제 환경은 酒寄씨가 앞에서 언급한 주장이 올바르고, 발해에게는 신라출병에 대해 대적할만한 여유가 없었기 때문에, 진정화 되고 있는 안사의 난에 대해 일부러 아직 그것이 강세라고 하는 오보를 가지고 와 신라정벌계획이 여전히 실행 가능하다는 것과 일본으로부터의 신라 출병 요청의 회답에 대한 연기를 했다고 하는 견해를 나타냈다.[33)

馬一虹씨는 河內씨와는 정반대로 王新福이 가져온 당의 정세를 사실로 간주하고, 762년 4월부터 7월까지 3개월간 밖에 없었던 宝応 元年에

---

32) 酒寄雅志, 「東北アジアのなかの渤海と日本」(前揭).
33) 河內春人, 「東アジアにおける安史の亂の影響と新羅征討計畵」(『日本歷史』 561, 1995年). 또한, 河內씨는 韓朝彩를 책봉사라고 보고 있지 않다.

'발해국왕' 책봉의 사자가 출발했다고 하더라도 王新福의 渡日까지 발
해에 도착하기는 어려우며, 또 책봉사로 여겨지는 韓朝彩가 일본 승려
戒融을 동반해서 발해에 들어간 것을 763년 겨울이라고 하는 金毓黻의
견해를 받아들여 실제의 출발은 763년이었다고 이해해, '발해국왕' 進
爵을 배경으로 발해의 일본에 대한 전략의 전환이 이루어졌다고 하는
설은 성립하기 어렵다고 한다. 그리고 王新福의 使命에 대해서도 신라
정벌계획에 대한 제휴의 중지를 일본에 전하는 사자라고 하는 견해는
성립하기 어렵고, 일본의 사절을 보내는 送使로 봐야만 하며, 그가 처음
으로 문관으로서 일본을 방문한 것도 발해가 율령제의 달성을 외교 교
섭 대상국에 표명하려고 한 것으로 보아야한다고 하였다.[34] 또한, 馬씨
는 다른 논문에서 책봉·진작의 이유에 대해서 당이 왕위 찬탈의 亂 속
에서 代宗이 즉위했고, 티벳에서도 서쪽을 위협하는 '빈약한 상태'였었
기 때문에 '국왕'을 요구하는 발해의 요구에 따르지 않을 수 없었다고
말하고 있다.[35]

『濱田著書』는 신라정벌계획에 발해가 참가했다고 하는 이해 그 자
체를 부정한다. 발해에게는 당의 반란군 평정에 대한 파병 요청에 대해
서 신중할 정도로 안록산의 난이 어떻게 파급될 것인지가 최대의 관심
사이며, 당의 外臣으로서 위치를 지키는 신라를 토벌할 수 있는 국제
정세는 아니었다고 볼 수 있기 때문이다.[36] 또, 王新福이 문관이었다는
것은 大欽茂가 '발해국왕' 책봉시에 대장군의 호가 폐지되고, 三公의 하
나인 太尉에 봉해져 발해왕의 책봉이 무관에서 문관으로 변화한 것에
대한 표현이라고 하는 이해를 보이고 있다.[37] 濱田씨가 명언하지는 않

---

34) 馬一虹, 「八世紀中葉の渤海と日本の關係－762年の渤海第6次遣日本使を中心
   として－」(『國學院大學大學院紀要 文學硏究科』 29, 1998年).
35) 馬一虹, 「渤海と唐の關係」(前揭).
36) 『濱田著書』, pp.49~53.
37) 『濱田著書』, p.58, pp.90~92.

았지만, 濱田씨는 王新福이 '발해국왕' 책봉 후에 일본에 파견되었던 것으로 이해하고 있는 것이라고 생각된다. 또한, 이 책봉의 배경·이유에 대한 이해는 앞에서 본 「濱田論文」에서 소개한 것 것과 같다.

이상, 5명의 연구자의 견해를 살펴보았는데, 각각 상당한 차이가 있음을 알 수 있다. 이것을 앞의 4점에 따라서 정리해 표로 보면 다음과 같다.

|  | ① 일본의 신라정벌 계획과의 관계성 | ② 책봉사 도착의 시기 | ③ 책봉·진작의 이유·배경 | ④ 책봉·진작전의 발해·당관계 |
|---|---|---|---|---|
| 石井 | 관계있음 | 王新福 출발 후의 가능성 있음 | 언급 없음 | 양호로 원활기로 향하고 있다 |
| 酒寄 | 관계있음 | 王新福 파견 전 | 안사의 난이 계속 중이었고, 위그루가 史朝義의 요청으로 남하의 양상을 띠고 있었기 때문에 東北의 雄이라고 할 수 있는 渤海에 지원을 기대 | 안사의 난에 대한 상황을 靜觀 |
| 河內 | 관계없음 | 언급 없음 | 반란군 진압에 대한 참가를 기대 | 요동을 점령하고 완충지대를 설치. 안사의 난 파급을 두려워하여 시종 소극적 자세 |
| 馬 | 관계없음 | 王新福 파견 후 | 왕권약체·西方으로부터의 위협 속에서 발해의 요구를 들어주었다 | 언급 없음 |
| 濱田 | 관계없음 | 王新福 파견 전 | 활발한 親唐外交의 과정에서 文官이 받아들여진 연장선상 | 양호했지만, 안사의 난 진압에 대한 참가 요청에는 신중 |

이 밖에도 이와 관련한 것에 언급한 논자가 있는데, 이들을 포한한 제 견해의 타당성을 모두 확인해 나가려면, 안사의 난 말기 당의 내정·외교 전반에 걸친 고찰이 필요하다. 그러나 여기에서는 그러한 검토의 여유가 없기 때문에 별고를 기하도록 하겠다.[38] 다만, 酒寄씨 이후

---

38) '안사의 난' 말기의 상황과 '발해국왕' 책봉과의 관계에 대한 보고자의 견

의 검토에 의해 단순하게 당과의 관계가 양호하며 원활기에 들어가 있다고 보는 것은 어렵고, 안사의 난을 당하여 발해가 당 측·반란 측의 어느 쪽에도 명확하게 달라붙는 자세를 보이지 않았다는 것은 확실시해도 좋을 것이다.[39]

또, '발해국왕' 책봉에 대해서도 책봉사가 韓朝彩라고 하는 통설에 따르는 경우, 그와 동행하여 발해에 들어간 戒融이 王新福의 파견에 동행하지 않고, 王新福을 보내왔던 일본 측 선박의 귀로에 동행한 이상, 王新福 파견 이전에 발해에 도착했다고는 생각하기 어렵다. 그러한 의미에서 濱田씨의 견해가 모순되어 있다는 것은 분명하고, '발해국왕' 책봉시에 삼공을 내려주었던 것이 문관 파견에 관계되어 있다고 하는 견해 자체가 성립 할 수 없다.

애당초 濱田씨의 762년 책봉 때에 대한 대흠무의 관직 이해에는 잘못이 있다. 우선, 대장군이 이 시점에서 사라졌다고 하는 견해를 보이고 있지만, 『旧唐書』 渤海靺鞨伝에 "及嵩璘襲位, 但授其郡王·將軍而已"라고 있어, 大欽茂가 가지고 있던 장군호를 계승했다는 것은 움직일 수 없는 사실이다. 다른 책봉의 사례 등에서도 蕃夷의 왕이 武官과 文官 양쪽 모두를 가지는 것은 그다지 이상한 일이 아니고,[40] 장군은 다른 職

---

해는 『集刊東洋學』第100號記念號(2008년 11월 간행예정)에서 발표 예정임.

39) 이러한 견해에 관계되는 것으로서 발해의 요동점령설이 있다. 河內씨가 이 입장을 취하고 있다는 것은 앞에서 언급했지만, 최근 赤羽目匡由, 「いわゆる 賈耽『道里記』の「營州入安東道」について」(『史學雜誌』 116-8, 2007年)가 발표되었는데, 안사의 난 시기의 요동에서 당과 발해의 경계가 현재의 撫順·木奇 사이였다고 하는 고증이 보이고 있으며, 발해는 唐領 진출의 호기에 즈음해서도 唐과 연락을 취하면서 난에 관련된 개입을 피했다고 하는 견해가 주장되어지고 있다. 이 고증은 들을 만한 가치가 있으며, 고찰의 여지는 약간 남아있기는 하지만, 요동점령설은 이미 성립하기 어려운 것으로 생각되어진다.

40) 예를 들면, 『三國史記』 新羅本紀·聖德王 11年 10月條에 보이는 聖德王의 관직은 驃騎將軍(武散官)·特進(文散官)·行左威衛大將軍(職事官·將軍号)

事官을 겸할 수 있는 관직41)이기도 하기 때문에 檢校太尉가 된 것을 가
지고 장군호가 없어졌다고 볼 수는 없다. 더욱이 이때 얻은 '太尉'를 濱
田씨는 안이하게 문관이라고 이해하고 있지만, 太尉는 前漢에서 三公制
가 반포되었을 대에는 軍事 장관이었기 때문에 三公이 명예직화하더라
도 군사 관계에서 공적이 있는 자에게 부여되는 보통이다. 때문에 唐末
五代에서는 무장을 존칭해 太尉라고 했을 정도이다. 이렇게 보면, 만약
'발해국왕' 책봉 후에 王新福의 대일견사가 있었다고 하더라도 王新福
이 문관이었다는 것과 이 때의 책봉과는 아무런 관계가 없게 된다. 더
한층 나아가 말해보면, '발해국왕' 책봉을 가지고 '文' 시대의 시작으로
하는 시대구분 이해도 타당하다고는 말하기 어려울 것이다.

　이러한 고찰을 판단의 근거로 이때 '발해국왕'의 명분적 위치설정의
문제를 생각해 보고 싶다. 金子修一씨는 당대의 冊封號를 검토해 왕(本
國王)－國王－德化王－郡王이라고 하는 칭호의 서열이 있었다는 견해
를 나타내 본국왕의 '王'호가 중국에 근접한 蕃域의 제국에, '國王'호가
거의 변경의 제국에서 이용되는 것, 본국왕(王・國王)이 外臣 층의 이민
족에게 이용된 것에 반해 郡王은 내속해 唐의 판도에 편입된 諸族에 대
해서 이용되고 있는 것을 분명히 했다.42) 이 견해를 발해에 적용한 金
子씨는 '발해군왕'이 唐의 중신에게도 이용되고 있었다는 것을 들어 당
이 발해를 內屬한 이민족과 동렬로 취급했다고 하는 견해를 나타냈다.

이다.
41) 예를 들면, 『元積集』 卷43의 「授田布魏博節度使制」에는 田布에게 내려진 관
　　직으로서 '寧遠將軍・守右金吾衛大將軍員外同正員, 檢校工部尚書兼魏州大
　　都督府長史・御史大夫・充魏博等州節度觀察處置等使'라고 되어 있다.
42) 金子修一, 「唐代冊封制一斑－周辺諸民族における「王」号と「國王」号－」(前揭
　　金子著書. 原載는 西嶋定生博士還曆記念論叢編集委員會編, 『東アジア史にお
　　ける國家と農民』山川出版社, 1984年). 同, 「唐代の異民族における郡王号－契
　　丹・奚を中心にして－」(前揭金子著書. 原載는 『山梨大學教育學部研究報告』
　　36, 1986年).

또한, 본국왕에 해당하는 '桂婁郡王'이 태자에게 부여되었고, 그것도 2·
3대로 끝난 것을 가지고 당이 발해에 대해 本國王的인 爵號의 수여를
극력 회피하고 있었다는 이해도 나타냈다. 그리고 '발해국왕' 進爵에 대
해서는 絶域 이외에서 '국왕'이 부여되었던 사례로서 698년에 고구려왕
高宝元을 '朝鮮郡王'에서 '忠誠國王'으로 進爵한 사례와 668년에 吐谷
渾王慕容諾曷鉢을 '河源郡王'에서 '靑海國王'으로 進爵한 사례를 들어,
唐으로부터의 원근을 불문하고, '군왕'에서 進号하는 경우에 '王'보다
약간 낮은 칭호로서 '국왕'이 이용되었다고 하는 견해를 보였고, 발해의
경우도 '왕'인 신라 보다 약간 낮은 대우를 주기 위해서 이와 같이 되었
다고 이해하여 唐은 일관해서 발해를 內屬國으로서 취급해 왔다고 말한
다.[43]

이에 대해 濱田씨는 전술한 바와 같이 '발해국왕' 진작을 唐朝의 '內
地'를 의미하는 '군왕'에서 벗어나, 唐의 '遠國'으로서 인식되는 '국왕'
이 되었던 것이라고 이해해, 그 예증으로서 9세기에 唐에 내속한 고구
려 遺臣에게 '발해군왕', '발해군공'이 부여되고 있었던 것을 들어 그것
은 '발해국왕'과는 차원이 다르기 때문이라고 했다.

여기서 주의를 요하는 것은 大欽茂의 다음으로 795년에 당의 책봉을
받은 大嵩璘이 당초 '발해군왕'에 책봉되어 大欽茂의 '발해국왕'으로부
터 후퇴한 것, 그리고 金子씨가 이미 지적했지만, '발해군왕', '渤海郡
公' 등이 당의 內臣에게 부여되어진 것이 798년에 大嵩璘이 '발해국왕'
에 진작되어 이후 발해왕으로 이 작위가 계승되고 나서부터 라는 것이
다.[44] 唐代에서 蕃夷의 왕의 교대시에 행해지는 책봉을 살펴보면, 전왕
이 받은 官爵을 반드시 다음의 왕이 그대로 계승하는 것은 아니라고 하
는 사례가 존재하고 있다는 것을 깨달을 수 있다. 관직(職事官)·관위

---

43) 金子修一, 「唐朝より見た渤海の名分的位置」(前揭).
44) 金子修一, 「唐朝より見た渤海の名分的位置」(前揭).

(散官)이라면 발해에서 사례를 볼 수 있는데, 大嵩璘이 그 후 가증된 金紫光祿大夫·檢校太尉 등은 다음의 大元瑜에게는 계승되지 않았고, 大仁秀에게 가증된 된 金紫光祿大夫·檢校司空도 다음의 大彝震에게 계승되고 있지 않다.[45] 爵에 관해서 명확하게 다른 爵으로 된다고 하는 사례는 발견되고 있지 않은데, 褒封이 필요한 때에 그때마다 주어지는 德化王 등이 그 왕 일대에 한해서 끝나는 경우가 많다는 것을 유사한 사례로 들 수 있다. 그 중에서도 특히 주의해야 할 것은 內屬한 고구려 왕의 작위가 699년에 '조선군왕'에서 '충성국왕'으로 진행된 경우이다. 이것은 金子씨에 의해 '군왕'에서 '국왕'으로의 사례로서 소개되고 있지만, 725년에는 '조선군왕'으로 돌아오고 있는 것이 분명하며, '국왕'은 후계자에게는 계승되지 않았다고 볼 수 있다.[46] 다시 말하면, 이와 같이 褒賞으로서 가증된 官爵은 때로는 그 왕 개인의 일대에 한해서 가증된 것으로 그 나라 혹은 왕가에 대해서 가증된 것이 아닌 경우가 존재한다고 볼 수 있는 것이다. 이 추정이 올바르다면, 大嵩璘이 '발해군왕'과 '左金吾(衛)大將軍'이라고 하는 大欽茂가 大武芸를 이었을 때의 官爵 밖에 주어지지 않았던 것은 그 후의 관작은 어디까지나 大欽茂 개인 일대에 한해서 가증된 것이며, 발해라고 하는 국가, 또는 그 王家에 부여한 것은 아니라는 당 측의 인식이 있었기 때문이라고 하는 가설이 성립된다.

---

45) 前王에게 부여되었던 관직·관위가 자식에게 계승되지 않았던 사례로서, 그 외에는 南詔의 雲南王蒙歸義(皮羅閣)에게 부여되었던 特進이 天寶 7년(748)에 자식인 閣羅鳳의 雲南王 습봉 때에 부여되지 않았던 사례 등이 있다. 다만, 南詔의 경우, 사료에 기재되어 있지 않을 뿐, 실제로 수여되었을 가능성이 전혀 없지는 않아 발해 정도로 완전한 사례라고는 할 수 없다.

46) 古畑徹, 「いわゆる「小高句麗國」の存否問題」(前揭). 725년에 고구려왕이 朝鮮郡王이었다는 것을 보여주는 것은 『旧唐書』 卷23, 礼儀志3의 開元 13년 封禪의 기사이다. 다만, 이때의 고구려왕이 '忠誠國王'을 수여받은 高宝元본인일 가능성이 전혀 없지는 않으며, 이 해석에는 아직 불완전한 점이 남아있나.

이 가설을 설득력 있는 것으로 하려면, 大嵩璘 책봉시의 '군왕' 격하
이유에 대한 종래의 이해를 부정할 필요가 있다. 濱田씨는 이것은 大欽
茂로부터 大嵩璘까지의 사이에 있었던 왕통의 혼란과 책봉의 중단이 있
었기 때문이라고 생각하고 있다.[47] 그러나 大欽茂와 大嵩璘 사이에 族
弟 大元義가 즉위해 1년이 채 안되어 살해당해 大欽茂의 손자 華璵가
추천되어져 왕이 되었고, 다시 그가 사망해 大嵩璘이 왕에 올랐다고 하
는 기사는 『新唐書』 이전에는 보이지 않는다. 『唐會要』, 『旧唐書』라고
하는 唐의 조정에 남겨진 사료를 기초로 편찬된 서물에는 元義도 華璵
도 보이지 않고, 大欽茂의 뒤를 그 아들 大嵩璘이 이은 것으로 되어 있
다. 그렇다면, 발해는 당에 대해서 공식적으로는 이 시기의 혼란을 숨
겨, 大欽茂에서 大嵩璘으로 계승되었다고 신고하였고, 唐은 그 정보를
믿고 책봉을 실시했다고 이해할 수밖에 없다. 참고로 『新唐書』가 이것
과 다른 정보를 입수할 수 있었던 것은 幽州節度使로부터 발해에 파견
되었을 때의 견문을 적은 張建章의 『渤海國記』(835년)에 의거했기 때문
이라고 추정된다.[48]

당시 당의 발해에 대한 정세 인식이 이와 같았다고 한다면, 격하의
이유를 왕통의 혼란에서 찾는다는 것은 어렵다. 그 이외에 특별한 이유
가 눈에 띄지 않는다면, 당은 발해를 어디까지나 內屬國으로 위치시키
고 있었으며, 大欽茂의 '渤海國王' 책봉은 어디까지나 특수한 襃封이었
기 때문에, 본래의 형태로 되돌려 '발해군왕'으로 책봉했다고 보는 해석
이 가장 설득력을 가질 것이다. 그리고 이것에 大嵩璘이 반대 의견을
내세웠기 때문에 당은 발해를 명확하게 '국왕'의 국가로서 격을 부여해
그를 '발해국왕'으로 책봉한 것이었다.[49] 그렇기 때문에 이 이후, 內臣

---

47) 「濱田論文」, 60쪽.
48) 張建章 및 『渤海國記』에 대해서는 古畑徹, 「渤海建國關係記事の再檢討 - 中
   國側史料の基礎的研究 - 」(『朝鮮學報』 113, 1984年)를 참조.
49) 大嵩璘의 주장을 당이 받아들여서 '국왕'으로 책봉한 것은 작위를 일대에

으로 '발해군왕', '발해군공'이 주어지게 되는 것이다. 만약에 濱田씨가 말하듯이 '국왕' 책봉으로 '內屬'에서 '遠國'으로의 위치 설정의 전환이 라고 하는 의미가 있는 것이라 하더라도[50) 그것은 762년이 아니라, 798 년으로 보아야 하는 것이다. 그리고 그렇다고 한다면, 762년을 대당외 교 및 발해의 시대구분으로서 큰 분기점으로 보는 濱田씨의 견해는 타 당하다고는 말할 수 없다고 하는 결론이 될 것이다.


## 5. 맺음말


이상, 濱田씨에 의한 대당외교의 시기 구분을 소개·검토해 왔는데,

---

한해서라고 하는 논리적 근거가 약했기 때문이었다고 생각한다. 그 때문에 先代인 大欽茂의 관직 상승을 일일이 열거하는 大嵩璘의 주장이 '叙理'(道 理를 언급하는 것)로서 평가되었을 것이다. 이에 대해 관직·관위는 大欽茂 의 것을 계승할 수 없었는데, 이것은 논리적으로도 관직·관위가 본래 개 인에게 부여되는 것이었기 때문일 것이다. 또한, '郡王' 降格이 국내의 혼란 을 이유로 하고 있다면, 당 측은 타당한 근거가 있기 때문에 혼란에 대한 해명을 하고 있지 않은 大嵩璘의 주장이 통할 리가 없다. 이것으로부터도 국내의 혼란을 이유로 한 '郡王' 降格이라는 종래의 해석은 성립되기 어렵 다고 생각한다.

50) 보고자는 '國王' 進爵에 대한 濱田씨의 이 견해는 오류이며, 앞에서 언급한 金子씨의 견해가 타당하다고 생각한다. 그 이유로서 만약에 발해가 '絶域' 으로서의 위치에 부여되어 있었다고 한다면, 발해에 대한 당 측의 국호 표 기에는 그 이후 '國'이 붙여져 있어야만 하는데, 『册府元龜』 外臣部朝貢을 보는 한, '國王' 進爵 후에도 '渤海'만을 표기하고 있고, '渤海國'이라는 표 기는 당 멸망까지 보이지 않는다는 것을 들 수 있다. 또, 白居易(772~846) 가 지은 『白氏六帖事類集』 권16에 남아있는 蕃域規定에는 '高麗', '靺鞨' 지 역이 '入蕃'으로서 명기되어 있다. 이 '高麗', '靺鞨'은 '國' 그 자체를 가리 키는 것이 아니라, 지리적 구분으로 보이며, 발해는 이러한 지리 구분 안에 들어간다. 이것도 9세기 초엽의 규정상으로는 발해가 '絶域'이 아니라, '蕃 域'이었다는 증거라고 생각된다.

결과적으로는 그에 대한 비판적인 결론이 도출되었다. 그러나 濱田씨가 시기 구분을 시도한 것 자체는 높게 평가 되는 것이 당연하다. 왜냐하면, 사료가 부족한 발해사에 대해서는 대국적인 시론의 제시와 그것에 대한 비판과 대안의 제시가 발해국의 실상을 명료하게 하는데 빠뜨릴 수 없기 때문이다. 그리고 濱田씨의 야심적인 시론을 비판한 보고자에게는 그것에 대한 대안의 도출이 요구되어진다는 것은 말할 필요도 없다.

현시점에서 보고자의 발해에 대한 대당외교의 시기 구분에 대한 견해는 金子씨의 견해에 가깝다. 즉, 730년대 후반 당발분쟁의 종결·대당관계의 회복에 시기 구분이 커다란 분기점이 있다고 생각하고 있는 것이다. 그 이유는 이 시점에서 발해국의 대당외교를 규정하는 제요소와 기본 노선－신라·거란과의 대항관계, 북부 말갈 제부족 지배를 향한 북진책, 그것들을 유리하게 진행하기 위한 친당정책－이 확립되어 이후는 안사의 난에 의한 요동이나 唐朝만이 아닌 幽州나 산동 절도사와의 관계라고 하는 요소가 가해지고 있지만, 멸망까지 그 기조에 절대적인 변화는 없었다고 생각되기 때문이다. 이 이해를 실증해 나가고 또는 수정해 나가는 것이 향후 보고자에게 부과된 과제일 것이다.

또, 이번 발표를 준비하는 과정에서 당이 발해를 內臣으로서 평가하고 있었다고 보이는 증거가 많다는 점을 다시금 느끼게 되었다. 그러나 한편으로는 外臣的으로 취급되는 경우도 있어 內臣 일변도로 당의 발해 인식을 파악할 수 없다는 점 또한 분명하다. 이점과 관련해 떠오르는 생각은 渡辺信一郎씨가 제시한 中央－地方州縣－羈縻州－遠夷(入蕃)이라고 하는 당 제국의 구조이다.[51] 보고자도 그 驥尾에 덧붙여서 당 이전의 중국 왕조에서의 '內', '外' 2층의 세계질서가 당대에는 중간적 존재였던 '羈縻州'를 집어넣어 3층의 세계질서로 된다는 것, 중국 동북지

---

51) 渡辺信一郎, 『天空の玉座－中國古代帝國の朝政と儀礼－』(柏書房, 1996年).

방에서부터 한반도에 걸친 일대가 한의 무제에 의한 한사군 설치로부터 당초까지, '內', '外' 이중의 존재로서 다루어져 왔다는 것을 논했던 적이 있다.52) 이것을 근거로 삼아 발해 본연의 자세를 볼 때, 이 이중의 존재라고 하는 것이 발해에도 계승되고 있다는 것, 그리고 거기에 대응하듯이 '忽汗州'라고 하는 '羈縻州'가 되어 있다는 것을 깨닫게 되는 것이다. 발해가 책봉 당초부터 '忽汗州'였다는 것은 경우에 따라서는 당에게 작위보다도 중요했을 가능성이 있었던 것처럼 생각되지만, 아직 충분히 논술할 수 있는 단계는 아니기 때문에 미 문제는 지적하는 것으로 멈추어두겠다.

끝으로, 오해의 소지를 없애기 위해, 당이 발해를 내신으로서 위치를 부여하고 있었다는 것이 증명되었다 하더라도 그것은 발해가 스스로를 당의 內臣이라고 인식하고 있었다는 것을 의미하지 않는 것이라는 점을 명기해 두겠다. 전근대 동아시아 세계의 전통적인 국제관계는 근대적인 국제관계와는 틀리며, 양국이 그 관계에 대한 인식을 일치시킬 필요는 없고, 상호간에 스스로의 경우에 좋게 맞추어 그 관계를 해석하도록 되어 있었다. 따라서 한 쪽 국가의 상대국에 대한 인식을 명확하게 하는 것만으로 양국관계를 명확하게 했다고는 할 수 없다. 당과 발해의 관계에서도 발해는 당의 책봉을 받고 있었음에도 불구하고, 당의 연호가 아닌 독자의 연호를 사용하고 있다. 이것은 당의 正朔을 받드는 행위, 다시 말하면 당 황제의 시간 지배를 받아들이는 것에 대해 거부하는 행위로 명확하게 당의 內臣으로서의 위치가 아니다. 이러한 사실이야말로 발해의 對唐 인식을 생각하기 위한 토대가 될 것이다. 다만, 사료적인 제약이 있기 때문에 이 이상 파들어 가 발해의 對唐 인식을 밝히는 것은 어렵다. 물론 수순으로서는 당 측의 인식부터 우선 해명하고, 그 논

---

52) 古畑徹, 「1~7世紀にかけての倭と中國の朝貢・冊封關係の性格について－日本の中國史研究者の見解を中心に－」(『高句麗研究』18, 서울, 2004年, 일본어・한국어 병기).

리와 실태의 간격을 실마리로 검토하는 것이 좋을 것이다. 우선 당분간
은 '內', '外' 이중의 존재로서 취급하는 당에 대해서 발해가 어떻게 대
응하고 있었는가를 축으로 당과 발해의 관계를 그려보는 것이 금후의
과제라고 생각된다.

〈토론문〉

# 「渤海와 唐의 관계
## ─濱田耕策씨의 시기구분을 둘러싸고─」를 읽고

金鍾福
(成均館大學校)

1. 발표자 후루하타 토오루(古畑徹) 선생은 일본의 대표적인 발해사 연구자 가운데 한 분이다. 대부분의 일본 연구자들이 國史의 입장에서 즉 일본과 발해의 관계사에 대해 접근하는 데 반해 후루하타 선생은 東洋史의 입장에서 발해사를 연구하고 있다. 따라서 선생은 唐代 사료를 폭넓게 섭렵하고 치밀하게 고증하여 많은 논문들을 발표한 만큼 '발해와 당의 관계'라는 주제에 적임자이며, 평소 선생의 논문들에서 배운 바가 적지 않은 토론자도 내심 기대가 컸다.

그런데 선생은 이 주제에 대한 일본에서의 연구 경향을 소개한다고 한정하고, 특히 최근 하마다 코오사쿠(濱田耕策) 선생의 논문(「渤海國の對唐外交─時期區分とその特質」)과 저서(『渤海國興亡史』)를 중심으로 논문평 같은 형태의 발표문을 취하고 있다. 선생의 독자적인 견해를 볼 수 없어 조금은 아쉽다.

2. 발표문은 하마다 코오사쿠 선생의 논문과 저서의 시기구분을 소개하고 그에 대한 의문을 제기하였다. 먼저 하마다 선생의 시기구분을 소개하면 다음과 같다.

| 〈대당외교의 시기 구분〉 | 〈발해사의 시기 구분〉 |
|---|---|
| 전기 제1기(698~737) | 제1기(698~762; 64년) 武의 시대 |
| 　　제2기(737~762) | |
| 후기 제3기(762~817·818) 전반(762~778) | |
| 　　　　　　　　후반(778~817·818) | 제2기(762~823; 61년) 文의 시대 |
| 　　제4기(817·818~926) | 제3기(823~870; 47년) 富의 시대 |
| | 제4기(870~926; 57년) 商의 시대 |

　　대당외교의 시기 구분에 대해, 발표자는 친당과 반당이라는 지표로 본다면 제1기와 제2기 사이의 구분은 타당하지만 나머지 분류는 불필요하므로 이러한 시기구분에 반대한다. 나아가 대당외교 제3기 후반의 특징인 '靺鞨諸部의 (渤海使) 隨行'과 '발해와 당 사이의 淄靑平盧軍節度使의 개입'은 제4기에도 지속되므로, 후기의 구분은 淄靑平盧軍節度使 李氏의 반당 활동 시기가 시작되는 778년이 설정되어야 하며, 마찬가지로 이들의 활동이 끝나는 820년을 기점으로 하는 시기구분도 가능하다고 하였다. 이러한 지적들에 대해 충분히 공감한다.

　　3. 하마다 선생은 대당외교 시기구분에서 전후기를 구분짓는 획기로서 762년 文王이 渤海郡王에서 渤海國王으로의 進爵된 것을 주목하였다. 즉 唐朝의 '內地'(즉 內屬)를 의미하는 '郡王'에서 벗어나, 唐의 '遠國'으로서 인식되는 '國王'이 되었다고 보기 때문이다. 진작의 의미에 대해서는 발표자도 찬성하지만 그 시기에 대해서는 이의를 제기하고 있다. 문왕 사후 왕위계승 분쟁을 거쳐 795년에 즉위한 康王 大崇璘이 발해군왕에 책봉되었다가 798년 발해국왕으로 進爵되었기 때문에, 內屬에서 遠國으로의 위치 설정의 전환은 798년으로 보아야 한다는 것이다. 또한 康王 大崇璘이 즉위시에 받은 官爵이 文王 大欽茂 즉위시의 그것과 같은 '渤海郡王·左金吾(衛)大將軍'이라는 점은 문왕이 추가로 받은 特進·檢校太尉 등의 관작이 어디까지나 大欽茂 개인에게 가증된 것이

며, 발해라고 하는 국가에게 부여한 것은 아니라는 唐의 인식이 있었기
때문이라고 보고 있다. 이 두 가지에 비교적 발표자의 견해가 두드러진
다고 할 수 있으므로, 이에 대해 질문을 하고 싶다.

1) 발해군왕에 책봉된 강왕은 이에 대해 이의를 제기하여 3년만에
   국왕으로 진작되었다는 점은 당도 발해군왕의 책봉에 문제가 있
   음을 인정하였기 때문은 아니었을까? 그렇다면 당의 인식의 변화
   는 역시 762년을 획기로 보아야 하지 않을까 생각된다.

2) 文王이 발해군왕 책봉 이후에 추가로 받은 特進 · 檢校太尉 등의
   관작이 어디까지나 大欽茂 개인에게 가증된 것이며, 발해라고 하
   는 국가에게 부여한 것은 아니라면, 발해국왕으로의 進爵 이후에
   추가로 받은 司公이나 太尉도 그러한 것인지 궁금하다. 또한 전근
   대 국가에서 국왕 개인과 국가가 구별될 수 있는지, 즉 관작 수여
   의 의미가 국왕 개인과 국가로 구별될 수 있는지 궁금하다. 이 점
   은 국왕 책봉 이후 銀靑光祿大夫, 金紫光祿大夫, 檢校司徒, 檢校太
   尉 등으로 계속 승진하는 康王 大崇璘의 경우에도 해당된다.

3) 渤海郡王이 內屬의 의미를 갖는다는 보는 점은 하마다 선생이나
   후루하타 선생 모두에게 공통된다. 이는 가네코 슈이치(金子修一)
   선생의 견해에 따른 것인데, 그렇다면 新羅 聖德王이 제수받은 樂
   浪郡公은 어떤 의미를 갖는 것인지 궁금하다.

4) 이와 관련하여 발표자도 언급했듯이 발해에 대한 당의 책봉에서
   보이는 특징인 전왕이 받은 관작이 다음 왕이 그대로 계승되지
   않는다는 것이다. 즉 大嵩璘이나 大仁秀는 銀靑光祿大夫 · 檢校秘
   書監에서 金紫光祿大夫 · 檢校太尉으로 加增되었는데, 가증된 관
   작은 다음의 왕들에게는 계승되지 않았던 것이다. 그런데 신라의
   경우 발해와 같은 官爵의 騰落은 보이지 않는다. 이 점에서 발해

에 대한 당의 인식은 신라에 대한 인식까지 고려할 때 제대로 이
해할 수 있지 않을까?

5) 또한 발표문 말미에서 "본 보고의 과정에서 당이 발해를 내신으
로 평가하고 있었다고 보이는 증거가 많다는 점을 다시금 느끼게
되었다"고 서술하였다. 결국 <발해와 당의 관계>를 당의 발해인
식으로 국한시켰다는 느낌이 든다. 물론 당의 사료를 통해 당과
발해의 관계를 이해할 수밖에 없다는 측면도 있다. 그렇지만, 이
러한 당의 인식에 대한 발해의 대응 양상 또는 발해의 입장 등을
규명해야 발해와 당의 관계가 좀더 객관적으로 드러날 수 있지
않을까?

# 渤海と唐との關係
## —濱田耕策氏の時期區分をめぐって—

古畑徹

（金澤大學）

## 1. はじめに

　本シンポジウムで報告者に課されたのは、渤海と唐との關係という課題である。この課題に對し、報告者としては、戰後日本における渤海・唐關係に關する諸研究を紹介し、そのうちから論点となっている問題をひとつ採りあげて若干の考察を加えることで、その責めを果たしたいと思う。ただし、日本の渤海・唐關係の研究は、必ずしもそれ自體をテーマとするのではなく、東アジアの國際關係・國際秩序全般の研究の一角として論じられたり、渤海と日本との關係を明らかにする上での背景や傍証、あるいはその連動性・關連性として論じられたり、ということが多く、論点も多

様であるため、研究史を分野・テーマごとにまとめるような形では整理し
にくいところがある。

　そこで、整理のしかたを通常の形とは変え、渤海・唐關係全体を概觀
する最近の代表的研究である濱田耕策氏の「渤海國の對唐外交——時期
區分とその特質」(以下、「濱田論文」と略稱)[1]の見解を紹介し、その主張
や問題点とのかかわりで日本の諸研究を紹介していくという、いわゆる論
文評のような形で報告を試みたいと思う。また、「濱田論文」の見解のなか
には、その前に發表された同氏の著書『渤海國興亡史』(以下、『濱田著書
』と略稱)[2]ですでに論じられているところも多いので、この著書も合わせ
て濱田氏の見解として紹介することとしたい。

　また、濱田氏は、後述するように762年の第3代大欽茂の「渤海郡王」か
ら「渤海國王」への進爵を、對唐外交のみならず渤海國の興亡の重要な畵
期と理解している。しかし、これに關しては見解の分かれる問題がいくつ
も存在し、なかには冊封のあり方や唐朝の對渤海認識などの重要な論点
が含まれている。そこで、後半では「渤海國王」進爵に關する諸問題を採
りあげて檢討し、濱田氏のような畵期理解の安当性を考えてみたい。


## 2. 濱田氏による對唐外交時期區分の紹介


　まずは「濱田論文」の時期區分を紹介する。

　「濱田論文」は、最初に時期設定の方法を提示する。それは前後期に2
分した上で、これをさらに2分するというもので、前後期の分岐点につい
ては、「渤海國の對唐外交は大欽茂が762年にそれまでの「左驍衛大將軍

---

1) 佐藤信編、『日本と渤海の古代史』(山川出版社、2003年)。
2) 吉川弘文館、2000年。

忽汗州都督渤海郡王」に代わって「檢校太尉渤海國王」と册封された時点を
大きな畵期とみなすことができる」[3]と述べ、762年の渤海國王進爵に置
く。前期の分岐点は、大武芸が靺鞨諸部對策の過程で唐と衝突した「唐渤
紛爭」の終了(735年)と大武芸の死去(737年)で、前後を第一期・第二期と
する。後期の分岐点は、王位継承の混亂を終息させた大仁秀の卽位(817
年末もしくは818年初)と、渤海の對唐通交障害要素であった山東地方の淄
靑平盧軍節度使・李氏4代の滅亡(819年)で、前後を第三期・第四期とす
る。その上で各時期を次のように概述する。

　第一期は、698年の大祚榮による振國(震國)樹立からで、大祚榮は契
丹・李盡忠の唐への叛亂を利して東走し、唐の追討軍を擊破して政權を
立てたので、当初は唐とは對立的で、その軍事的壓力を受けて突厥と通
交し、唐に備えた[4]。しかし、705年に卽位した中宗は突厥牽制のために
渤海を招慰し、大祚榮もこれに応えて王子を派遣・入侍させた。唐は册
封しようとしたが、契丹・突厥の侵入で實現せず、713年に至って、玄宗

---

3) 「濱田論文」、p.47。
4) 渤海建國期の渤海・唐關係とそれに關連する國際情勢の研究としては、日野開
　三郎、『日野開三郎東洋史論集　第8卷　小高句麗國の研究』(三一書房、1984
　年)、古畑徹、「渤海建國關係記事の再檢討－中國側史料の基礎的研究－」
　(『朝鮮學報』112、1984年)、同、「いわゆる「小高句麗國」の存否問題」(『東洋
　史研究』51-2、1992年)、河内春人、「渤海と契丹・奚」(佐藤信編、『日本と渤
　海の古代史』山川出版社、2003年)がある。これに關する論点としては、大祚榮
　の父・乞乞仲象が武則天から「震國公」に册封されたとする、『新唐書』渤海伝
　の記事の眞僞問題があり、古畑前者論文がこれを虛構と考証してより河内論文ほ
　か虛構說を支持する論者が多いが、『濱田著書』は事實說を探る。また、渤海
　建國と密接に關係する唐の遼東政策に關し、日野氏が698年に安東都護府が廢
　止され、699年に唐の衛星國家・小高句麗國を建てられたとするのに對し、古
　畑後者論文は小高句麗國の存在を否定し、699～700年における薛訥の遼東遠
　征とその一定の成功を實証する。ただし、その後まもなく遼東が、半島南端の都
　里鎭を除き唐の勢力圈ではなくなったとし、8世紀冒頭における情勢理解は日
　野・古畑とも大きな差はない。

が大祚榮を「左驍衛員外大將軍渤海郡王」に册封し、その地を忽汗州とし
て都督に任じた5)。濱田氏は、この册封の意味について、唐朝が大祚榮
の統治圈を忽汗州という羈縻州としたこと、自稱の本國王「振國王」とはせ
ず、前漢武帝以來の郡縣たる「渤海郡」に由來する「渤海郡王」に任じたこ
とから、唐朝は「皇帝支配の傳統的な內地とみなす觀念と羈縻支配の理念
から渤海の王權を捉えて、この外夷の民族政權を支配する意圖が窺われ
る」6)とする。また、このときに嫡子・大武芸にも高句麗王族の出自に由來
する「桂婁郡王」が與えられているが、濱田氏は西嶋定生氏の見解を繼承
して渤海內部の舊高句麗勢力を慰撫する政策であったとみるとともに、そ
れが渤海王權からの要請であった可能性を指摘している7)。

大祚榮の死後(718年)、そのあとを繼いだ大武芸は、靺鞨族を含む「東
北諸夷」に向けて積極策を展開したが、722年に黑水靺鞨が入唐すると、
唐は725年に黑水靺鞨に黑水府を置いて長史を派遣し、その治下の首領を
都督・刺史に任命して長史に服屬させる羈縻支配體制をこの地に設け

5) このときの使者・崔訴(忻)の遣使と彼が殘した碑について硏究には、酒寄雅志、
　「「唐碑亭」、すなわち「鴻臚井の碑」をめぐって」(『渤海と古代の日本』校倉書
　房、2001年。原載は『朝鮮文化硏究』6、1999年)、小嶋芳孝「鴻臚卿崔忻の石
　碑から井戶と港の關係を考える」(『考古學に學ぶⅡ』同志社大學、2003年)があ
　る。なお、『濱田著書』は「水の惠まれない地域に皇帝の使者が井戶を掘削する
　ことは皇帝の恩德を布くことを意味する」(p.16)と述べるが、小嶋氏が述べるよう
　に、井戶は船に水を供給するための港灣施設と見るべきで、小嶋氏の碑を渤海
　への航路整備の宣言とみる見解も傾聽に値する。
6) 「濱田論文」、p.48。
7) 桂婁郡王册封の解釋に關する主な論著としては、西嶋定生、「東アジア世界と册
　封体制－6-8世紀の東アジア－」(『西嶋定生東アジア史論集』第3卷、岩波書
　店、2002年。原載は『岩波講座日本歷史』2、岩波書店、1962年)、古畑徹、「大
　門芸の亡命年時について－唐渤紛爭に至る渤海の情勢」(『集刊東洋學』51、
　1984年)、金子修一、「唐朝より見た渤海の名分的位置」(『隋唐の國際秩序と東
　アジア』名著出版會、2001年。原載は『東アジア史における國家と地域』刀水書
　房、1999年)及び『濱田著書』がある。

た。これに對して大武芸は硬軟兩樣の對應を示し、遣使貢獻外交を盛大に展開する一方、唐と黑水靺鞨の挾撃を疑い、黑水靺鞨に先制攻擊を加える策に出た。しかし、これを諫める弟・大門芸との對立が表面化し、大門芸は730年後半に唐に亡命、その誅殺を要求する大武芸と彼をかばう唐の玄宗との間で關係が惡化し、大武芸が732年に登州を奇襲して唐渤紛爭が始まった。やがて連合を組んでいた突厥・契丹が劣勢になると、大武芸は735年に唐に謝罪、また捕虜の送還も行なって和平を図り[8]、737年には鷹と鶻(はやぶさ)を獻上したが[9]、同年大武芸は死去した。

濱田氏は以上のように述べた上で、大祚榮・大武芸2代の外交を、「靺鞨諸部を攻略かつ吸收しつつ、西では契丹、突厥、奚の勢力と唐との對抗と連合が変轉する動向と、南には新羅を控える渤海の地政學的環境のなかで、東には海を越えて日本と通交を開始し、對唐外交策の定立を試行する、いわば搖籃期であった」[10]と總括する。

第二期は、737年から762年までの25年間で、唐に厚く遣使し、親唐的

---

8) 唐渤紛爭についての主要論考としては、報告者の一連の論考(「大門芸の亡命年時について－唐渤紛爭に至る渤海の情勢」前揭、「日渤交涉開始期の東アジア情勢－渤海對日通交開始要因の再檢討－」『朝鮮史研究會論文集』23、1986年、「唐渤紛爭の展開と國際情勢」『集刊東洋學』55、1986年、「張九齡作『勅渤海王大武藝書』と唐渤紛爭の終結－第二・第三・第四主の作成年時を中心として－」『東北大學東洋史論集』3、1988年、「張九齡作『勅渤海王大武藝書』第一首の作成年時について－「大門芸の亡命年時について」補遺－」『集刊東洋學』59、1988年)、及び石井正敏「對日本外交開始前後の渤海情勢－玄宗皇帝「勅渤海王大武芸書」の檢討－」(『日本渤海關係史の硏究』吉川弘文館、2001年。原載は『朝鮮學報』112、1984年)がある。報告者と石井氏との間には、大門芸の亡命時期、張九齡の各勅書作成年次、紛爭終結事情などの点でかなりの見解の違いがあるが、この点については上揭石井論文の「付記」に詳細な整理がある。ちなみに『濱田論文』『濱田著書』は古畑見解に近い。
9) 鷹や鶻(はいたか)の獻上が內地の府州並みの扱いを示すことは、金子修一、「唐朝より見た渤海の名分的位置」(前揭)に詳しい。
10) 「濱田論文」、p.51。

姿勢を維持した時期とみなしている。その姿勢のスタートとなったのが、738年の王位継承を報告する遣使時における『唐礼』『三國志』『三十六國春秋』の書寫要請とその許可である。濱田氏は、この渤海側のねらいを、唐の礼教を導入することを通して、唐朝への歸屬の指向を示す國家方針の表明と理解し、唐朝も「車書混一」(文物制度の一体化)の進化を期待したと推測する[11]。以後、大欽茂は親唐策を推進し、安史の亂に当たってもその姿勢を崩さず、援軍要請などにもそれが眞に唐の朝廷の意向かどうかを確認するなど愼重に對応したとする。この安史の亂をめぐる問題は、「渤海國王」册封と關係があるので、あとで触れる。

第三期は、762年から817年もしくは818年までの55・6年間である。濱田氏は762年の國王進爵と、武官であった「左驍衛大將軍」[12]から三公のひとつである「檢校太尉」(正一品)に進められたことを、「唐の渤海に向けた姿勢の一大変化」[13]として特に注目し、ここに時期區分を設定する。この一大変化とは、唐朝の渤海に對する礼遇が新羅に大いに接近したことを指す。つまり、新羅は当時、新羅の始祖神話に基づく「鷄林州大都督」の、本國王である「新羅王」であって、かつて受けていた前漢の郡に由

---

11) この請書を外交的意志の表明とする論文に、石井正敏、「第二次渤海遣日本史に關する諸問題」(前掲石井著書。原載は『朝鮮歷史論集』上、龍溪書舍、1979年)、坂上康俊、「書禁・禁書と法典の將來」(『九州史學』129、2001年)がある。『濱田著書』は國家体制整備という文脈で請書を解釋するが、「濱田論文」では一轉して石井・坂上見解を採用する。

12) 『濱田著書』は大武芸・大欽茂が「左金吾(衛)大將軍」を授けられたとする記事もあることに檢討を加え、当初は左驍衛大將軍を授けられたが、のちに左金吾衛大將軍に遷ったとの見解を示す。これより先、石井正敏「第二次渤海遣日本史に關する諸問題」(前掲)は左金吾衛大將軍が先に授けられたとの見解を示していた。このふたつの將軍号は同じ正三品とはいうものの、格は左驍衛大將軍が上で、濱田氏の理解だと降格したことになってしまうという問題が殘る。報告者としては石井説に從うべきと考える。

13) 「濱田論文」、p.54。

來する「樂浪郡王(公)」を受けていない[14]。渤海に場合は、すでに過去の中國による東方支配の州縣名に由來しない「忽汗州都督」ではあったが、爵位は皇帝の内地である「渤海郡」の由來を引き唐朝の「内地」を意味する「郡王」だったので、ここから脱して、唐の「遠國」として認識される「國王」となった、ということで、やや低い礼遇とはいえ新羅に近づいたのだという。官位の方では、渤海王には新羅王に与えられている勳官はないが、新羅王には与えられなくなった文散官や、渤海王より遅れて785年に初めて新羅王に与えられる三公がすでに与えられていることを指摘し、これも含めて總合評価をし、渤海王に對する唐朝の礼遇が新羅王のそれに大いに接近したとみなすのである。また、この進爵の背景を、唐朝が安史の亂を背後から牽制しうる勢力として渤海王權に期待したためとする理解にも異を唱え、盛んな遣使外交の過程で、「將軍号に替わって」「天宝年間(742〜756)に正二品の文散官の特進や正三品の太子詹事、太子賓客の文官を進除されていたこと」[15]に注目する。こうした外交の延長線上に進爵があったという理解なのであろう。

　濱田氏は、第三期をさらに前半・後半に分け、前半を第二期に引き續き盛んに遣使する時期とし、渤海と唐との政治關係は安定していたとする。ところが、唐の朝廷への経路に当たる山東地域の淄靑平盧軍節度使の李氏一族が778年頃から反唐的な擴大活動を開始すると、對唐遣使が減少する。「濱田論文」に明言はないが、前半・後半の境はこの778年頃

---

14)　新羅王に對する「樂浪郡王(公)」の爵位が新羅を羈縻州にした際に落ちたという理解は、これを一國一羈縻州体制の成立と理解する栗原益男「7, 8世紀の東アジア世界」(唐代史研究會編、『隋唐帝國と東アジア』汲古書院、1979年)にすでにみられるが、占畑徹、「7世紀末から8世紀初にかけての新羅・唐關係－新羅外交史の一試論－」(『朝鮮學報』107、1983年)や金子修一、「唐朝より見た渤海の名分的位置」(前掲)が指摘するように、聖德王が開元元年に得ていた爵号が「樂浪郡公」なので、そこまでは「樂浪郡公」は継續していたと見るべきである。

15)　「濱田論文」、p.56。

に設定されているようである。また、濱田氏が注目するのが、節度使で
あった李氏が「海運陸運押新羅渤海兩蕃使」であったことで、この職務か
ら新羅・渤海兩國と唐との貿易を推進あるいは統制していたと見ており、こ
のような職務を負っていたことが彼らの活動と遣使の增減の關係性を生ん
だとも見ている[16]。

　第三期後半で濱田氏が注目するのが、「渤海郡王」への降爵と「渤海
國王」への再進爵である。793年に大欽茂が死ぬと、その子・宏臨が先
に死んでいたので、族弟・大元義が卽位したが、人心を得ずに殺害さ
れ、宏臨の子・華璵が卽位した。しかし、1年足らずで死ぬと、欽茂の
孫の嵩璘が794年後半に卽位した。この大嵩璘册封時の爵号は、「渤海國
王」ではなく「渤海郡王」で、これについて濱田氏は、「歷史的かつ觀念的
に唐の內地たることを表現する「渤海郡王」に後退している。この降爵は大
欽茂の薨去から大嵩璘の卽位に至る前二代の王統の混亂と册封の中斷が
あったから、新王たる大嵩璘の册封は大欽茂の初めの册封に交代させら
れたと考えられる」[17]という解釋を示す。大嵩璘はこの後退に對して異議を
申し立て、798年に文散官の銀靑光祿大夫と三公の檢校司空を加えられ
て、「渤海國王」に進爵された。以後、大嵩璘は805年に金紫光祿大夫・
檢校司徒に、806年には檢校太尉と進んだ。子の大元瑜が王位を継承す
ると「銀靑光祿大夫檢校秘書監忽汗州都督渤海國王」に册封され、以後、

16)　淄靑平盧軍節度使と渤海との關係については、「日唐交通と渤海」(前揭石井著書。
　　原載は『東方學』51、1976年)、酒寄雅志、「渤海國家の史的展開と國際關係」
　　(前揭酒寄著書。原載は『朝鮮史研究會論文集』16、1979年)、榎本淳一、「渤
　　海が伝えた「大唐淄靑節度康志睦交通之事」(佐藤信編、『日本と渤海の古代史』
　　前揭)に檢討がある。なお、濱田氏は「海運陸運押新羅渤海兩蕃使」という書き方
　　をしてひとつの使職のように理解している節があるが、これは海運使・陸運使・
　　押新羅渤海兩蕃使の3つの使職であり、それぞれに役目が異なる。押新羅渤海
　　兩蕃使がどのような役割をするかは、村井恭子、「押蕃使の設置について－唐
　　玄宗期における對異民族政策の轉換－」(『東洋學報』84-4、2003年)參照。
17)　「濱田論文」、p.60。

この册封号が継承されていく。これをめぐる問題については後述する。

　また、第三期後半では、遣使の多人數が記録に残り、あるいは「官告」を受けていることにも注目する。これについて濱田氏は、靺鞨諸部の朝貢の激減と、渤海が彼らの朝貢に「押靺鞨使」をつけていることに着目し、渤海による靺鞨諸部の役屬化の進行とかかわらせ、その施策のひとつと理解する[18]。濱田氏の説明にはわかりにくいところがあるが、彼らの主体的な遣使が制限されたかわりに、「押靺鞨使」の引導による渤海の對唐遣使への彼らの參加とこれに續く唐朝からの彼らへの「官告」授与が保証されたのだと理解しているようである。さらにこの對唐遣使多人數化が、對日遣使の多人數化に反映したという理解も示されている。

　第四期は、大仁秀卽位から滅亡までの約110年間である。大仁秀の時代には、820年に淄青平盧軍節度使であった李氏が滅んだこととも關係して、盛んに對唐遣使が行われた。これは續く孫の大彝震の代にも引き継がれるが、858年の大虔晃の「銀青光祿大夫檢校秘書監忽汗州都督渤海國王」册封後は唐側の記録が見いだしがたい。その理由を濱田氏は、唐末の節度使の跋扈によって途絶えた、あるいは記録が散逸したということが考えられるとする。

　第四期の特色として濱田氏は、第三期後期の靺鞨諸部を隨行し、彼らへの「官告」賜与を求める遣使とともに、王子派遣に學生を隨行させ、また宿衛の許可を求めることが顯著になることを指摘する。また、820年以降も淄青平盧軍節度使が押新羅渤海兩蕃使を兼領し、渤海・新羅との交易を行ったり、使者の領導を行ったりした例を擧げ、この節度使が重要な役割を果たしたことも指摘する[19]。

---

18)　「押靺鞨使」と靺鞨諸族の渤海への從屬との關連については、古畑徹、「『唐會要』の靺鞨・渤海の項目について」(『朝鮮文化研究』8、2001年)に言及があるが、濱田氏とは從屬の経緯についての理解が異なっている。
19)　「濱田論文」はこのあとに「新羅との關係―おわりに代えて」の節を設け、渤海の對

## 3. 4時期區分への疑問

　以上、比較的詳細に「濱田論文」を紹介したが、改めて整理をしてみる
と、區分の方法自体に問題があるのではないかという疑問が出てくる。つ
まり、いかなる指標で時期區分がなされているのかが不明確なところ
が、何点かあるのである。

　たとえば、第三期後半と第四期の特色的な違いが、はたして第三期前
半と後半を分ける區分よりも大きいかどうかは、はなはだ疑問である。な
ぜなら、第三期後半にみられる靺鞨諸部の隨行や淄靑平盧軍節度使の介
在といった問題は、第四期に引き継がれる一方で、第三期前半には見ら
れないものである。この2点を重視するならば、區分は778年頃に設定さ
れるべきである。もし、淄靑平盧軍節度使の李氏の反唐活動により渤海の
對唐遣使が阻害されていたが、その滅亡によって對唐遣使が再び盛んに
なったという点を重視するのであれば、820年頃の時期區分は可能だ
が、それと同時に彼らが阻害する以前と以後という區分も同レベルとして
成立するわけで、778年、820年のふたつの區分点が成立することにな
る。

　これと同様のことは第二期と第三期前半との間でもいえ、「渤海國王」册
封の一点を除けば、前後は親唐政策を行い、盛んに遣使をしていたとし
て、ひとつのまとまりとして理解可能に思われる。また、唐に對する政策を
親唐・反唐という區分で分けて考えれば、大武芸までの搖れ動く時期と大
欽茂以降の原則親唐政策の時期とに分かれるようにも思われる。この場
合、第一期と第二期の間の區分は妥当だが、それ以降の分類は不要にな

新羅關係と對唐關係との關連性を何点か述べているが、これについては本課題
に直接關係しないので紹介を割愛する。

る。ついでにいえば、この指標を使うなら、渤海が明確に反唐活動を行い歸屬していなかった建國当初の10數年間と、歸屬してから搖れ動く時期との間での區分も可能であろう。

渤海の對唐外交を總合的に扱って區分したのであろうが、幾つも存在する指標による変化点を明示し、それらが重なったり、影響し合ったりする時期を以て區分してこそ總合的なのではないかという疑問はぬぐいきれない。その意味で、報告者としては濱田氏の4時期區分には賛成しかねる。

とはいえ、「濱田論文」の4時期區分の總合性の背景に、『濱田著書』における渤海國史の4時代區分があることは指摘しておかなければならない。その4時期區分とは、

第一期 698～762年(64年間)「武」の時代

第二期 762～823年(61年間)「文」の時代

第三期 823～870年(47年間)「富」の時代

第四期 870～926年(57年間)「商」の時代

というものであるが、相互にはっきりと區分の一線が引かれる性質のものではないという注意書きは付いている[20]。とはいえ、區切りの年を設けている以上、そこに変化点に關係するある事件があるはずで、762年は「渤海國王」への進爵であることが明確である。それ以外は明言がないが、823年は12年1期の年期が言い渡される渤海使の渡日年、870年は大虔晃統治の最終年(翌年没)ということのように思われる。このあいまいさはともかく、濱田氏の對唐外交時期區分と重ねるとき、762年がぴったり重なり、823年も前後數年の幅があるとすればほぼ重なり、對唐外交第三期＝渤海國史第二期という關係が成立する。對唐外交第三期後半と第四期とのあいまいさも、背後に渤海國史の時代相の大きな轉換がこのあたりにあるのだとすれば首肯できなくもないが、逆に對日關係を指標に設定した820

20)『濱田著書』、p.4。

年代前半という大きな渤海使の時期區分に引っ張られて、さほど大きな変わり目でもない時期を對唐關係の時期區分にしてしまったようにも見える。

　また、このように對唐外交と渤海國史の時期區分を比べてみると、濱田氏が762年の「渤海國王」册封・進爵をひじょうに大きな事件と見ていることもよくわかる。濱田氏以前に渤海全時代を通じての史的展開を論じた研究者として酒寄雅志氏がいるが、酒寄氏はこれが新羅征討計畫の消滅につながり、そのことによって國際關係の緊張緩和が導かれ、渤海が唐に接近していったという意味でこれを重要な事件と捉えてはいるものの、安史の亂の終息を含めた東アジアの緊張の緩和という文脈の中の一事件と見ているようで、濱田氏のようにこれだけを特別に重視することはない[21]。また、濱田氏以前に渤海・唐關係を略述した金子修一氏は、唐渤紛爭が終結して大武芸の死とともに關係が回復した時点を大きな分岐点と理解し、これ以降の兩國關係は安定していたと理解し、「渤海國王」進爵も安史の亂に關係しての褒封という以上の意味を持たせていない[22]。同じく渤海・唐關係を略述した馬一虹氏も「渤海國家の新段階への躍進のプロセスでは、渤海は國際的地位を高めることを迫られる」として渤海側が國王の称号を要求してこれを獲得したということは述べるが、それ以上の特別な位置づけはなく、むしろその後の數年渤海が唐にあまり朝貢していないことをあげており、對唐關係においてこの事件がさほど重要な意味を持っていなかったような印象すら抱かされる[23]。このように他の研究者の見解と比

---

21) 酒寄雅志、「渤海國家の史的展開と國際關係」(前掲酒寄著書。原載は『朝鮮史研究會論文集』16、1979年)。また、酒寄氏は「東北アジアのなかの渤海と日本」(前掲酒寄著書。原載は『新版[古代の日本]2アジアから見た古代日本』角川書店、1991年)で、あらためて東北アジア史上における安祿山の亂の重要性を論じている。

22) 金子修一、「中國から見た渤海國」(前掲金子著書。原載は『月刊しにか』1998年9月号)。

23) 馬一虹、「渤海と唐の關係」(『アジア遊學』6、1998年)。引用は(p.48)。

較しても、濱田氏の「渤海國王」册封・進爵の重視は特徴的といってよく、氏による對唐外交時期區分の安当性を考えるうえで、これをどう考えるかはきわめて重要に思われる。そこで、章を改めて「渤海國王」册封・進爵に關連する諸問題を檢討してみたい。

## 4.「渤海國王」册封・進爵をめぐる諸問題

大欽茂の「渤海國王」册封・進爵に關連する論考はかなり多い。それは日本の新羅征討計畫にこの問題が關係するという理解があるためだが、意見の分かれる問題も少なくない。主要なものを列擧すると、(1)日本の新羅征討計畫との關係性、(2)册封使到着の時期、(3)册封・進爵の理由・背景、(4)册封・進爵前の渤海・唐關係、(5)册封使韓朝彩の新羅行きの理由と経路、(6)名分的位置づけ、の6点にまとめることができるように思われる。このうち(5)は他とあまり關係しないのでここでは触れず[24]、(1)〜

24) (5)とは、册封使韓朝彩が渤海のあとに新羅に向かい、渤海から歸日した留學僧戒融の消息を新羅経由で日本に求めたことについての問題である。この行動の理由として、丸山裕美子、「唐國勅使韓朝彩についての覺書」(『續日本紀研究』290、1994年)は、韓朝彩は單に戒融の安否確認のために新羅に行ったのではなく、史朝義の死と安史の亂の終結を渤海及び新羅に告げ、合わせて兩國の友好關係の確認を図った使者だったと理解する。一方、濱田耕策、「留學僧戒融の日本歸國をめぐる渤海と新羅」(佐伯有清先生古稀記念會編、『日本古代の伝承と東アジア』、吉川弘文館、1995年)は、戒融の歸國が代宗によって与えられた命令だったから確認に向かったとみなす。また、濱田氏は韓朝彩の渤海から新羅への経路を上京龍泉府から鴨綠江口へ行き、そこから新羅西辺の唐恩津に至ったものとし、新羅王城にまでは至らなかったとするが、赤羽目匡由、「8世紀中葉における新羅と渤海の通交關係-『三國史記』所引、賈耽『古今郡國縣道四夷述』逸文の分析-」(『古代文化』56-5、2004年)は、サブタイトルに示す史料に記された日本海岸のルートを使い、渤海南京南海府経由で新羅王城に至ったことを考証する。

(4)は關連性があるので一括して諸論考を整理・檢討し、そのあとで(6)を
檢討するという手順で論を進めることにしたい。

　藤原仲麻呂による新羅征討計畵がおおやけになるのは759年6月のこと
で[25]、3年後の762年實行をめざして準備が進められたが、762年11月
の關連記事[26]を最後に史料に見えなくなり、實行されないまま中止となっ
た。この前後、日本と渤海の間には頻繁な通交があり、渤海がこの計畵
に加担していたと見るのが通説である。そこで論点となるのが、762年10
月の渤海使王新福の來日である。彼らのもたらした情報が何であり、そ
れがこの征討計畵中止にどう影響したかが問題となるのである。これに
ついて触れる數多くの見解のなかから、石井正敏、酒寄雅志、河内春
人、馬一虹の各氏及び『濱田著書』の見解を見てみたい。

　石井正敏氏は、渤海が大欽茂代になって對唐關係正常化に努めては
いたものの、即位当初の狀況は前代の余波でかなり緊迫したもので、
唐・新羅に對する疑心暗鬼の狀況下にあり、その感覺を反映して渤海使に
は武官が任命された。しかし、對唐關係が円滑期を迎えるようになり、渤
海としては日本と組んでの新羅征討計畵に乗ることはできず、当初は消極
的ながら計畵に加わっていたものの、實行できないことを伝えるために文
官である王新福が派遣され、これが藤原仲麻呂の專制體制の搖らぎと合
わさり、征討計畵中止につながったと理解する[27]。石井氏の場合は、「郡
王」から「國王」への進爵は、王新福對日派遣より遅い可能性があるの
で、円滑化を代表する事件として把握されており、あくまで對唐關係の円
滑期を迎えているという渤海の現狀分析が新羅征討計畵からの離脱につな

---

25)『續日本紀』、天平宝字3年6月壬子條。
26)『續日本紀』、天平宝字6年11月壬寅條。
27) 石井正敏、「初期日本・渤海交涉における一問題」(前揭石井著書。原載は森克
　　己博士古稀記念會編『史學論集對外關係と政治文化』第一、吉川弘文館、1974
　　年)。

がったという理解である[28]。また、日野開三郎氏の安史の亂期における渤海による遼東占領という說[29]について言及し、日本への武官派遣に動靜偵察の意図があったという理解を支持してはいるが、上述のような對唐關係理解なので、遼東占領說は支持していないものとみられる。なお、進爵の理由についての言及はない。

　酒寄雅志氏は、1977年の論考では、渤海が唐との關係を強化しようとしていることは窺えるとしながらも、762年は唐朝では玄宗・肅宗が相継いで沒して代宗が卽位するという王權の混迷が續き、史朝義の跳梁に任せている狀況だったので、新羅征討計畫立案当時と何ら國際情勢は変わらず、王新福の目的は唐國內の情勢を報告して、未だ征討の機會であることを告げたとするのが妥当だと述べ、征討計畫消滅ももっぱら藤原仲麻呂政權の權力衰退に原因を求めた[30]。しかし、1979年の論考では、「郡王」から「國王」への昇格及び「檢校太尉」という当時の新羅王と同等の官号が与えられてことで、新羅に對する脅威を捨てて唐への接近を強めたため、渤海において新羅征討の必然性が減少し、王新福を派遣して征討中止の旨を日本に伝達してきた[31]、と前說を大きく改めた。現時点での酒寄氏の見解は後者であろう。さらに別の論考では、渤海が安史の亂の成り行きを靜觀していたという理解のもとで、進爵理由を、安祿山が死んでも史思明、その子・朝義に亂が引き継がれており、ウイグルの第3代ブ

28) 石井正敏、「初期日本・渤海交涉における一問題」(前揭)の「付記」にこの点が詳述されている。
29) 日野開三郎、「安史の亂による唐の東北政策と渤海の小高句麗國占領」(前揭日野著書。原載は『史淵』91、1963年)。
30) 酒寄雅志、「8世紀における日本の外交と東アジアの情勢」(前揭酒寄著書。原載は『國史學』103、1977年)。
31) 酒寄雅志、「渤海國家の史的展開と國際關係」(前揭)。なお、酒寄氏は兩論文を著書に收めるにあたり、前說・後說の変化について明確に言及しないままだったため、讀者には一書のなかに矛盾があるように讀めてしまうところがある。

ク・カガンが史朝義の要請で南下の様相を呈していたので、東北の雄た
る渤海に支援を期待した措置という見解を示している[32]。

　河内春人氏は、安史の亂を契機に親唐的立場から一線を畫すようにな
り、日野開三郎氏の渤海による遼東占領があったとする說を支持し、この
行動の理由を亂の波及を畏れて緩衝地帶を設定したものと見る。一方、唐
側は渤海の消極的態度にかかわらず使節を派遣して渤海に亂鎭壓への參
加を促しており、渤海の進爵を良好な關係が繼續した結果と見るより、反
亂軍鎭壓への參加を促すという政治的判斷の結果と見た方がよいと述べ
る。そしてこれを受けて、渤海は唐との關係を良好な方向へ改善した
が、親唐的な立場に再轉換したと性急には結論づけられないとする。ま
た、河內氏は、新羅征討計畫に渤海が加担して新羅挾擊を了解したという
見解はとらず、渤海の最大の關心事は反亂軍や北方諸民族との對立で、
そこに新羅との對立の先銳化が加わったので、日本の新羅征討計畫を
知った渤海は新羅の後背である日本を煽ることで新羅との對立を回避しよう
としたとする。そして王新福の來日については、國際環境は酒寄氏の前
說の理解が正しく、渤海には新羅出兵につきあうだけの余裕がないの
で、沈靜化しつつある安史の亂についてあえて未だそれが強勢であると
いう誤報をもたらし、新羅征討計畫が依然實行可能であることと、日本か
らの新羅出兵要請の回答の先送りをしたという見解を示した[33]。

　馬一虹氏は、河內氏とは正反對に王新福がもたらした唐情勢を事實とみ
なし、762年4月から7月までの3ヶ月間しかなかった宝応元年に「渤海國王」
册封の使者が出發したとしても、王新福の渡日までに渤海に着くことはむ
ずかしく、また册封使とみられる韓朝彩が日本僧戒融をともなって渤海に
入ったのを763年冬とする金毓黻の見解を受け、實際の出發は763年で

---

32) 酒寄雅志、「東北アジアのなかの渤海と日本」(前掲)。
33) 河内春人、「東アジアにおける安史の亂の影響と新羅征討計畫」(『日本歷史』561、
　　1995年)。なお、河内氏は韓朝彩を册封使とは見ていない。

あったと理解し、「渤海國王」進爵を背景に渤海の對日戰略の轉換がなされたという説は成立しがたいとする。そして王新福の使命についても、新羅征討計畫に對する連携の中止を日本に伝える使者という理解は成立しがたく、日本の使節を送る送使と見るべきで、彼が初めて文官として來日したことも、渤海が律令制の達成を外交交渉對象國に表明しようとしたものとする[34]。なお、馬氏は別の論文で、册封・進爵の理由を、唐が、王位篡奪の亂のなかで代宗が卽位し、吐蕃にも西方を脅かされるという「貧弱な状態」だったがゆえに、「國王」を求める渤海の要求に従わざるを得なかったと述べている[35]。

　『濱田著書』は、新羅征討計畫に渤海が參畫したという理解そのものを否定する。渤海にとっては、唐の反亂軍平定への派兵要請にも愼重なぐらい安祿山の亂がどう波及するかが最大の關心事であり、唐に對し外臣としての節を守る新羅を討つようなことができる國際情勢ではなかったとみられるからある[36]。また、王新福が文官であったことは、大欽茂が「渤海國王」册封時に大將軍の号を廢され、三公のひとつの太尉に册されて、渤海王の册封が武官から文官に変化したことの表れという理解を示す[37]。濱田氏は明言しないが、「渤海國王」册封後に王新福が日本に派遣されたという理解をしているものと考えられる。なお、この册封の背景・理由の理解は先に「濱田論文」で紹介したものと同じである。

　以上、5氏の見解を見てきたが、それぞれにかなりの違いがあることが分かろう。これを先の4点に沿って整理して表にすると、以下のとおりになる。

34) 馬一虹、「八世紀中葉の渤海と日本の關係－762年の渤海第6次遣日本使を中心として－」(『國學院大學大學院紀要文學研究科』29、1998年)。
35) 馬一虹、「渤海と唐の關係」(前掲)。
36) 『濱田著書』、pp.49~53。
37) 『濱田著書』、p.58、pp.90~92。

(1)日本の新羅征討計畫との關係性
(2)册封使到着の時期、
(3)册封・進爵の理由・背景
(4)册封・進爵前の渤海・唐關係


　このほかにもこれに言及する論者がおり、それらを含めて諸見解の安当性をすべて確認していくには、安史の亂末期の唐の内政・外交全般にわたる考察が必要である。しかし、ここではその檢討をする余裕はないので、別稿に讓る[38]。ただ、酒寄氏以降の檢討によって、單純に唐との關係が良好で円滑期に入っていると見るのはむずかしく、安史の亂に当たって渤海が唐側・反亂側のどちらにも明瞭につく姿勢をみせなかったことは確實視してよかろう[39]。

　また、「渤海國王」册封についても、册封使が韓朝彩だとする通説に從う場合、彼に同行して渤海入りした戒融が王新福の派遣に同行せず、王新福を送ってきた日本側の船の歸路に同行した以上、王新福派遣以前に渤海に到着したとは考えがたい。その意味で濱田氏の見解が矛盾していることは明らかであり、「渤海國王」册封時に三公を授けられたことが文官派遣に關係したという理解自体が成立し得ない。

　そもそも濱田氏の762年册封時における大欽茂の官職理解には誤りがあ

---

38)　安史の亂末期の狀況と「渤海國王」册封との關係についての報告者の見解は、『集刊東洋學』第100号記念号(2008年11月刊行予定)に執筆予定である。
39)　この理解に關係するものとして、渤海の遼東占領説がある。河内氏がこの立場をとることは先述しだが、最近、赤羽目匡由、「いわゆる賈耽「道里記」の「營州入安東道」について」(『史學雜誌』116-8、2007年)が出され、安史の亂期の遼東における唐と渤海の境界が現在の撫順・木奇の間にあったとする考証が示され、渤海は唐領進出の好機においても唐と連絡を取りつつ亂への介入を控えたという見解が示された。この考証は傾聽に値し、考察の余地は若干殘るものの、遼東占領説はもはや成立しがたいように思われる。

る。まず、大將軍がこの時点で消えたという理解を示すが、『旧唐書』渤
海靺鞨伝に「及嵩璘襲位、但授其郡王・將軍而已」とあり、大欽茂が持っ
ていた將軍号を継承したことは動かない。他の冊封の事例などからも、蕃
夷の王が武官と文官の兩方を持つのはさほどおかしなことではなく[40]、將
軍は他の職事官を兼ねうる官職でもある[41]のだから、檢校太尉となったこ
とをもって將軍号がなくなったと見ることはできない。さらに、この時に得
た「太尉」を濱田氏は安易に文官と理解しているが、太尉は前漢で三公制
が布かれた際には軍事長官だったのであり、三公が名譽職化しても軍事
關係で功績のあったものに与えられるのが普通である。それゆえ、唐末
五代では武將を尊称して太尉といったほどである。このように見てくると、
もし「渤海國王」冊封後に王新福の對日遣使があったとしても、王新福が文
官であったこととこの時の冊封とは何ら關係のないことになる。さらにいえ
ば、「渤海國王」冊封をもって「文」の時代の始まりとする時代區分理解も妥
当とはいいがたいであろう。

　この考察を踏まえて、さらにこの時の「渤海國王」の(6)名分的位置づけ
の問題を考えてみたい。金子修一氏は、唐代の冊封号を檢討し、王(本國
王)−國王−德化王−郡王という称号の序列があるという理解を示し、本國
王の「王」号が中國に近接する蕃域の諸國に、「國王」号がほぼ絶域の諸
國に用いられること、本國王(王・國王)が外臣層の異民族に用いられるの
に對し、郡王は內屬して唐の版図に編入された諸族に對して用いられるこ
と、を明らかにした[42]。この見解を渤海に適用した金子氏は、「渤海郡王」

---

40) たとえば、『三國史記』新羅本紀・聖德王11年10月條に見える聖德王の官職は、
　　驃騎將軍(武散官)・特進(文散官)・行左威衛大將軍(職事官・將軍号)である。
41) たとえば、『元稹集』卷43「授田布魏博節度使制」には、田布に授ける官職として
　　「寧遠將軍・守右金吾衛大將軍員外同正員、檢校工部尙書兼魏州大都督府長
　　史・御史大夫・充魏博等州節度觀察處置等使」とある。
42) 金子修一、「唐代冊封制一斑−周辺諸民族における「王」号と「國王」号−」(前揭
　　金子著書。原載は西嶋定生博士還曆記念論叢編集委員會編『東アジア史におけ

が唐の內臣にも用いられていることを示し、唐が渤海を內屬した異民族と
同列に扱ったという理解を示した。また、本國王にあたる「桂婁郡王」が太
子に与えられ、それも2・3代で終了したことをもって、唐が渤海に對し
本國王的な爵号の授与を極力回避していたという理解も示した。そして「渤
海國王」進爵については、絶域以外で「國王」を与えられた事例をとして、
698年に高句麗王高宝元を「朝鮮郡王」から「忠誠國王」に進爵した例と、
668年に吐谷渾王慕容諾曷鉢を「河源郡王」から「青海國王」に進爵した例を
擧げ、唐からの遠近を問わず、「郡王」から進号する場合に「王」よりやや
低い称号として「國王」が用いられたという見解を示し、渤海の場合も「王」
である新羅よりやや低めの待遇を与えるためにこのようになったと理解
し、唐は一貫して渤海を內屬國として扱ってきたと述べる[43]。

　これに對し濱田氏は、先述のように「渤海國王」進爵を、唐朝の「內地」
を意味する「郡王」から脱して、唐の「遠國」として認識される「國王」となっ
たのだと理解し、その例証として9世紀に唐に內屬した高句麗遺臣に「渤海
郡王」「渤海郡公」が授けられたことを擧げ、それは「渤海國王」とは次元
が異なるからだとした。

　ここで注意を要したいのは、大欽茂の次に795年に唐の册封を受けた
大嵩璘が当初「渤海郡王」に册封され、大欽茂の「渤海國王」から後退した
こと、そして金子氏がすでに指摘するが「渤海郡王」「渤海郡公」等が唐
の內臣に賜与されるようになるのが、798年に大嵩璘が「渤海國王」に進爵
し、以後渤海王にこの爵位が継承されるようになってからであること[44]で
ある。唐代において蕃夷の王の交代時における册封を見てくると、前王が

　　る國家と農民』山川出版社、1984年)、同、「唐代の異民族における郡王号－契
　　丹・奚を中心にして－」(前揭金子著書。原載は『山梨大學教育學部研究報告』
　　36、1986年)。
43)　金子修一、「唐朝より見た渤海の名分的位置」(前揭)。
44)　金子修一、「唐朝より見た渤海の名分的位置」(前揭)。

受けた官爵を必ずしも次の王がそのまま継承するわけではないという例が存在することに氣づく。官職(職事官)・官位(散官)ならば渤海に事例が見られ、大嵩璘がその後加增された金紫光祿大夫・檢校太尉などは次の大元瑜には継承されず、大仁秀に加增された金紫光祿大夫・檢校司空も次の大彜震に継承されていない45)。爵に關しては明確に違う爵になるという例は見つけられていないが、褒封が必要なときにその都度与えられる德化王などがその王一代限りで終わることが多いのを類似例としてあげることはできよう。その中でも特に注意すべきは、內屬した高句麗王の爵位が699年に「朝鮮郡王」から「忠誠國王」に進められたケースである。これは金子氏によって「郡王」から「國王」への事例として紹介されているものだが、725年には「朝鮮郡王」に戻っていることが明らかで、「國王」は後継者には継承されなかったと見られるのである46)。つまり、このように褒賞として加えられた官爵は、時としてその王個人に對して一代限りとして加えられたのであって、その國もしくは王家に對して加えられたのではない場合が存在すると見られるのである。この推定が正しければ、大嵩璘が「渤海郡王」と「左金吾（衛）大將軍」という、大欽茂が大武芸を継いだ時の官爵しか与えられなかったのは、その後の官爵はあくまで大欽茂個人に一代限りとして加增されたのであって、渤海という國家もしくはその王家に与えられたものではないと唐側が見ていたから、という仮説が成り立つ。

45) 前王に与えられていた官職・官位が子に継承されなかった事例としては、ほかに南詔の雲南王蒙歸義(皮羅閣)に与えられていた特進が、天宝7年(748)に子の閣羅鳳の雲南王襲封の際に与えられなかった事例などがある。ただし、南詔の場合、史料に記載がないだけで實際には授与されていた可能性が皆無ではなく、渤海ほど完全な事例とはいえない。
46) 古畑徹、「いわゆる「小高句麗國」の存否問題」(前掲)。725年に高句麗王が朝鮮郡王であったことを示すのは『旧唐書』卷23礼儀志3の開元13年封禪の記事である。ただし、この時の高句麗王が「忠誠國王」を受けた高宝元本人ではある可能性が皆無ではなく、この解釋にはまだ不完全なところが殘っている。

　この仮説を說得力あるものにするには、大嵩璘册封時の「郡王」降格理由についての從來の理解を否定する必要がある。濱田氏は、これは大欽茂から大嵩璘までの間にあった王統の混亂と册封の中斷があったからだと考えている[47]。しかし、大欽茂と大嵩璘の間に族弟・大元義が卽位して一年足らずで殺され、大欽茂の孫の華璵が推されて王となり、また死んで大嵩璘が立ったという記事は、『新唐書』以前には見られない。『唐會要』『旧唐書』といった唐の朝廷に殘された史料をもとに編纂された書物には、元義も華璵も見られず、大欽茂のあとをその子の嵩璘が継いだことになっているのである。とすれば、渤海は、唐に對して公式にはこの時期の混亂を隱し、大欽茂から大嵩璘に継承されたと申告し、唐はその情報を信じて册封を行ったと理解するしかない。ちなみに『新唐書』がこれと異なる情報を入手できたのは、幽州節度使から渤海に派遣された際の見聞を記した張建章『渤海國記』(835年)に依據したためと推定される[48]。

　当時の唐の渤海情勢認識がこのようであったとすれば、降格の理由を王統の混亂に求めることはむずかしい。それ以外に特別な理由が見あたらないならば、唐は渤海をあくまで內屬國と位置づけていて、大欽茂の「渤海國王」册封はあくまで特殊な褒封だったから、本來の形に戻して「渤海郡王」で册封したという解釋が最も說得力を持つであろう。そして、これに大嵩璘が異を唱えたことで、唐は渤海を明確に「國王」の國として格付けし直して、彼を「渤海國王」に册封したのである[49]。それゆえにこれ以

---

47) 「濱田論文」、p.60。

48) 張建章ならびに『渤海國記』については、古畑徹、「渤海建國關係記事の再檢討－中國側史料の基礎的硏究－」(『朝鮮學報』113、1984年)參照。

49) 大嵩璘の主張を唐が受け入れて「國王」に册封したのは、爵位を一代限りとする論理的根據が薄弱だったからと考えられる。それゆえに、先代大欽茂の官職上昇を並べ立てる大嵩璘の主張が「叙理(道理を述べた)」と評價されたのであろう。これに對し官職・官位は大欽茂のそれを継承できなかったが、これは論理的にも官職・官位が本來個人に与えられるものだったからであろう。なお、「郡王」降

降、内臣に「渤海郡王」「渤海郡公」が与えられるようになるのであろう。仮
に濱田氏がいうように「國王」册封に「内屬」から「遠國」への位置づけの轉
換という意味があるのだとしても[50]、それは762年ではなく798年と見るべ
きである。そしてそうだとすれば、762年を對唐外交および渤海の時代區
分の大きな結節点と見る濱田氏の理解は、妥当とはいえないという結論に
なるであろう。


## 5. おわりに

以上、濱田氏による對唐外交の時期區分を紹介・檢討してきたが、結
果的にはそれに批判的な結論が導かれることになった。しかし、濱田氏
が時期區分を試みたこと自体は高く評価されるべきである。なぜなら、史
料の乏しい渤海史においては、大局的な試論の提示とそれへの批判と對
案の提示が、渤海國の實像を明瞭にするうえで欠かせないからである。

---

格が國内の混亂を理由としているのであれば、唐側に妥当な根據があるの
で、混亂に對する釋明をしていない大嵩璘の主張が通る余地はない。ここから
も、國内の混亂を理由とした「郡王」降格という從來の解釋は成立しがたいと思わ
れる。

50) 報告者は、「國王」進爵に對する濱田氏のこの解釋自体が誤りであり、先述の金
子氏の理解が妥当であると考える。その理由として、もし渤海が「絶域」に位置
づけ直されたのならば、渤海に對する唐側の國号表記にはそれ以降「國」が付
されたはずだが、『册府元龜』外臣部朝貢を見る限り、「國王」進爵後も「渤海」と
のみ表記され、「渤海國」という表記は唐滅亡まで見られないことが擧げられ
る。また、白居易（772-846）の撰した『白氏六帖事類集』卷16に殘された蕃域
規定には、「高麗」「靺鞨」の地域が「入蕃」として明記されている。この「高麗」
「靺鞨」は國そのものを指すのではなく地理的區分と見られ、渤海はこの地理區
分内に入る。これも、9世紀初において規定上は渤海が「絶域」ではなく「蕃域」
であった証據と思われる。

そして、濱田氏の野心的な試論を批判した報告者には、これへの對案を出すことが求められるのはいうまでもない。

　現時点での報告者の渤海の對唐外交の時期區分についての見解は、金子氏の理解に近い。つまり、730年代後半における唐渤紛爭の終結・對唐關係の回復に時期區分の大きな結節点があると考えているのである。その理由は、この時点で渤海國の對唐外交を規定する諸要素と基本路線－新羅・契丹との對抗關係、北部靺鞨諸族支配に向けた北進策、それらを有利に進めるための親唐政策－が確立し、以後は安史の亂による搖らぎや、唐朝だけではなく幽州や山東の節度使との關係という要素が加わるものの、滅亡までその基調に絶對的な変化はなかったと思われるからである。この理解を實證し、あるいは修正していくことが今後の報告者に課せられた課題であろう。

　また、本報告の過程で、唐が渤海を內臣として位置づけていたと見られる証左が多いことにあらためて氣づかされた。しかし、その一方で外臣的な取り扱われ方もされており、內臣一辺倒で唐の渤海認識を捉えることができないのもまた明らかである。それに關連して思い起こされるのが、渡辺信一郎氏によって提示された、中央－地方州縣－羈縻州－遠夷(入蕃)という唐の帝國構造である[51]。報告者もその驥尾に付して、唐以前の中國王朝における「內」「外」二層の世界秩序が唐代には中間的存在であった「羈縻州」を入れた三層の世界秩序となること、中國東北地方から朝鮮半島にかけての一帯が漢の武帝による朝鮮四郡設置から唐初まで、「內」「外」二重の存在として扱われてきたことを論じたことがある[52]。これを踏まえて渤海のあり方を見るとき、この二重の存在というのが渤海にも継承され

---

51) 渡辺信一郎、『天空の玉座－中國古代帝國の朝政と儀礼－』(柏書房、1996年)。
52) 古畑徹、「1～7世紀にかけての倭と中國の朝貢・册封關係の性格について－日本の中國史研究者の見解を中心に－」(『高句麗研究』18、ソウル、2004年、日本語・韓國語併記)。

ていること、そしてそれに對応するように「忽汗州」という「羈縻州」となって
いることに氣づかされるのである。渤海が册封当初から「忽汗州」であっ
たことは、場合によっては唐にとって爵位よりも重要だった可能性があるよ
うに思われるのだが、まだ十分に論述できる段階ではないので、ここは
指摘に留めたい。

　最後に、誤解のないようにするため、唐が渤海を内臣として位置づけ
ていたことが証明されたとても、それは渤海が自らを唐の内臣であると認
識していたことを意味しないという点は明記しておきたい。前近代東アジア
世界の伝統的な國際關係は、近代的な國際關係とは異なり、兩國がその
關係に對する認識を一致させる必要はなく、お互いに自らに都合のよいよ
うにその關係を解釋できるようになっていた 。したがって、一方の國家の
相手國に對する認識を明らかにしただけでは、兩國關係を明らかにしたこ
とにはならないのである。この唐と渤海の關係でも、渤海は唐の册封を受
けているにもかかわらず、唐の年号ではなく、獨自の年号を使用してい
る。これは、唐の正朔を奉じること、つまり唐皇帝の時間支配を受け入れ
ること、を拒否する行爲で、明らかに唐の内臣としてのあり方ではない。
この事實こそ渤海の對唐認識を考えるうえでの土台となるべきものであろ
う。ただ、史料的な制約があるために、これ以上踏み込んで渤海の對唐
認識を明らかにするのは難しい。やはり手順としては唐側の認識からまず
解明し、その論理と實態とのギャップを手がかりに檢討するのがよいであ
ろう。さしあたり、「内」「外」二重の存在として扱う唐に對し、渤海がどの
ように對応していったのかを軸に唐・渤海關係を描いてみることが、今後
の課題と思われる。

# 考古學에서 본 渤海와 日本의 교류사
## —加賀(金澤市)에서 渤海使 來着地의 고고학적 검토—

小嶋芳孝
(金澤學院大學)

---

---

## 1. 머리말

727년에 최초의 발해 사절이 '蝦夷境(북해도 경계)'로 건너왔다. 이 때부터 발해가 멸망하는 926년까지 약 200년간 발해는 34회의 사절을 일본에 파견했으며, 일본은 13회의 사절을 발해에 파견했다. 발해사가 도래한 지역의 변천을 보면, 8세기는 13회(서일본 2회/중부일본 5회/북일본 6회), 9세기는 18회(서일본 8회/중부일본 5회/북일본 0회/불명 5회), 10세기는 3회(서일본 1회/중부일본 1회/북일본 0회/불명 1회)이다. 발해사 도래지는 북일본에서부터 서일본을 향해서 이동하고 있으며, 石川縣의 加賀와 能登만이 8·9세기를 통해 발해사의 도래지가 되고 있다. 이 배경에는 加賀가 渤海使의 도착지이고, 能登이 출항지로서 자리를 잡고 있었기 때문이라고 생각한다.

〈그림 1〉金澤市 해안부의 항만 관계 유적

『續日本記』등의 사료에는 加賀(石川縣 金澤市 주변)에 도착해 발해 사절을 '便處'에 두었다고 하는 기사가 있다. 金澤市의 해안부에는 犀川과 大野川의 하구가 있고, 이 두 개의 하구는 고대부터 현대에 이르기까지 金澤의 중요한 항구로서 이용되고 있다. 여기에서는 이 지역에서 발굴된 5곳의 유적 발굴 성과로부터 加賀의 고대 항만의 양상과 '便處'의 실태에 대하고 검토를 시도하고 싶다.

## 2. 각 유적의 검토

### 1) 金石本町遺跡

犀川의 현재의 하구로부터 직선거리로 약 1Km상류에 있고, 7~9세기의 건물군이 검출되고 있다. 유적은 여러 지류의 小河川을 사이에 둔 자연제방의 위에 입지하고 있다. 8세기 전반에는 3×9間에 면적이 약 150㎡의 대형 건물이 있었고, 9세기에는 小河川을 사이에 두고 건물군과 창고군이 배치되어 있다. 발굴 조사에서는 항만 기능을 보여주는 遺

構와 유물은 출토되고 있
지 않지만, 犀川의 옛 하
천 길에 접한 입지라는
것으로부터 항만 시설에
관련된 유적이라고 추정
하고 있다.

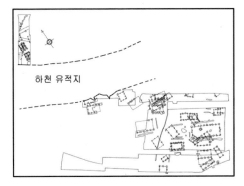

〈그림 2〉 金石本町遺跡의 遺構 전체도

### 2) 畝田·寺中遺跡

金石本町 유적에서 남서로 약 500m에 위치해 있고, 彌生시대부터
고대·중세의 유적이다. 고대의 遺構는 주로 8세기대이며, 폭 약 10m의
하천 유적과 75동의 건물 흔적이 검출되었고, 加賀郡의 항구와 관련된
유적이라고 추정하고 있다.

① **8세기 전반**  조사구역 남서에 있는 B동 건물군에서는 창고와
2×5간의 약간 장대한 건물을 단위로 하는 소규모 건물군이 2곳 있고,
그 서쪽으로 2×3간의 소형건물이 여러 동 축조되어 있다. 강의 동쪽에
있는 B동 건물군에서는 2간 사면의 창고 3동이 강을 따라서 늘어서 있
고, 그 배후에 2×4간의 건물군이 축조되고 있다.

 B 西건물군의 강가 부근에서 '語'와 '語-語', '語成人'. '天平2年',
'津司', '馬家' 등의 墨書 토기가 출토되었고, B 東건물군의 강가 부근에
서는 '語', '天平2年', '平', '人', '大' 등의 묵서 토기가 출토되고 있다.
B 東건물군의 북쪽으로 약 30m의 강가에서 郡符木簡(제3호 木簡)과 召
還木簡을 포함한 6점의 목간과 木製 제사도구 3점(形代 2점, 馬形 1점)
이 출토되고 있다. 출토위치로부터 생각해보건대 이들 목간도 B건물군
으로부터 폐기되었을 가능성이 높다. 郡符木簡(제3호 木簡)에는 郡司가

大野鄕長에게 누군가의 소환을 명한 내용이 기록되어 있다. 참고로 越前國 加賀郡 大野鄕의 범위는 畝田・寺中遺跡이 존재하는 犀川 하구 부변으로 비정되고 있다. 郡符木簡은 郡司가 발급한 명령서로 명령 전달 후에 郡家에서 폐기되었을 것으로 생각되며, 郡符木簡을 출토한 유적은 郡家와 관련된 성격을 가지고 있을 가능성이 높다. '津司' 墨書와 郡符木簡은 畝田・寺中遺跡이 加賀 郡家가 운영했던 郡津이었다는 것을 시사해주고 있다. 이상의 정황으로부터 B건물군은 津을 운영하는 郡家의 曹司的인 시설과 물자를 보관하는 기능을 가진 시설이 복합되어 있었다고 추측하고 있다.

天平 2년(730)은 최초의 渤海使가 귀국한 해이지만, 『續日本記』는 귀착지를 전하고 있지 않다. 그러나 天平 2년도의 『越前國正稅帳』에는 渤海使의 加賀郡 체재와 관련된 지출이 기록되어 있으며, 제1차 渤海使가 加賀郡에 귀착했다는 것을 알 수 있다. 귀착한 장소는 畝田・寺中遺跡을 포함한 장소였다고 생각된다. '天平 2년'이라고 기록된 墨書 토기는 제1차 渤海使의 무사 귀환을 신에게 감사한 의례로서 기록한 것은 아닐까 생각된다.

'津司'라는 용어는 720(養老 4)년에 "渡嶋津輕津司의 從6位 下諸君鞍男 등을 靺鞨國의 풍속시찰로 파견"했다고 하는 『續日本記』의 기사가 유일의 사료이다. 靺鞨國에 대해서는 698년에 건국된 발해설과 북해도의 오호츠쿠 문화설로 나누어져 있지만, 어찌되었든 '津司'가 외교관적인 의미를 가지고 있었다는 것을 보여주고 있다. 더욱이 鞍男의 從6位라고 하는 위계는 出羽國司와 同位에 있기 때문에 渡嶋津輕津司가 國司 상당의 직위였다는 것을 무시할 수 없다. 제1차 渤海使의 귀착을 계기로 加賀 郡津을 발해선의 도래지로서 취급할 필요가 생기며, '渡嶋津輕津司'를 전례로 하는 '津司'를 둔 것은 아닐까 생각된다.

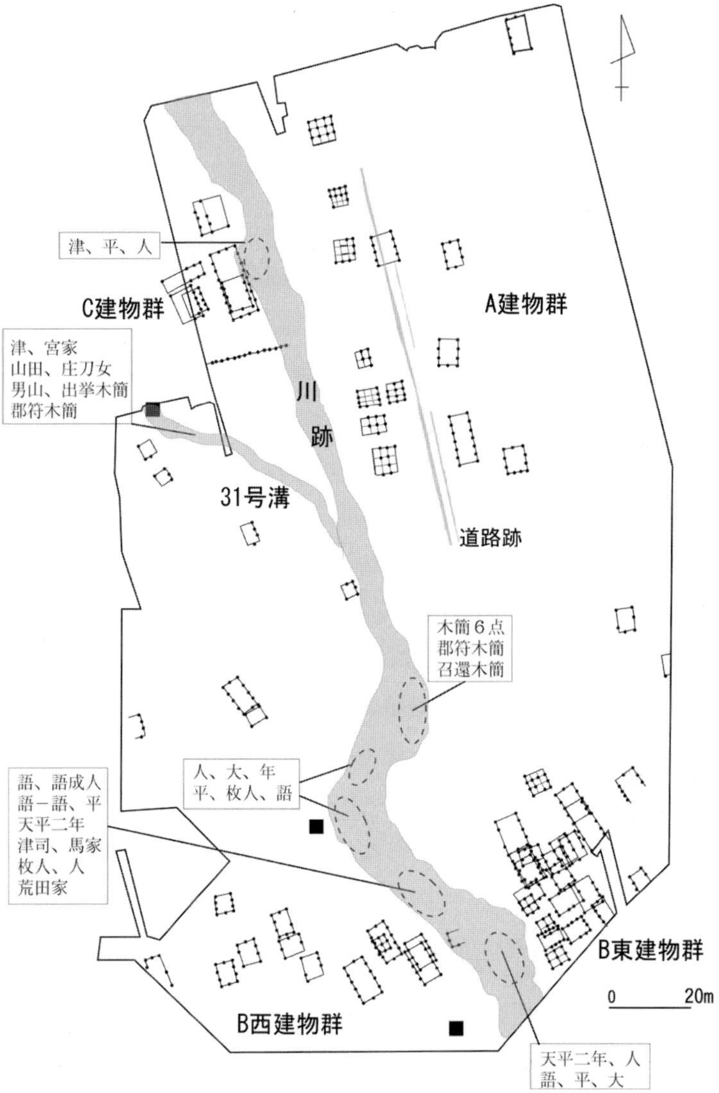

津、平、人

C建物群

A建物群

津、宮家
山田、庄刀女
男山、出挙木簡
郡符木簡

川
跡

31号溝

道路跡

木簡6点
郡符木簡
召還木簡

語、語成人
語─語、平
天平二年
津司、馬家
枚人、人
荒田家

人、大、年
平、枚人、語

B東建物群

0        20m

B西建物群

天平二年、人
語、平、大

〈그림 3〉畝田寺中 遺跡의 遺構全体圖와 주요유물의 출토위치
(보고서를 참조하여 코지마[小嶋]가 작성)

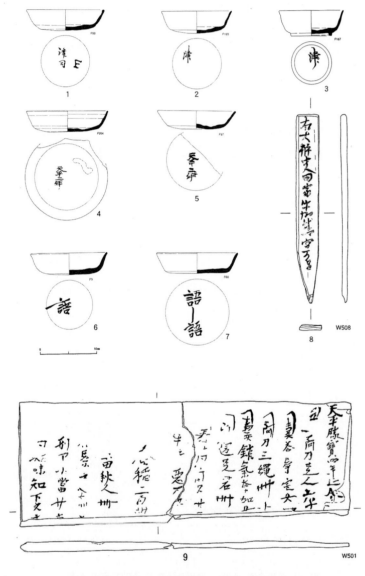

〈그림 4〉畝田寺中 遺跡 출토의 주요 墨書土器와 木簡

② **8世紀後半** B 西건물군의 북쪽으로 약 80m에 있는 폭 약 3m, 깊이 약 80cm의 31호 도랑의 埋土로부터 '津', '宮家', '庄刀女', '男山' 등의 墨書 토기와 郡符木簡(제11호 목간)이나 天平勝宝 4년(752)으로 기록된 出擧帳簿樣木簡(제1호 목간) 등이 출토되고 있다. 조사 구역 내에서는 31호 도랑의 주변에서 8세기 후반의 건물군은 검출되고 있지 않았기 때문에 조사구역 밖에서 '宮家'(みやけ)에 관련된 건물군이 존재한 것이라고 생각된다. 이 도랑에서 '津'이라고 묵서한 토기가 18점 출토하고 있다. 조사 구역의 동북족 A 건물군에서는 강을 따라서 수 棟의 總柱倉을 단위로 한 창고군이 배치되어 있다. 창고군으로부터 약 10m 동쪽에서는 양측에 도랑을 수반한 폭 약 2·4m의 도로 遺構가 남북으로 설치되고 있다. 도로의 동쪽도랑에 접하여 주위를 雨落溝로 둘러싼 6×1간의 장대한 369호 건물이 있다. 강가에 접하여 창고군을 배치하였고, 창고군 배후의 도로에 인접하여 관리동을 둔 경관을 복원할 수 있다.

③ **8世紀末~9世紀初頭** 조사구 북서의 C 건물군이 이 시기에 해당되고, 강의 건너편 주변에 있는 A 건물군이 이 시기까지 존속하고 있었을 가능성이 있다. C 건물군에서는 강의 서해안을 따라서 건물의 길이 8間에 北梁間이 3間에 南梁間이 2間의 장대한 건물과 서쪽으로 행랑을 가진 3×4間의 건물이 남북으로 열지어 있다. 이 2동의 서쪽으로 동서의 棟을 포함한 4棟이상의 건물이 검출되고 있어 전체적으로 6棟 이상의 건물로 구성되어 있다. 이 건물군에는 창고동이 포함되어 있지 않다. C 건물군의 남쪽으로 강가에서 약 20m서쪽으로 뻗쳐있는 柵列이 검출되고 있는데, 건물군의 남쪽과 구분하는 시설이라고 추정하고 있다. C 건물군에 접한 강의 서해안 부근에서 '津', '平', '人'이 출토하였고, '宅'이라고 墨書한 토기가 C 건물군으로부터 출토되고 있다. C 건물군은 8세기 후반 '津의 宮家'를 계승한 시설이었다고 추정하고 있다.

### 3) 戶水 C遺跡

현재의 大野川 하구로부터 약 2Km 거슬러 올라간 위치에 있으며, 고대에는 소규모의 라군(lagoon)에 접한 자연제방 위에 입지하고 있었다고 생각된다. 6세기 후반부터 7세기 전반대의 건물자취 3棟과 도랑이 검출되고 있지만, 주체는 9세기대의 掘立柱 건물군이다. 남북 방향으로 치우치는 도랑 01을 사이에 두고, 건물군이 크게 2분 되고있다. 서쪽 건물군은 2間 사면의 창고와 서쪽으로 행랑이 붙은 2×5間의 건물 2棟, 2×7間의 장대한 건물을 포함하고 있다. 동쪽 건물군은 장대한 건물의 主屋과 2×3間 전후의 附屬屋으로 구성되었으며, 창고는 볼 수 없다. 남서부에 있는 2×7間의 건물 안채에 동서 양쪽의 행랑이 수반되는 대형의 1113호 건물과 주위 여러 棟의 掘立柱 建物群이 중심적인 건물군이다. 이곳의 북서부에 있는 2×8間의 장대한 건물군이 같은 장소에서 3회의 개축을 거쳐 축조 되었고, 2×8間으로 서쪽의 행랑을 수반하는 12호 건물이 建物小群의 主屋이라고 생각된다. 12호 건물에 인접한 1호 우물은 내경 90cm의 蒸籠組 우물이 구축되어 우물 안에서 齊串 11점과 말의 다리뼈 4개가 출토되었다. 우물의 사용과 폐기 때에 齊串과 희생마에 의한 제사를 행한 것 같다. 1113호 건물로부터 4m 남쪽에 있는 1111호 우물은 내경이 133cm의 蒸籠組로 우물형이 구축되고 있었다. 우물 안에서 檜扇과 齊串, 箸狀木器 등이 출토되고 있다. 우물은 각 건물의 小群마다 설치되고 있지만, 그 중에서도 상기 2개의 우물은 제사를 수반하는 특별한 우물이었다고 생각된다.

지금까지의 조사에서 '津'이라고 묵서 한 토기가 2점, 중국제라고 생각되는 唐花鏡과 越州 窯靑磁의 주발(碗) 및 단지(壺)가 각 1점, 다량으로 출토한 京都 洛北産과 尾張 猿投産의 綠釉陶器 등이 출토되고 있다. 綠釉陶器는 碗皿 외에 唾壺와 香爐, 承盤 등의 특수한 기종을 포함하고 있으며, 주변에 있는 9세기대의 유적과는 양상에 상당한 차이를 보이고 있다. 유적 내에서 열린 향연에 綠釉陶器나 중국 자기가 사용되었다고 추정할 수 있다. 이 외에 '流民'이라고 써져 있었을 가능성이 있는 漆紙文書가 출토되고 있다. 『續日本記』에는 '漂流民'이라고 적은 사례는 있지만 '流民'의 용례는 없고, 『文德天皇實錄』 齊衡 3年조 및 『3代實錄』에 표류민과 같은 의미로서 '流民'의 용례가 등장하고 있다. 漆紙文書에 기록된 '流民'의 위에 기록되어 있는 문자가 불명하기 때문에 '流民'이라고 기록되고 있는지, '漂流民'이라고 기록되고 있는지 판단할 수 없지만, 어쨌든 戶水 C유적은 해안에 표착한 사람들과 관계를 가지고 있었다는 것을 시사하는 중요한 사료이다. 발해로부터 도래한 사절은 도착시에 표착이라고 칭한 경우가 많고, 漆紙文書에 기록된 '流民'이 加賀에 도착한 발해인을 가리킬 가능성은 높다.

漆紙文書나 '津' 묵서 등의 문자 자료, 정연하게 배치된 대형 건물군, 향연에 사용되었다고 추정할 수 있는 다량의 綠釉陶器 및 제사를 수반하는 우물 등을 고려하면, 戶水 C유적은 加賀 立國에 수반하는 國府津으로 비정 할 수 있고, 발해 사절이 도착한 국제항이었을 가능성이 높다. 823(弘人 14)년의 加賀 立國에 수반하여 大野川 하구에 國府津이 정비되어 발해선을 받아들이는 기능이 加賀郡津이 있는 犀川 하구로부터 이전한 것이라고 생각된다. 이 결과 加賀 郡津은 加賀郡과 石川郡의 內水面 교통과 개요를 연결하는 연결점이라고 하는, 郡津 본래의 기능으로 축소된 것이라고 생각된다. 大野川 하구에 國府津으로서 정비된 戶水 C유적은 大野川을 거슬러 올라가 河北潟을 경유해 能登나 越中으로의 육로와 연결되어, 발해로부터 도래하는 선박도 내착하는 교통의 요충지였다.

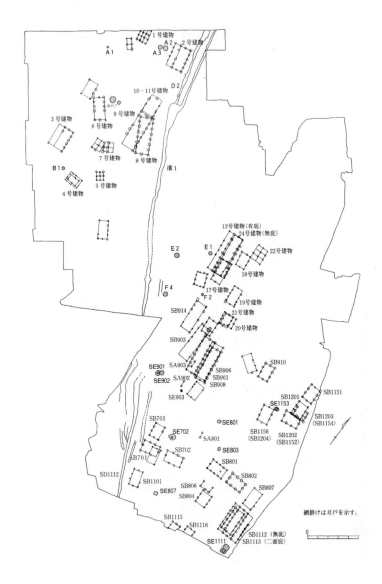

〈그림 5〉 戸水 C遺跡 遺構 전체도

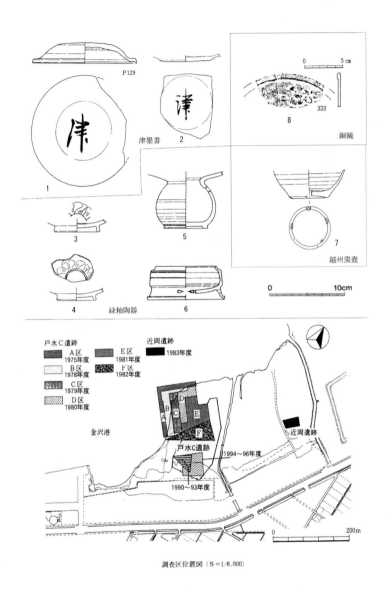

〈그림 6〉 戸水 C遺跡의 연도별 조사구 위치도와 주된 출토물

### 4) 戶水大西遺跡

戶水 C유적으로부터 약 1500m 남쪽으로 畝田 나베타 유적(畝田ナ
ベタ遺跡)의 동쪽 약 400m에 있다. 보고서에서는 건물군을 8세기 중엽
부터 후엽, 8세기말부터 9세기 초, 9세기 전반, 9세기 후반의 4기로 나
누어 정리하고 있지만, 필자는 건물의 주축 방향과 주혈에서 출토한 토
기를 참고로 8세기 후반, 9세기 전반, 9세기 후반의 3기로 재정리했다.

① **8세기 후반** 依存 상태가 나쁘고 군데군데 잘려있지만, 폭 1m전
후, 깊이 수십cm의 70호 도랑이 동서 약 75m, 남북 약 37m의 범위를
방형에 구획하고 있다. 70호 도랑의 축선은 북쪽에서 약간 서쪽으로 펼
쳐져 있고, 같은 주축을 가지는 건물은 구획 내에 4棟 있다. 70호 도랑
의 구획으로부터 동쪽으로 약 20m에 같은 주축을 가진 건물이 재건축
을 포함하여 여러 棟 축조되고 있다. 이 시기의 묵서 토기에 '家人',
'大' 등이 있다.

② **9세기 전반** 폭 약 100cm의 도랑이 남북 72m×동서 50여m의 범
위로 방형으로서 구획되고 있다. 남변의 중앙에서는 12m에 걸친 부분
에서 도랑이 중단되고 있어 구획의 입구라고 생각된다. 방형 구획의 주
축이 거의 북쪽으로 향해 있고, 구획 내에서 같은 주축을 가지는 건물
은 개축을 포함해 약 10동이 있다. 구획 내에서는 남변의 입구에서 북
쪽을 향하는 부분에 건물은 보이지 않으며, 남북 방향의 통로가 설치되
어 있었던 것으로 생각된다. 건물은 통로의 서쪽으로 정연하게 배치되
어 북부에는 2×3間과 2間 사면의 창고가 위치해 있다. 통로의 동쪽에서
는 안채가 2×3間으로 남북 양측 끝에 회랑이 수반되는 특수한 구조의
23호 건물이 있다. 보고서에는 주변에서 출토된 瓦塔을 관리하는 불당
이라고 추정하고 있다. 방형 구획으로부터 '中家', '宿家' 등의 묵서 토
기가 출토하고 있다.

방형 구획에서 동쪽으로 약 70m에 2×5間, 동서 棟의 48호 건물을
主屋으로 하는 건물군이 있다. 48호 건물의 남쪽 전면에 광장이 있고,
그 동서쪽으로 모든 기둥이 늘어서있는 남북 棟의 3호 건물과 26호 건
물을 두어 'ㄱ' 자형의 배치를 하고 있다. 3호 건물의 남쪽에는 2間 사
면의 창고가 놓여 있으며, 그 동쪽으로 내경이 87×90cm 크기의 蒸籠組
우물형을 이룬 1호 우물이 설치되어 있다. 이 건물군의 동쪽을 구분하
는 39호 도랑이 있다. 폭 3·3~5m, 깊이 약 50cm로 북쪽에서 남쪽으로
흐르고 있다.

③ **9세기 후반**   조사구역 남부에 폭 4~6m, 깊이 50cm전후의 30호
도랑이 굴착되어 서쪽 조사구역의 방형 구획을 관통하고 있다. 동서 방
향으로 뻗는 30호 도랑의 굴착에 의해 방형 구획 내의 건물군은 폐쇄되
었고, 건물군의 주체가 동쪽 조사구로 이동했다고 생각된다. 30호 도랑
으로부터 인형 28점, 齊串 64점, 馬形 2점, 舟形 3점, 刀形 1점, 鍬形 1
점 등 다량의 목제 제사도구가 출토되고 있다. 동쪽 조사구역의 건물군
은 48호 건물을 主屋으로 한 'ㄱ'자형의 배치를 계승하고 있었다고 추정
하고 있다. 3호 건물의 남쪽에 있던 2間 사면의 창고는 대형화 되어 있
고, 1호 우물을 묻은 후에 재건되고 있다. 이 때문에 2호 우물이 건물군
의 남동쪽 구석에 설치되어 있다. 이 우물은 縱板組의 우물 형을 유지
하고 있으며, 우물에는 齊串 9점이 매장되어 있었다. 건물군의 남쪽을
동서 방향으로 흐르는 30호 도랑에는 건물군과 통하는 다리가 걸쳐져
있었다. 묵서 토기에는 '西家', '南', '大市' 등이 기록된 것 등이 출토되
었다.

이 유적의 평가에 대해서 살펴보면, '宿家'나 '大市'라고 기록된 묵
서 토기가 출토되고 있다는 것으로부터 숙박시설이나 시장(市)에 관련
되는 성격을 가지고 있었다고 추정하고 있다. 加賀 國府津에 도래한 발
해 사절이 체재하면서, 그들이 가지고 온 대륙의 물자와 교환하기 위한

시장이 열리고 있었던 것은 아닐까 생각된다. 발해계의 유물은 출토되고 있지 않지만, 사절을 거처하게 한 '便處'로서 사용되었을 가능성을 가진 유적이다.

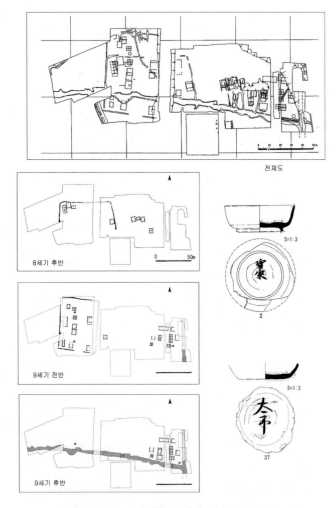

〈그림 7〉戶水 大西遺跡의 遺構 변천도와 墨書 土器

### 5) 畝田 나베타(ナベタ) 유적

犀川 하구 오른쪽 언덕에 위치한 항만의 畝田·寺中 유적으로부터 동쪽으로 약 800m, 大野川에 설치된 항만의 戶水 C유적에서 남서로 약 1700m, 戶水 大西 유적의 서쪽으로 약 400m 위치에 입지하고 있다. 8세기말에서 9세기 무렵의 건물군이 검출되고 있는데, 加賀郡 '便處'와 관계된 유적이라고 추정하고 있다.

① Ⅰ기(8세기 말~9세기 초두) 2間 사면 내지 2×3間의 창고와 2棟 전후의 掘立柱 건물로 구성되는 6개의 건물군과 창고를 수반하지 않고 2×5間의 동서 棟을 중심으로 하는 약간 대형의 건물 4棟으로 구성되는 건물군이 검출되고 있다. 조사구역 남부에서는 2間 사면의 창고와 布掘 基礎 위에 기둥을 둔 3間 사면의 창고 2棟이 도랑으로 구획된 안에 배치되어 있다.

② Ⅱ기(9세기 전반) 창고와 掘立柱 건물로 구성된 복수의 건물군은 소멸하였고, 대형의 床張 건물을 중심으로 12棟으로 구성된 단일의 건물군으로 변화하고 있다. 건물군의 동쪽으로 폭 60cm, 깊이 20cm의 1호 도랑이 설치되어 남북 방향으로 연장 약 170m가 검출되고 있다. 도랑은 중간 정도로 약 24m에 걸쳐 동쪽으로 약 10m 굴곡해 있다. 보고서는 굴곡의 이유에 대해서 건물을 피했기 때문이라고 해석하고 있지만, 굴곡부에 있는 건물이 9세기 후반으로 비정되기 때문에 이유가 되지 않는다. 굴곡부의 서쪽은 柱穴이 錯綜하고 있어 식별은 어렵지만, 아마 문이 있었던 자리라고 추정된다. 도랑의 동쪽으로 건물이 검출되고 있지 않기 때문에 이 도랑은 건물군을 외계와 구획지우는 성격을 가지고 있었다고 추정하고 있다.

중심에 있는 대형의 23호 건물은 5×6間(203평방m)의 거대한 床張 건물이다. 23호 건물의 북쪽으로 2×4間에 동쪽으로 행랑이 붙은 14호 건물(73·5평방m)이 있다. 이 건물에도 床束이라고 생각되는 주혈이 있어 마루판이었을 가능성이 있다. 1호 도랑을 따라서 2×9間(약 119평방m)의 장대한 18호 건물이 놓여 있다. 間사을 구분하는 기둥이 도중에 놓여 있어 건물내부가 네 개의 공간으로 분할되어 있었듯 하다.

18호 건물의 북단으로부터 花文帶金具가 출토하고 있다. 세로 18㎜×가로 19㎜, 두께 2㎜, 무게 2.3g으로 화문을 중앙에 배치해 좌우와 밑에 쪽에 卷草文을 두고 있다. 靑銅의 금속재료를 금박이 덮고 있으며, 그 접착에는 옻이 사용되고 있다. 또, 문양 사이의 홈에는 黑漆을 바르고 있어, 검은 바탕에 금빛의 문양이 떠오르는 시각 효과를 노린 것이라고 추정하고 있다. 하부 중앙에 놓인 방형 透穴은 네 귀퉁이를 약간 원형으로 두르고 있으며, 화문의 基部가 透穴과 접하는 중앙부에서 폭이 넓어지고 있다. 이 帶金具의 성격에 대해서는 소그디아나(Sogdiana)인의 영향을 받은 계단 양식과 중국 양식 2종의 帶金具가 9세기 무렵에 발해에서 융합해 제작되었다고 추정하고 있다. 참고로 본 발표자의 상세한 견해는 2006년 11월 3·4일에 서울에서 개최된 「동아시아와 발해」(고구려연구회 주최의 심포지엄)에서 「畝田東遺跡群出土の花文帶金具から見る東アジア世界」라고 제목을 붙여 보고하고 있다. 발해 제작이라고 추정할 수 있는 帶金具의 출토는 畝田 나베타(ナベタ) 유적이 발해사와 어떠한 관계를 가지고 있었는가를 보여주는 중요한 자료이다.

23호 건물로부터 약 30m서쪽으로 대형의 107호 우물이 있다. 우물틀의 하부를 縱板組로 구축하였고, 지상으로부터 보이는 상반부는 蒸籠組로 되어 있다. 우물의 틀 내에서 인형과 陽物, 30점을 넘는 齊串이 출토하고 있으며, 우물 사용 중에 제사를 행하고 있었던 것을 엿볼 수 있다. 埋土로부터 말의 뼈와 齊串이 출토하고 있는 것으로부터 우물 폐기 과정에 齊串이나 말의 뼈를 매장하는 의례가 행해진 것으로 생각된다. 우물을 폐기한 것은 9세기 후반으로 추정되고 있다.

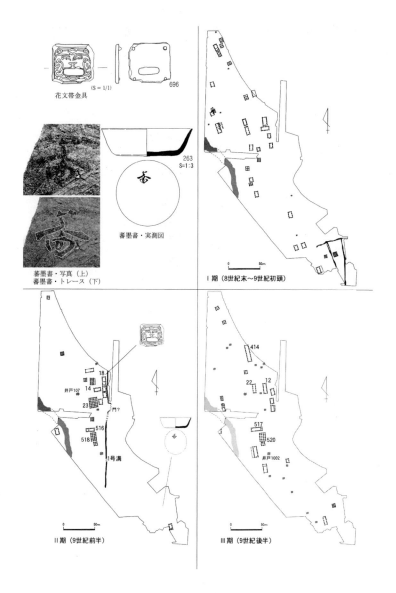

〈그림 8〉畝田 나베타(ナベタ) 유적의 遺構変遷圖와 花文 帶金具・墨書土器
(건물의 변천은 보고서를 참고로 小嶋가 재구성하였다)

건물군의 남부쪽에 동서 방향으로 주축을 가진 2×6間(약 65평방m)
의 516호 건물이 있다. 이 건물과 접하여 3×5間(약 102평방m)에 마루가
붙은 518호 건물이 있다.

③ **Ⅲ기(9 세기 후반)**  유적의 동서를 구획하는 1호 도랑이 끊어져
도랑의 동쪽에도 규모가 작기는 하지는 우물이나 건물이 축조되고 있
다. 9세기 전반으로 보이는 구심성이 있는 건물의 배치는 사라지고, 남
북으로 나뉘어 있는 것처럼 보인다. 북측 건물군에는 2×10間(134평방
m)의 장대한 414호 건물이 위치해 있다. 2×5間의 남북 棟(12호 건물과
24호 건물)이 24m의 사이를 두고 동서로 늘어서 있고, 그 남쪽으로 5×6
間에 마루가 붙은 23호 건물이 이 시기의 초두까지 존속하고 있었을 가
능성이 있다. 건물군의 남부에서는 516호 건물을 개축해 동서로 확장한
517호 건물(2×8間, 89평방m)이 있다. 이 건물의 남쪽에는 518호 건물을
개축한 520호 건물이 있고, 이 건물은 518호 건물과 같이 3×5間의 구조
이지만, 건물 면적은 63평방m로 축소되어 있다. 520호 건물의 남쪽으로
약 20m에 대형의 1002호 우물이 있다. 한 변이 약 136cm로 횡판을 蒸
籠組로 한 우물 형으로 우물의 내경은 100cm 사방이다. 우물 안에서 齊
串과 橫櫛이 출토되었다.

④ **유적의 성격**  畝田 나베타(ナベタ) 유적에서는 건물군이 산재하
고 있던 8세기말의 상황이 9세기 전반에 대형의 상장건물을 主屋으로
한 건물 배치로 변화되고 있다. 더욱이 건물군의 동쪽을 구분짓는 남북
도랑이 설치되어 있고, 도랑의 굴곡부에서 門의 존재를 추측할 수 있는
등 건물군 전체가 바깥과 구별된 존재였던 것으로 보인다. 이 도랑을
따라서 배치된 창고로부터 출토된 花文帶 金具는 畝田 나베타(ナベタ)
유적에 발해인이 체재하고 있었다는 것을 보여주는 중요한 자료이다.
또, 조사구역의 남동부에서 출토된 '藩'이라고 묵서 된 토기도 유적의
성격을 생각하는데 중요한 자료이다. 『속일본기』등의 사료에서 '藩'은

'藩神'이나 '蕃客' 등 외국에서 도래한 神이나 사람들의 호칭에 사용되는 문자로 9세기대 전반 畝田 나베타(ナベタ) 유적의 건물군이 외국인과 관련되어 있다는 것을 시사하고 있다. '藩'이라는 묵서와 발해제 帶金具의 존재는 畝田 나베타 유적이 발해 사절의 체재와 깊게 관련되어 있다는 역사성을 시사해주고 있다.

畝田 나베타(ナベタ) 유적에서는 9세기 전반의 23호 건물이나 518호 건물 등 대형의 마루를 깐 건물(床張建物)이 유적의 특징이다. 畝田 나베타 유적을 발해 사절이 체재한 '便處'라고 가정한다면, 이러한 床張建物은 사절의 향응에 사용되었을 가능성이 높다. 또, 23호 건물이나 518호 건물의 부근에 배치된 대형 우물은 발해 사절의 내항에 수반되는 의식에 사용하는 神聖한 물을 공급한 것이라고 생각된다.

## 3. 맺음말

加賀가 최초로 사료에 등장한 기록은 『일본서기』 欽明 36년조(570년)의 고구려 사절이 加賀에 도래한 일에 관한 기사이다. 畝田 寺中 유적이나 戸水 C유적에서는 6세기대의 유구와 유물이 검출되고 있으며, 이 무렵부터 이미 加賀는 대외교류의 거점이 되고 있었을 가능성이 있다. 발해 선박이 加賀를 목표로 하여 도항하는 일이 많았던 배경에는 고구려인이 개척한 항해방법의 전통이 중요한 역할을 이루어 있었다고 생각된다.

7세기 후반에는 이미 犀川 하구에 임한 金石本町 유적에서 대형 건물군이 축조되고 있는데, 이는 668년의 멸망을 눈앞에 두고 파견된 고구려 사절을 맞이한 시설일 가능성이 있다. 8세기에 들어와서 金石本町 유적에서는 계속해서 대형 건물이나 창고가 정비되었고, 동쪽으로 인접한 畝田寺中 유적에서도 건물군의 축조가 시작되고 있다. 畝田寺中 유적은 金石本町유적에 부수된 배후시설로 두 개의 유적이 모두 加賀郡津에 포함되어 있었다고 생각된다. 加賀郡津에 최초로 발해로부터 도착한 선박은 730(天平 2)년의 제1차 遣渤海使였다. '天平二年'이나 '津司' 등의 묵서 토기는 畝田寺中 유적이 그들을 받아들이는 주요한 시설로서 사용된 것을 시사한다.

　金石本町 유적과 畝田寺中 유적은 8세기말 무렵부터 규모가 축소되고 있다. 이러한 현상에 부응하는 것처럼 畝田寺中 유적의 동쪽으로 畝田나베타(ナベタ) 유적의 축조가 시작되고 있다. 畝田나베타 유적에서 건물군으로 최대의 규모가 되는 것은 9세기 전반으로 이 시기는 923(弘仁 14)년에 加賀郡과 江沼郡이 越前國으로부터 분국되어 加賀國이 건국되었을 무렵에 해당한다. 金石本町 유적과 畝田寺中 유적에서 볼 수 있었던 이 시기의 규모 축소는 犀川 水系의 內水面 水運과 外洋을 연결하는 郡津 본래의 기능에 재편된 것을 보여주는 것이라고 생각한다. 加賀國의 건국에 수반되어 大野川 하구에 戶水 C유적이 加賀國 郡津으로서 정비되고 있다. 9세기 대에 도래하는 발해사는 加賀國 府津에 도착해 戶水 C유적의 배후지인 畝田나베타(ナベタ) 유적에 체재한 것이라고 생각된다. 畝田나베타 유적에서는 '畝'라고 묵서한 토기가 출토되고 있어, 유적의 장소가 '畝田村'에 포함되어 있었다는 것을 추측할 수 있다.또, 다수 출토되고 있는 '東館', '東○' 등의 묵서 토기는 畝田나베타 유적에서 활동한 사람들이 서쪽을 강하게 의식하고 있었다는 것을 시사한다. 畝田나베타 유적의 서쪽에는 畝田寺中 유적이 있어 8세기말에 규모의 축소가 진행되고 있었다. 畝田나베타 유적은 加賀郡津 중에서 발해사의 영빈 기능을 이전시켜 加賀國府가 마련한 시설이라고 생각된다. 서쪽의 시설로부터 이전시킨 것을 의식하여 '東館'이라고 불렀던 것은 아닐까 추정된다.

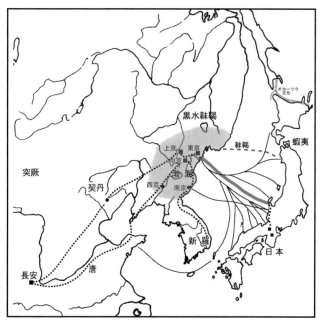

〈그림 9〉 발해 선박의 항로 추정도

戶水 C유적에서도 獸脚硯, 越州窯 靑磁의 접시와 항아리, 다량의 綠釉土器 등 주변의 유적에 비해 상질의 집기가 출토하고 있어, 渤海使의 영접에 수반하는 시설이 있었던 것이라고 생각된다. 이 유적의 배후에 있는 戶水 大西 유적에서는 '西家' 등의 묵서 토기가 다량으로 출토하고 있어, 國府津이었던 戶水 C유적의 서쪽에 위치한 시설이라는 것을 보여주고 있다.

그렇다면, 서두에서 언급한 '便處'는 어느 유적에 해당하는 것일까. 827(天長 4)년 但馬國(兵庫縣 북부)에 도착한 渤海使에 대해서 조정은 郡家에 안치시키고, 식료의 공급을 명하고 있다. 加賀에 도래한 발해사에 대해서도 이와 같이 조치되었을 가능성이 높고, 발해사는 郡家의 관련 시설에 안치된 것이라고 생각된다. 시설의 편리한 사용이 '便處'의 유래는 아닐까. 아마, 이번 소개한 5곳의 유적은 모두 발해사가 체재한 '便處'에 관련된 성격을 가지고 있었다고 생각된다. 이러한 유적 중에서도 마루가 붙은 대형 건물이 축조되어 있고, 발해제의 帶金具나 '藩' 묵서 토기가 출토된 畝田 나베타 유적은 항구의 배후에 위치해 있어 '便處' 기능을 집약한 성격을 갖고 있었다고 생각한다.

본고의 작성에 즈음해 (財)石川縣埋藏文化財센터와 金澤市埋藏文化財센터로부터 많은 교시와 배려를 받았는데, 여기에 이에 대한 감사의 뜻을 표한다.

〈표 1〉 渤海船 渡來地 일람표

| 地域 | 西部日本 | | | | | | | | | | 中部日本 | | | | | | 北日本 | | | | | 不明 | 合計 |
|---|---|---|---|---|---|---|---|---|---|---|---|---|---|---|---|---|---|---|---|---|---|---|---|
| 縣名 | 長崎 | 山口 | 島根 | | 鳥取 | | 兵庫 | 京都 | | 小計 | 福井 | 石川 | | 富山 | | 소계 | 新潟 | 秋田 | 北海道 | | 小計 | | |
| 舊國名 | 對馬 | 長門 | 石見 | 出雲 | 隱岐 | 佰耆 | 因幡 | 但馬 | 但後 | 小計 | 若狹 | 越前 | 加賀 | 能登 | 越中 | 소계 | 佐渡 | 越後 | 出羽 | 蝦夷 | 小計 | | |
| 8세기 | 1 | | | 1 | | | | | | 2 | | 2 | 2 | 1 | | 5 | 1 | | 3 | 2 | 6 | 0 | 13 |
| 9세기 | | 1 | | 1 | 3 | 2 | | 1 | | 8 | | | 3 | 2 | | 5 | | | | | 0 | 5 | 18 |
| 10세기 | | | | 1 | | | | | | 1 | 1 | | | | | 1 | | | | | 0 | 1 | 3 |
| 계 | 1 | 1 | 0 | 3 | 3 | 2 | 0 | 1 | 0 | 11 | 1 | 2 | 5 | 3 | 0 | 11 | 1 | 0 | 3 | 2 | 6 | 6 | 34 |

## 【참고문헌】

『金石本町遺跡Ⅰ-Ⅲ』, 金澤市敎育委員會, 1996年.

『金澤市畝田東遺跡群Ⅰ-Ⅵ』(畝田寺中遺跡), 石川縣敎育委員會・(財)石川縣埋藏
    文化財センター, 2005年・2006年.

『金澤市畝田西遺跡群Ⅰ-Ⅳ』(畝田ナベタ遺跡他), 石川縣敎育委員會・(財)石川縣
    埋藏文化財センター, 2005年・2006年.

『金澤市戶水C遺跡』, 石川縣立埋藏文化財センター, 1986年・1993年.

『戶水C遺跡・戶水C古墳群(第9・10次)』, 石川縣敎育委員會・(財)石川縣埋藏文化

財センター, 2000年.

『戶水C遺跡・戶水C古墳群(第11·12次)』, 石川縣敎育委員會・(財)石川縣埋藏文
化財センター, 2003年.

『戶水大西遺跡Ⅰ』, 金澤市敎育委員會, 2000年.

小嶋芳孝,「渤海と日本列島の交流経路」(『日本史の研究206』, 山川出版社), 2004年.

〈토론문〉

# 「고고학에서 본 발해와 일본의 교류사」를 읽고

尹載云
(동북아역사재단)

1. 발해 사절단의 도착지 가운데 加賀와 能登 이외의 지역은? 아울러 관련 유적이 있으면 소개해 주시기 바랍니다.

2. 戶水 C유적 출토 漆紙문서에 기록된 '流民'을 발표자는 '표류민'으로 해석하여 발해인으로 해석했음. 그런데 이 '유민'을 정규사절단 이외의 사람, 즉 발해의 민간상인이나 지방세력 등으로 볼 여지가 있지 않을까 합니다.

3. 戶水大西遺跡과 畝田 나베다 유적 출토 木製 제사도구의 의미나 성격은?

4. 러시아 연해주-한반도 함경도 해안-일본의 노토반도로 이어지는 교류가 고구려-발해시기 이후에도 있었나? 아울러 고구려-발해 시기의 해상교류가 가지는 의미는 무엇이라고 생각하시는지 궁금합니다.

# 考古學からみた渤海と日本の交流史
## —加賀(金澤市)における渤海使來着地の考古學的檢討—

小嶋芳孝
(金澤學院大學)

## 1. はじめに

　727年に、最初の渤海使節が「蝦夷境」に渡來した。この時から渤海が滅亡する926年の約200年の間に、渤海は34回の使節を日本へ派遣し、日本は13回の使節を渤海へ派遣した。渤海使が渡來した地域の變遷を見ると、8世紀は13回(西日本2回・中部日本5回・北日本6回)、9世紀は18回(西日本8回・中部日本5回・北日本0回・不明5回)、10世紀は3回(西日本1回・中部日本1回・北日本0回・不明1回)となる。渤海使渡來地は北日本から西日本に向けて移動しており、石川縣の加賀と能登だけが8·9世紀を通して渤海使の渡來地となっている。この背景には、加賀が渤海使の來着地で能登が出港地として位置づけられていたことがあったと考えている。

<図 1〉　金澤市海岸部の港湾關係遺跡

『續日本紀』などの史料には、加賀(石川縣金澤市周辺)に着岸した渤海使節を「便處」に安置したという記事がある。金澤市の海岸部には犀川と大野川の河口があり、この二つの河口は古代から現代に至るまで金澤の重要な港として利用されている。今回は、この地域で發掘された五ヵ所の遺跡の發掘成果から、加賀における古代の港湾の様相と「便處」の實態について檢討を試みたい。

## 2. 各遺跡の檢討

　(1)金石本町遺跡　　犀川の現河口から直線距離で約1Km上流にあり、7〜9世紀の建物群が檢出されている。遺跡は、數條の小河川にはさまれた自然堤防上に立地している。8世紀前半には3×9間で面積が約150㎡の大型建物があり、9世紀には小河川をはさんで建物群と倉群が配置されている。發掘調査では港湾機能を示す遺構や遺物は出土していないが、犀川の旧河道に接した立地から港湾施設に關連する遺跡と推定されている。

　(2)畝田・寺中遺跡　　金石本町遺跡から南西へ約500mに位置し、弥生時代から古代・中世の遺跡である。古代の遺構は8世紀代が主体で、幅

約10mの川跡と75棟の建物跡が檢出されており、加賀郡津に關わる遺跡と推定している。

8世紀前半　調査區南西にあるB東建物群では倉と2×5間のやや長大な建物を單位とする建物小群が2單位あり、その西側に2×3間の小型建物が

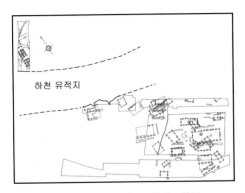

〈図 2〉 金石本町遺跡の遺構全体圖

數棟造營されている。川の東側にあるB東建物群では2間四面の倉3棟が川に沿って並び、その背後に2×4間の建物群が造營されている。

B西建物群の川岸付近から「語」や「語-語」、「語成人」、「天平2年」、「津司」、「馬家」などの墨書土器が出土し、B東建物群の川岸付近からは「語」、「天平2年」、「平」、「人」、「大」などの墨書土器が出土している。B東建物群の北約30mの川岸から、郡符木簡や召還木簡を含む6点の木簡と木製祭祀具3点(形代2点、馬形1点)が出土している。出土位置から考えると、これらの木簡もB建物群から廢棄された可能性が高い。郡符木簡(第3号木簡)には、郡司が大野郷長に誰かの召還を命じた内容が記されていた。ちなみに越前國加賀郡大野郷の範囲は、畝田・寺中遺跡が所在する犀川河口周辺に比定されている。郡符木簡は郡司が發給した命令書で、命令伝達の後に郡家で廢棄されたと考えられており、郡符木簡を出土する遺跡は郡家に關連した性格を持っていた可能性が高い。「津司」墨書と郡符木簡は、畝田・寺中遺跡が加賀郡家の運營した郡津だったことを示唆している。以上の状況から、B建物群は津を運營する郡家の曹司的な施設と物資を保管する機能を持った施設が複合していたと推測している。

　天平2年(730)は最初の遣渤海使が歸國した年だが、『續日本紀』は歸着地を伝えていない。しかし、天平2年度の『越前國正税帳』には遣渤海使の加賀郡滞在に係る支出が記されており、第1次遣渤海使が加賀郡に歸着したことを知ることができる。歸着した場所は、畝田・寺中遺跡を含む場所だったと思われる。「天平2年」と記された墨書土器は、第1次遣渤海使の無事歸還を神に感謝した儀礼で記されたのではないだろうか。

　「津司」の用語は、720(養老4)年に「渡嶋津輕津司の從6位下諸君鞍男らを鞨鞨國の風俗視察に派遣」したという『續日本紀』の記事が唯1の史料である。鞨鞨國については、698年に建國された渤海説と北海道のオホーツク文化説に分かれているが、いずれにしても「津司」が外交官的な意味合いを持っていたことを示している。しかも、鞍男の從6位下という位階は出羽國司と同位にあり、渡嶋津輕津司が國司相當の職位だったことは無視できない。第1次遣渤海使の歸着を契機に加賀郡津を渤海船の渡來地として扱う必要が生じ、「渡嶋津輕津司」を前例とする「津司」を置いたのではないだろうか。

　8世紀後半　B西建物群の北約80mにある幅約3m・深さ約80cmの31号溝の埋土から、「津」、「宮家」、「庄刀女」、「男山」などの墨書土器と郡符木簡(第11号木簡)や天平勝宝4年(752)に記された出擧帳簿様木簡(第1号木簡)などが出土している。調査區內では31号溝の周辺に8世紀後半の建物群は檢出されていないので、調査區外に「宮家」(ミヤケ)に關連する建物群が存在したものと思われる。この溝から「津」と墨書した土器が18点出土している。調査區東北のA建物群では、川に沿って數棟の總柱倉を單位とした倉群が配置されている。倉群から約10m東では、兩側に溝を伴う幅約2・4mの道路遺構が南北に設けられている。道路の東側溝に接して、周囲を雨落溝で囲んだ6×1間の長大な369号建物がある。川に面して倉群を配置し、倉群背後の道路に隣接して管理棟を置いた景観を復元できる。

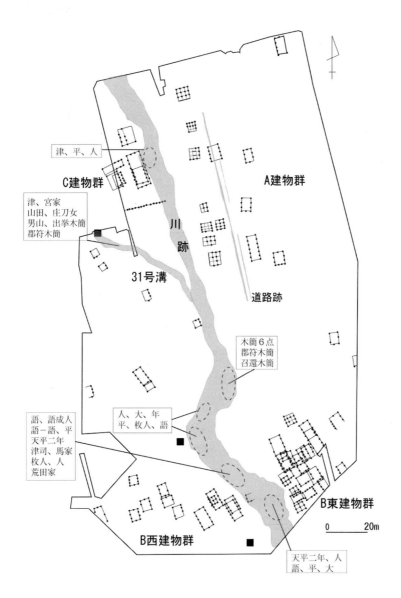

津、平、人

C建物群

A建物群

津、宮家
山田、庄刀女
男山、出挙木簡
郡符木簡

川
跡

31号溝

道路跡

木簡6点
郡符木簡
召還木簡

人、大、年
平、枚人、語

語、語成人
語一語、平
天平二年
津司、馬家
枚人、人
荒田家

B東建物群

0　　　　20m

B西建物群

天平二年、人
語、平、大

〈図 3〉 畝田寺中遺跡遺構全体圖と主要遺物の出土位置(報告書を参考に小嶋が作成)

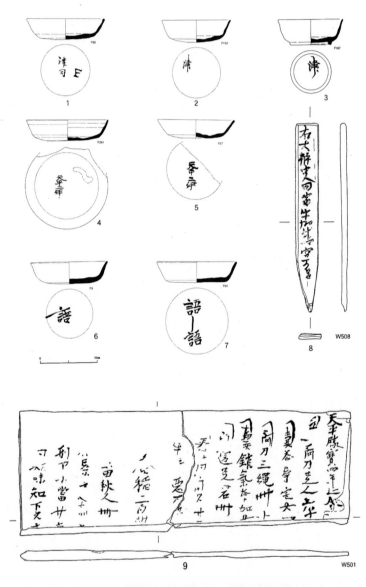

〈図 4〉 畝田寺中遺跡出土の主な墨書土器と木簡

8世紀末～9世紀初頭　　調査區北西のC建物群がこの時期に該当し、川の對岸にあるA建物群がこの時期まで存續していた可能性がある。C建物群では、川の西岸に沿って桁行8間で北梁間が3間で南梁間が2間の長大な建物と、西側に廂を持つ3×4間の建物が南北に列んでいる。この2棟の西側に東西棟を含む4棟以上の建物が檢出されており、全体で6棟以上の建物で構成されている。この建物群には、倉棟が含まれていない。C建物群の南側に、川岸から約20m西に延びる柵列が檢出されており、建物群の南を仕切る施設と推定している。C建物群に面した川の西岸付近から「津」、「平」、「人」が出土し、「宅」と墨書した土器がC建物群から出土している。C建物群は、8世紀後半の「津の宮家」を継承した施設だったと推定している。

(3)戸水C遺跡　　現在の大野川河口から約2Km遡った位置にあり、古代には小規模なラグーンに面した自然堤防上に立地していたと思われる。6世紀後半から7世紀前半代の建物跡3棟と溝が檢出されているが、主体は9世紀代の掘立柱建物群である。南北方向に走る溝01を挟んで、建物群が大きく2分されている。西側建物群は、2間四面の倉と西側に廂が付く2×5間の建物2棟、2×7間の長大な建物を含んでいる。東側建物群は長大な建物の主屋と2×3間前後の附屬屋で構成され、倉は見られない。南西部にある2×7間の身舍に東西兩廂が伴う大型の1113号建物と周囲の數棟の掘立柱建物群が中心的な建物群で、北西部にある2×8間の長大な建物群が同じ場所で3回の建替えを経て造営され、2×8間で西廂を伴う12号建物がこの建物小群の主屋と思われる。12号建物に隣接した1号井戸は、内法90cmの蒸籠組井戸枠が構築され、井戸内から齊串十1点と馬の脚骨4本が出土している。井戸の使用時と廃棄の時に、齊串と犠牲馬による祭祀が行われたようである。1113号建物から4m南にある1111号井戸は、内法が133cmの蒸籠組で井戸枠が構築されていた。井戸枠内から檜扇や齊

串、箸狀木器などが出土している。井戸は各建物小群毎に設けられている
が、なかでも上記の2つの井戸は祭祀を伴う特別な井戸だったと思われる。

　これまでの調査で「津」と墨書した土器が2点、中國製と思われる唐花
鏡や越州窯靑磁の碗と壺が各1点、多量に出土した京都洛北産と尾張猿投
産の緑釉陶器などが出土している。緑釉陶器は碗皿の他に唾壺や香爐、
承盤などの特殊な器種を含み、周辺にある9世紀代の遺跡とは相当に様相
が異なっている。遺跡内で催された饗宴に、緑釉陶器や中國磁器が使用
されたと推定できる。このほか、「流民」と書かれた可能性のある漆紙文
書が出土している。『續日本紀』には「漂流民」と記した事例はあるが「流民」
の用例は無く、『文德天皇實錄』齊衡3年條や『3代實錄』に漂流民と同義で
「流民」の用例が登場している。漆紙文書に記された「流民」の上にある文
字が不明なため、「流民」と記されているのか「漂流民」と記されているの
か判斷できないが、いずれにしても戸水C遺跡が海岸に漂着した人々と
關わりを持っていたことを示唆する重要な史料である。渤海から渡來した
使節は來着時に漂着と稱することが多く、漆紙文書に記された「流民」が加
賀に來着した渤海人を指す可能性が高い。

　漆紙文書や「津」墨書などの文字資料、整然と配置された大型建物
群、饗宴に使用したと推定できる多量の緑釉陶器や祭祀を伴う井戸などを
考慮すると、戸水C遺跡は加賀立國に伴う國府津に比定でき、渤海使節
が來着する國際港になっていた可能性が高い。823(弘仁14)年の加賀立
國に伴って大野川河口に國府津が整備され、渤海船の受入機能が加賀郡
津のある犀川河口から移轉したものと思われる。この結果、加賀郡津は加
賀郡と石川郡の內水面交通と概要を結ぶ結節点という、郡津本來の機能に
縮小されたものと思われる。大野川河口に國府津として整備された戸水C
遺跡は、大野川を遡って河北潟を経由して能登や越中への陸路とつなが
り、渤海から渡來する船も來着する交通の要衝だった。

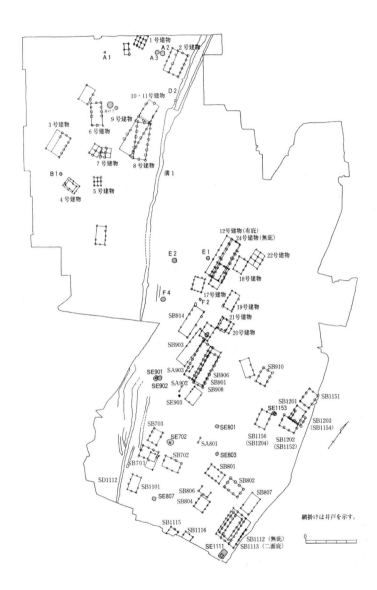

1号建物
A2  2号建物
A1  A3
D2
10·11号建物
3号建物  9号建物
6号建物
7号建物  8号建物
溝1
B1
4号建物  5号建物

12号建物(有庇)
24号建物(無庇)
E2  E1  22号建物
18号建物
F4
17号建物  F2  19号建物
SB914  21号建物
SB903  20号建物
SE901  SB910
SE902  SA903  SB906
SA902  SB901
SE903  SB908
SB1201  SB1151
SE1153
SB703  SE801  SB1203
SE702  (SB1154)
SA801  SB1156  SB1202
SE803  (SB1204)  (SB1152)
SB701
SD1112  SB801
SB1101  SB802
SE807  SB806  SB807
SB804
網掛けは井戸を示す。
SB1115
SB1116  SB1112(無庇)
SE1111  SB1113(二面庇)

〈図 5〉 戶水C遺跡遺構全体圖

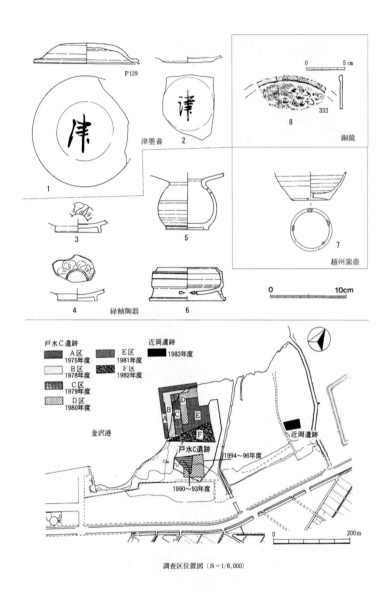

P129

1 津墨書

2

8 銅鏡

333

3

5

7 越州窯壺

4 緑釉陶器

6

0          10cm

戸水C遺跡
■ A区
1975年度
□ B区
1978年度
▨ C区
1979年度
▨ D区
1980年度
▦ E区
1981年度
▨ F区
1982年度

近岡遺跡
■ 1983年度

金沢港

戸水C遺跡
1994〜96年度
1990〜93年度

近岡遺跡

0          200m

調査区位置図（S＝1/6,000）

〈図 6〉 戸水C遺跡の年度別調査區位置圖と主な出土遺物

(4)戸水大西遺跡　戸水C遺跡から約1500m南、畝田ナベタ遺跡の東約400mにある。報告書では建物群を8世紀中葉から後葉・8世期末から9世紀初・9世紀前葉・9世紀後葉の4期に分けて整理しているが、筆者は建物の主軸方向と柱穴から出土した土器を3考に、8世紀後半・9世紀前半・9世紀後半の3期に再整理した。

8世紀後半　依存状態が悪くところどころ途切れているが、幅1m前後・深さ十數cmの70号溝が東西約75m・南北約37mの範囲を方形に區画している。70号溝の軸線は北からやや西に振っており、同じ主軸を持つ建物は區画内に4棟ある。70号溝の區画から東へ約20mに、同じ主軸を持つ建物が建て替えを含め數棟造営されている。この時期の墨書土器に「家人」、「大」などがある。

9世紀前半　幅約100cmの溝が、南北72m×東西50數mの範囲を方形に區画している。南辺の中央では12mにわたって溝が途切れており、區画の入り口と思われる。方形區画の主軸がほぼ北に向いており、區画内で同じ主軸をもつ建物は改築を含めて約十棟ある。區画内では、南辺の入り口から北に向かう部分に建物は見られず、南北方向の通路が設けられていたものと思われる。建物は通路の西側に整然と配置され、北部には2×3間と2間四面の倉が置かれている。通路の東側では、身舎が2×3間で南北兩側の妻に廂が伴う特殊な構造の23号建物がある。報告書では、周辺から出土した瓦塔を納める仏堂と推定している。方形區画から、「中家」、「宿家」などの墨書土器が出土している。

方形區画から東へ約70m東に、2×5間で東西棟の48号建物を主屋とする建物群がある。48号建物の南前面に廣場があり、その東西に總柱床張りの南北棟の3号建物と26号建物を置いてコの字形配置としている。3号建物の南には2間四面の倉が置かれ、その東に内法が87×90cmの蒸籠組井戸枠を持つ1号井戸が設けられている。この建物群の東を區切る39号溝

がある。幅3・3～5m、深さ約50cmで、北から南に流れている。

　9世紀後半　調査區南部に、幅4～6m・深さ50cm前後の30号溝が掘削され、西側調査區の方形區畫を突き抜けている。東西方向にのびる30号溝の掘削により方形區畫内の建物群は廢絶し、建物群の主体が東側調査區に移動したと思われる。30号溝から、人形28点、齊串64点、馬形2点、舟形3点、刀形1点、鍬形1点など、多量の木製祭祀具が出土している。東側調査區の建物群は、48号建物を主屋としたコの字形配置を継承していたと推定している。3号建物の南にあった2間四面の倉は大型化し、1号井戸を埋めた上に再建されている。このため、2号井戸が建物群の南東隅に設けられている。この井戸は縦板組の井戸枠を持ち、井戸の掘形に齊串9点が埋納されていた。建物群の南を東西方向に流れる30号溝には、建物群へ通じる橋が架けられていた。墨書土器は、「西家」、「南」、「大市」などが出土している。

　この遺跡の評価については、「宿家」や「大市」と記された墨書土器の出土から、宿泊施設や市に關わる性格を持っていたと推定している。加賀國府津に渡來した渤海使節が滞在し、彼らが將來した大陸の物資と交換するための市が開かれていたのではないだろうか。渤海系の遺物は出土していないが、使節を安置する「便處」に使用された可能性を持つ遺跡である。


　(5)畝田ナベタ遺跡　犀川河口右岸に置かれた港湾の畝田・寺中遺跡から東に約800m、大野川に設けられた港湾の戸水C遺跡から南西に約1700m、戸水大西遺跡の西約400mの位置に立地している。8世紀末から9世紀代の建物群が檢出され、加賀郡「便處」に關係する遺跡と推定している。

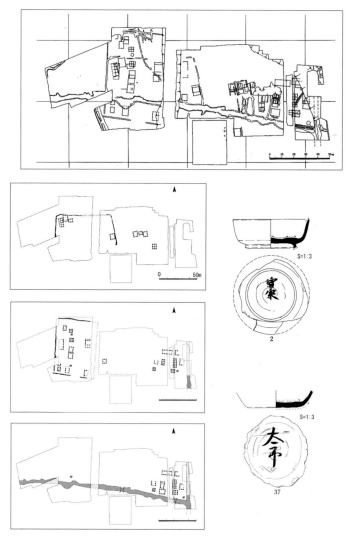

〈図 7〉 戸水大西遺跡の遺構變遷圖と墨書土器

　Ⅰ期(8世紀末〜9世紀初頭)　2間四面ないし2×3間の倉と2棟前後の掘立柱建物で構成される6個の建物群と、倉を伴わず2×5間の東西棟を中心とするやや大型の建物4棟で構成される建物群が檢出されている。調査區南部では、2間四面の倉と布掘基礎の上に柱を置いた3間四面の倉2棟が溝で區畫された中に配置されていた。

　Ⅱ期(9世紀前半)　倉と掘立柱建物で構成された複數の建物群は消滅し、大型の床張建物を中心に12棟で構成される單1の建物群に變化している。建物群の東側に幅60cm・深さ20cmの1号溝が設けられ、南北方向に延長約170m檢出されている。溝は中程で、約24mにわたって東に約10m屈曲している。報告書は屈曲の理由を建物を避けたためと解釋しているが、屈曲部にある建物は9世紀後半に比定できるので理由にならない。屈曲部の西側は柱穴が錯綜していて識別は難しいが、おそらく門が置かれていたと推定している。溝の東側に建物が檢出されていないことから、この溝が建物群を外界から區畫する性格を持っていたと推定している。

　中心にある大型の23号建物は5×6間(203平方m)の巨大な床張建物である。23号建物の北に、2×4間で東に廂が付く14号建物(73・5平方m)がある。この建物にも床束と思われる柱穴があり、床張りだった可能性がある。1号溝に沿って、2×9間(約119平方m)の長大な18号建物が置かれている。間仕切り柱が途中に置かれており、建物内部が四つの空間に分割されていたようである。

　18号建物の北端から、花文帶金具が出土している。縱18mm×橫19mm・厚み2mm・重さ2.3gで、花文を中央に配して左右と下辺に卷草文を置いている。靑銅の地金を金箔が覆っており、その接着には漆が使用されている。また、文樣間の窪みには黑漆を塗布しており、黑地に金色の文樣が浮かび上がる視覺效果を狙ったものと推定している。下方中央に置か

れた方形透穴は、四隅がやや円みを帯び、花文の基部が透穴と接する
中央部で幅が廣くなっている。この帶金具の性格については、ソグド人
の影響を受けた契丹様式と唐様式の二種の帶金具が9世紀頃に渤海で融
合して制作されたと推定している。なお、私見の詳細は、2006年11月3・
4日にソウルで開催された高句麗研究會主催のシンポジウム『東アジアと
渤海』で「畝田東遺跡群出土の花文帶金具から見る東アジア世界」と題して
報告している。渤海製と推定できる帶金具の出土は、畝田ナベタ遺跡が
渤海使と何らかの關わりを持っていたことを示す重要な資料である。

　23号建物から約30m西に、大型の107号井戸がある。井戸枠の下部を
縦板組で構築し、地上から見える上半部は蒸籠組にしている。井戸枠内
から人形と陽物、30点を超える齊串が出土しており、井戸使用中に祭祀が
行われていたことが窺われる。埋土から馬骨と齊串が出土していることか
ら、井戸廢棄の課程で齊串や馬骨を埋納する儀礼が行われたものと思わ
れる。井戸を廢棄したのは、9世紀後半と推定されている。

　建物群の南部に、東西方向に主軸を持ち2×6間(約65平方m)の516号建
物がある。この建物に接して、3×5間(約102平方m)で床張りの518号建物
がある。

　III期(9世紀後半)　遺跡の東西を區畫する1号溝が廢絶し、溝の東側に
も少ないながら井戸や建物が造営されている。9世紀前半に見られた求心
性のある建物配置は失われ、南北に分解しているように見える。北側建物
群には、2×10間(134平方m)の長大な414号建物が置かれている。また、
2×5間の南北棟(12号建物と24号建物)が24mの間を置いて東西に並び、そ
の南に5×6間で床張りの23号建物がこの時期の初頭まで存續していた可
能性がある。建物群の南部では、516号建物を改築して東西に擴張した
517号建物(2×8間・89平方m)がある。この建物の南には、518号建物を
改築した520号建物がある。520号建物は518号建物と同じく3×5間の構造

だが、建物面積は63平方mに縮小している。520号建物の南約20mに、大型の1002号井戸がある。1辺約136cm・幅約の横板を蒸籠組にした井戸枠で、井戸枠の内法は100cm四方である。井戸枠内から齊串と横櫛が出土している。

　遺跡の性格　畝田ナベタ遺跡では、建物群が散在していた8世期末の状況が、9世紀前半に大型の床張建物を主屋とした建物配置に変化している。しかも、建物群の東を區切る南北溝が設けられ、溝の屈曲部から門の存在を推察できるなど、建物群全体が外界と區別された存在だったことが窺われる。この溝に沿って配置された倉から出土した花文帶金具は、畝田ナベタ遺跡に渤海人が滞在していたことを示す重要な資料である。また、調査區の南東部から出土した「蕃」と墨書された土器も、遺跡の性格を考える上で重要な資料である。『續日本紀』などの史料では、「蕃」は「蕃神」や「蕃客」など外國から渡來した神や人々の呼称に使用される文字で、9世紀代前半の畝田ナベタ遺跡の建物群が外國人と關わっていたことを示唆している。「蕃」墨書と渤海製帶金具の存在は、畝田ナベタ遺跡が渤海使節の滞在と深く關わった歴史を持つことを強く示唆している。

　畝田ナベタ遺跡では、9世紀前半の23号建物や518号建物など大型の床張建物が遺跡の特徴となっている。畝田ナベタ遺跡を渤海使節が滞在した「便處」と仮定できるなら、これらの床張建物は使節の饗応に使用された可能性が高くなる。また、23号建物や518号建物の付近に配置された大型井戸は、渤海使節の來航に伴う儀式で使用する神聖な水を供給したものと思われる。

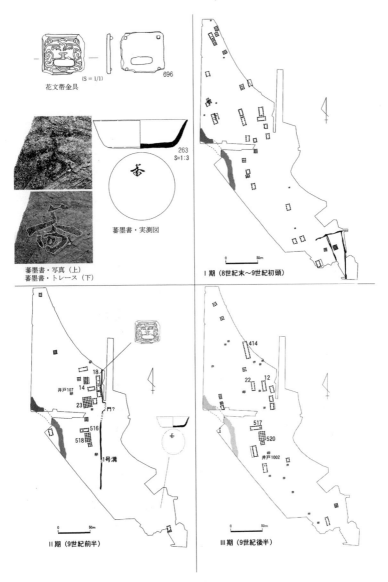

(S = 1/1)
花文帯金具

696

263
S=1:3

蕃墨書・実測図

蕃墨書・写真（上）
蕃墨書・トレース（下）

Ⅰ期（8世紀末～9世紀初頭）

井戸107
18
14
23
516
518
門?
1号溝

Ⅱ期（9世紀前半）

414
22   12
517
520
井戸1002

Ⅲ期（9世紀後半）

〈図 8〉畝田ナベタ遺跡の遺構變遷圖と花文帯金具・墨書土器
（建物の變遷は報告書を参考に小嶋が改變した。）

## 3. まとめ

　加賀が最初に史料に登場する記録は、『日本書紀』欽明36年條(570年)
の高句麗使節が加賀に渡來した事に關する記事である。畝田寺中遺跡や
戶水C遺跡では6世紀代の遺構や遺物が檢出されており、この頃からす
でに加賀は對外交流の據点になっていた可能性がある。渤海船が加賀を
目指して渡航することが多かった背景には、高句麗人が開拓した航海術
の伝統が重要な役割を果たしていたと思われる。

　7世紀後半には、すでに犀川河口に臨む金石本町遺跡で大型建物群
が造營されており、668年の滅亡を控えて派遣された高句麗使節を迎えた
可能性がある。8世紀にはいると、金石本町遺跡では引き續き大型建物や
倉庫が整備され、東に隣接する畝田寺中遺跡でも建物群の造營がはじ
まっている。畝田寺中遺跡は金石本町遺跡に付隨した後背施設で、二つ
の遺跡が共に加賀郡津に含まれたと考えている。加賀郡津に最初に渤海
から來着した船は、730(天平二)年の第一次遣渤海使だった。「天平二年」
や「津司」などの墨書土器は、畝田寺中遺跡が彼らを受け入れる主要な施
設として使われたことを示唆している。

　金石本町遺跡と畝田寺中遺跡は、8世紀末頃から規模が縮小してい
る。この現象に合わせたように、畝田寺中遺跡の東に畝田ナベタ遺跡の
造營が始まっている。畝田ナベタ遺跡で建物群が最大規模になるのは9
世紀前半で、この時期は923(弘仁14)年に加賀郡と江沼郡が越前國から分
國されて加賀國が立國された頃に該当する。金石本町遺跡と畝田寺中遺
跡で見られたこの時期の規模縮小は、犀川水系の內水面水運と外洋を結
ぶ郡津本來の機能に再編されたことを示すものと思われる。加賀國の立國
に伴って、大野川河口に戶水C遺跡が加賀國府津として整備されてい

る。9世紀代に渡來する渤海使は加賀國府津に來着し、戶水Ｃ遺跡の後背地にある畝田ナベタ遺跡に滯在したものと思われる。畝田ナベタ遺跡では「畝」と墨書した土器が出土しており、遺跡の場所が「畝田村」に含まれていたことを推察できる。また、多數出土している「東館」「東○」などの墨書土器は、畝田ナベタ遺跡で活動した人々が西側を強く意識していた事を示唆している。畝田ナベタ遺跡の西側には畝田寺中遺跡があり8世紀末には規模縮小が進行していた。畝田ナベタ遺跡は、加賀郡津の中から渤海使の迎賓機能を移轉して加賀國府が設けた施設と思われる。西の施設から移轉してきた事を意識てして、「東館」と呼称していたのではないだろうか。

　戶水Ｃ遺跡でも、獸脚硯、越州窯靑磁の皿や壺、多量の綠釉土器な

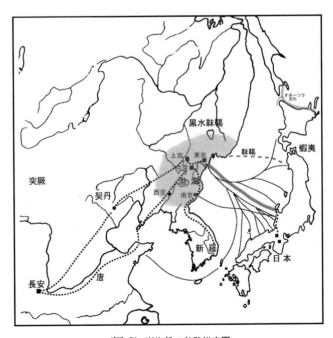

〈図 9〉渤海船の航路推定圖

ど周辺の遺跡に比べて上質の什器が出土しており、渤海使の迎接に伴う施設が置かれていたものと思われる。この遺跡の背後にある戸水大西遺跡では「西家」などの墨書土器が多量に出土しており、國府津である戸水C遺跡の西方に置かれた施設だったことを表している。

それでは、冒頭に述べた「便處」はどの遺跡に該当するのだろうか。827(天長4)年に但馬國(兵庫縣北部)に來着した渤海使に對して、朝廷は郡家に安置して食料を供給することを命じている。加賀に渡來した渤海使に對しても同樣に措置された可能性が高く、渤海使は郡家の關連施設に安置されたものと思われる。施設の便宜使用が、「便處」の由來ではないだろうか。おそらく、今回紹介した五ヶ所の遺跡は、全て渤海使の滯在した「便處」に關わる性格を持っていたと思われる。これらの遺跡の中でも、床張りの大型建物を造營し、渤海製帶金具や「蕃」墨書土器を出土した畝田ナベタ遺跡は、港の背後に置かれて「便處」機能を集約した性格をもっていたと考えている。

本稿を記すにあたり、(財)石川縣埋藏文化財センターと金澤市埋藏文化財センターから多くの敎示や配慮を受けた。記して謝意を表します。

### 〈표 1〉 渤海船 渡來地 일람표

| 地域 | 西部日本 | | | | | | | | | | 中部日本 | | | | | | 北日本 | | | | | 不明 | 合計 |
|---|---|---|---|---|---|---|---|---|---|---|---|---|---|---|---|---|---|---|---|---|---|---|---|
| 縣名 | 長崎 | 山口 | 島根 | | | 鳥取 | | 兵庫 | 京都 | 小計 | 福井 | | 石川 | | 富山 | 소계 | 新潟 | | 秋田 | 北海道 | 小計 | | |
| 舊國名 | 對馬 | 長門 | 石見 | 出雲 | 隱岐 | 佰耆 | 因幡 | 但馬 | 但後 | 小計 | 若狹 | 越前 | 加賀 | 能登 | 越中 | 소계 | 佐渡 | 越後 | 出羽 | 蝦夷 | 小計 | 不明 | 合計 |
| 8세기 | 1 | | | 1 | | | | | | 2 | | 2 | 2 | 1 | | 5 | 1 | | 3 | 2 | 6 | 0 | 13 |
| 9세기 | | 1 | | 1 | 3 | 2 | | 1 | | 8 | | | 3 | 2 | | 5 | | | | | 0 | 5 | 18 |
| 10세기 | | | | 1 | | | | | | 1 | 1 | | | | | 1 | | | | | 0 | 1 | 3 |
| 계 | 1 | 1 | 0 | 3 | 3 | 2 | 0 | 1 | 0 | 11 | 1 | 2 | 5 | 3 | 0 | 11 | 1 | 0 | 3 | 2 | 6 | 6 | 34 |

## 【參考文獻】

『金石本町遺跡Ⅰ-Ⅲ』, 金澤市敎育委員會, 1996年.

『金澤市畝田東遺跡群Ⅰ-Ⅵ』(畝田寺中遺跡), 石川縣敎育委員會·(財)石川縣埋藏
　　　　文化財センター, 2005年·2006年.

『金澤市畝田西遺跡群Ⅰ-Ⅳ』(畝田ナベタ遺跡他), 石川縣敎育委員會·(財)石川縣
　　　　埋藏文化財センター, 2005年·2006年.

『金澤市戶水C遺跡』, 石川縣立埋藏文化財センター, 1986年·1993年.

『戶水C遺跡·戶水C古墳群(第9·10次)』, 石川縣敎育委員會·(財)石川縣埋藏文化
　　　　財センター, 2000年.

『戶水C遺跡·戶水C古墳群(第11·12次)』, 石川縣敎育委員會·(財)石川縣埋藏文
　　　　化財センター, 2003年.

『戶水大西遺跡Ⅰ』, 金澤市敎育委員會, 2000年.

小嶋芳孝, 「渤海と日本列島の交流経路」(『日本史の研究206』, 山川出版社), 2004年.

# 渤海와 日本의 交流와 크라스키노 城

金恩國
(東北亞歷史財團)

## 1. 머리말 – 발해와 일본 교류 연구사

渤海는 건국 이후 멸망 전후 까지 日本과 다방면에 걸쳐 교류를 진행하였다. 특히 발해는 일본에 34차의 사신을 파견하였고, 또 일본 역시 발해에 13차에 달하는 사신 파견이 있었다. 발해와 일본의 교류는 발해 대외교류의 기록 범주에서 볼 때 여타 국가와 못지않은 교류 흔적을 확인할 수 있다.

그간 발해와 일본 관계사는 다양하게 다루어져 왔다. 이러한 성과 위에 이제는 양국 간 관계를 어떻게 볼 것인가 하는 접근법이 다양하게 모색되고 있다.

그 중에는 기존의 7세기에서 10세기 동아시아 연구는 唐나라를 중심으로 한 冊封 혹은 일본 중심의 정치질서의 논리에서 추진되어 왔다는 지적이 있다. 이런 비판의 중심에는 역시 발해의 건국이 있는 것이다. 발해의 실체를 인정하고 발해를 중심으로 한 동아시아 교류사 전개에 주목한 결과이다. 그러한 면에서 근대 일본 중심의 脫亞論에서 벗어난 해석이란 긍정적인 면도 있지만,[1] '唐-新羅', '渤海-日本' 이라는 양축의 국제질서 형성이라는 또 다른 도식을 낳은 한계 역시 간과할 수 없다.

발해와 일본의 관계사 규명에는, 양국이 처한 대내외적인 정세변화와 당과 신라, 발해 북방의 여러 민족들과의 역학관계 속에서 추구되어야 할 것이다. 동아시아의 전체 구조 속에서 발해와 일본 관계를 상호 유기적으로 파악하는 것이 바람직 할 것이다.[2] 사료를 통한 발해와 일본 교류의 中層的 이해 역시 참조가 된다. 양국 교류에 관한 일본 사료인『續日本紀』이하 五國史,『延喜式』같은 法制史料, 그리고 儀式書 등은 중요한 기록이다. 그러나 이들 속에 묘사된 발해는 일본 중심적 渤海觀이어서, 당시 복잡한 동아시아 정세나 대일외교의 구상 등은 결여되어 있다. 그런 면에서 來日 渤海使와 접대를 담당한 일본 문인 간 왕래한 시문들이 보다 객관적인 자료로 높이 평가될 수 있는 것이다.[3]

나아가, 일본과 발해, 발해와 일본이 처한 자국사의 특징에서도 양국 교류에 대한 접근은 다변화시킬 필요가 있겠다. 즉 대륙의 일원으로서, 수많은 왕조의 명멸을 거쳐 가는 동아시아 대륙 국가이며 한국사에서 마지막 북방 방파제로서 자임한 발해임을 고려한 연구의 추구가 필요할

---

1) 李成市,『東アジアの王權と交易』, 青木書店, 1997, 186~188쪽.
2) 朴眞淑,「渤海의 對日本外交 硏究」, 충남대 박사논문, 2001, 163~167쪽; 구난희,「발해와 일본의 관계」『발해의 역사와 문화』, 동북아역사재단, 2007, 149~165쪽; 한국역사교과서연구회・일본역사교육연구회,『한일 교류의 역사 (선사부터 현대까지)』, 혜안, 2007, 66~73쪽 참조.
3) 石井正敏,「『源氏物語』にみえる高麗人(こまうど)と渤海」,『高句麗硏究』第26輯, 高句麗硏究會, 2007, 169쪽.

것이다. 건국 후 얼마 안 되어 시작된 渤日 교류는 발해가 멸망한 직후, 그리고 멸망 이후에도 일본에 커다란 잔영이 되어 남아가게 된다.[4]

발일 교류는 발해가 리드하여 전개한 면이 강하다. 우선 對外交通路의 하나인 日本道를 설정하여, 그 교류 관문으로서, 東京 관할의 鹽州에 城을 축조하였던 것이다. 일본과의 입출항은 장기간에 걸쳐 다양한 방법으로 진행되었던 것을 알 수 있다. 개방된 발해의 海陸政策이 일본과의 교류를 필요로 했을 것이다.[5]

발해는 고구려를 계승하여 대규모 수군 함대와 선단을 가지고 해상활동을 적극 추진한 海東盛國의 이름으로 그 강대함을 주변 나라에 과시하며 해외에 적극 진출하였다. 발해의 使臣團은 육로와 해로를 통해 당과 일본 등지에 자주 내왕하면서 정치, 경제, 문화 등 여러 분야에서 교류를 활발히 전개하였다.[6] 발해와 일본 양 정부 간 왕래한 외교문서와 기타 기록에는 발해와 일본 양측이 모두 발해를 고구려를 계승한 나라라고 하였다.[7] 발해의 고구려 계승성은 최근 크라스키노 성 발굴 출토 木炭의 年代測定 결과는 그 실증적인 자료로 뒷받침할 수 있다.[8]

발해의 핵심적 외교 대상국은 唐과 日本 등이었다. 唐의 경우 약 214년 동안 152회의 사절을 파견하였고, 일본의 경우 약 192년간 34회의 사절을 파견하였다. 그리고 이런 사절의 왕래 과정에 중국에 보낸 외교문서가 최소한 3백여 건, 일본에 보낸 외교문서가 최소한 1백여 건 이

---

4) 발해 사신을 통해 전해 들은 '안록산'의 반란 소식, 동란국의 사신으로 온 '배구'에 대한 일본의 반응, 그리고 멸망 이후 발해를 고려로 표현하며 그 이전 고구려와의 연속성을 인식한 점 등이 그것이다. 石井正敏, 앞의 글 참조.

5) 金恩國, 「8~10세기 동아시아 속의 발해 교통로」, 『韓國史學報』 24, 高麗史學會, 2006 참조.

6) 리대희, 「발해의 대일 교통로인 일본도」, 『력사과학』, 1990-4, 55~58쪽.

7) 黃渭周, 「발해 외교문서의 실상과 그 문체적 특징」, 『大東漢文學』 第26輯, 2007.

8) 이 글의 4. 크라스키노(鹽州) 城 참조.

상 작성되었으리라 추정되었다. 발해의 외교문서는 실용성에 기초하고
있었던 만큼 문예 문으로서는 한계가 있었다, 각 문서마다 엄정한 형식
이 있어서 독창적 結構를 구사하기 어려웠고, 각종 수식어와 고유명사
가 큰 비중을 차지하여 참신하고 새로운 표현법을 구사하는데 제약이
있었기 때문이다, 그러나 이런 結構와 어휘상의 제약을 제외할 경우 발
해의 외교문서는 화려한 文飾 보다 질박하고 간명한 표현을 지향함으로
써 평이하면서도 품격 높은 문장이 되었다. 발해 외교문서의 가장 중요
한 문체적 특징은 바로 이런 점에 있다고 할 것이다.9) 이상과 같은 발
해와 일본 교류를 둘러싼 연구 추이를 중심으로 이 글에서는 두 가지
측면으로 접근하고자 한다. 먼저 일본과 발해 교통로의 존재, 그리고 그
발해 측 관문인 크라스키노 성의 위상을 다루어 보고자 한다. 이를 통
해 크라스키노 성이 발해에 있어 어떠한 의미가 있는지 재음미할 수 있
을 것이다.


## 2. 발해의 교통로

발해는 정치, 경제적인 사회 진전에 따라 빈번한 대외 무역 왕래가
발생하게 되었고, 이것이 발해의 교통의 발달을 촉진시켰다.10) 발해의
교통로에 대해서는 우선 문헌에서 언급한 5개의 교통로가 보인다. 압록
－조공도, 장령－영주도, 부여－거란도, 용원－일본도, 남해－신라도
등이 그것이다.11)

---

9) 黃渭周, 앞의 글, 233~234쪽.
10) 河上洋, 「渤海の交通路と五京」, 『史林』 72-6, 1989.
11) 王承禮 著・宋基豪 譯 『발해의 역사』, 한림대 아시아문화연구소, 107쪽.

## 1) 鴨淥－朝貢道

발해의 舊國, 上京龍泉府, 中京顯德府, 東京龍原府로부터 압록강을
지나 바다를 건너 登州에 이른 뒤, 당의 수도 長安으로 향하는 길이
다.[12] 최근 이 '朝貢道'라는 명칭에 대해, 당시 발해의 입장에서 보아
압록도로 불러야 한다는 의견도 있다. 조공도를 발해 입장에서 압록도
혹은 다른 이름으로 바꿔야 할 것이라는 지적은 발해사를 발해인을 중
심으로 보는 시각의 하나이다.[13]

이것은 '登州路(등주로)'라는 명칭 부여와 같이,[14] 발해의 교통로가
주변 국가와의 교류를 위해 설치한 것이기 때문이다.[15] '압록도' 혹은
'등주도'의 노정을 세분해 보면, 上京에서 長安에 이르는 陸路와 神州에
서 압록강 하구에 이르는 水路, 그리고 압록강 하구에서 등주로 이어지
는 海路였다.[16]

## 2) 南海－新羅道

발해의 남경남해부는 신라와 이웃하고 있었으니, 泥河(龍興江)을 경
계로 삼고 있었다. 『三國史記』(卷37 雜志6 地理4)에 인용된 賈耽의 『古
今郡國志』에,

"渤海國南海鴨　扶餘柵城四府, 是高句麗舊地也. 自新羅泉井郡至柵城府,
凡三十九驛"

12) 『新唐書』「北狄列傳」「渤海」條.
13) 한규철, 「韓國古代學會 2004년 秋季學術會議 討論 要旨」, 『先史와 古代』 21
(韓國古代學會), 2004, 94쪽.
14) 河上洋, 앞의 글, 251쪽.
15) 金恩國, 앞의 글, 384~385쪽.
16) 장국종, 『발해교통운수사』, 사회과학출판사, 평양, 2004, 16쪽.

이라 있다. 여기에서 '柵城府'는 東京龍原府(현재의 길림 훈춘 八連城)
이고, 신라의 '泉井郡'은 현재의 함경남도 德源이다. 발해가 신라로 가
기 위해서는 반드시 南海府를 경과하였으니, 동경용원부에서 천정군까
지 39개의 驛을 거쳤다. 남해ー신라도는 높은 산들이 이어지고 지세가
험하여 매우 험한 교통로라 할 것이다.[17] 이 신라도에도 역시 육로 이
외에 해로가 사용되었음은 동해안 일대의 발해유적 분포를 통해서 알
수 있는 바이다.[18]

이 길은 고구려 시대부터 이루어진 동해안 교통로로 발해시기 文王
후기에 신라 · 발해 간 상설 교류의 증거인 것이다. 또 발해 멸망 이후
에는 高麗가 거란과의 교류에서 지속적으로 활용하였던 길이기도 했다.
그러나 아직도 신라도를 발해와 신라의 갈등요소 부각 차원에서 언급하
는 논고가 보이곤 하여 이 길의 평가가 절하되곤 한다. 하지만 이 길은
발해가 신라와의 교류를 위해 설치한 교통로로 남북국시대의 양국간 소
통의 근거로 강조되어야 할 것이다.[19]

### 3) 長嶺ー營州道

營州(현재의 요령 朝陽)는, 唐의 平盧節度使가 주재하던 곳으로 唐이
주변 민족을 통제하던 대표적인 거점이었다. 698년 발해 건국의 기점이
이곳은 또한 당과의 교류 중심지이기도 했다. 발해 사신은 上京龍泉府
에서 구국을 거쳐 장령부로 길을 잡은 뒤, 현재의 樺甸, 輝南, 海龍을 지
나 蓋牟城, 新城(현재의 요령 撫順)에 이른다. 그 후 현재의 瀋陽, 黑山,
北鎭, 義縣(燕郡城)을 지나 營州에 도달한다.[20] 그리고 다시 영주에서

---

17) 王承禮 著 · 宋基豪 譯, 앞의 책, 109쪽.
18) 김종혁, 『동해안 일대의 발해유적에 대한 연구』, 중심, 2002 참조.
19) 김은국, 「신라도를 통해 본 발해와 신라 관계」, 『白山學報』 52, 白山學會,
    1999, 759쪽.
20) 『新唐書』 卷43 下 地理志 7 下.

당의 수도 장안을 향해 간다. 이 길은 육로로 장안과 직접 통하는 간선 도로이다. 그러한 의미에서 영주를 실크로드의 東端(동단) 출입구로 보는 시각도 있다.[21] 다만 거란, 돌궐 및 안사의 난으로 인하여 여러 번 차단되었기 때문에 그 때마다 발해와 당의 사신들은 '압록-조공도'를 이용하지 않을 수 없었다.[22]

### 4) 扶餘-契丹道

발해의 서쪽에 있었던 거란은 부여부와 경계를 접하고 있었다. 따라서 발해는 반드시 부여부를 거쳐 거란으로 가게 마련이었다. 부여부의 중심지는 현재의 農安이었다. 발해의 거란도는 대체로 상경용천부에서 출발하여 서쪽으로 張廣才嶺을 넘어 부여부에 이르고, 다시 현재의 長嶺, 通遼, 開魯, 天山을 지나 거란의 도성인 臨潢에 도달하였다.[23]

『新唐書』의 "부여 옛 땅을 부여부로 삼고 항상 기동력 있는 군사를 주둔시켜 거란을 방어하였다" 고 한 기록을 보면,[24] 이곳이 발해의 서쪽 경계이자 전략 요충지임을 알 수 있다. 거란이 925년 발해에 대해 총 공세를 전개할 때, 기록상의 첫 격전지였고, 거란은 바로 이 전략적 거점을 확보함으로써 발해를 짧은 시간 안에 멸망시킬 수 있었다. 물론 그 이면에는 919~925년 사이에 거란이 遼東(요동) 지역을 세력 하에 넣음으로 해서 가능하였던 것이다.[25]

---

21) 정수일, 「실크로드의 개념과 그 확대」, 『실크로드의 삶과 종교』, 사계절, 2006, 24~26쪽.

22) 王承禮 著·宋基豪 譯, 앞의 책, 109~110쪽 및 金鎭光, 「발해 건국초기의 강역- 營州道를 중심으로-」『先史와 古代』21, 韓國古代學會, 2004, 5~26쪽 ; 『발해 문왕대의 지배제제 연구』(韓國學中央研究院 박시논문, 2007) 참조.

23) 王承禮 송기호 역, 위의 책, 110쪽.

24) 『新唐書』 卷43, 地理志 下.

25) 김은국, 「발해 말기와 멸망」, 『발해의 역사와 문화』, 동북아역사재단, 2007,

### 5) 龍原 - 日本道

발해가 일본으로 가는 교통로인데, 육로와 해로의 두 부분으로 나눌 수 있다. 육로로는 다시 전기(698~755년)와 후기(755~926년)의 경우로 나눌 수 있다. 전기에는 구국(오동성)에서 출발하여 和龍, 延吉을 거쳐 훈춘에 도달한 다음 바다고 나갔다. 후기는 文王(大欽茂)이 755년 도읍을 上京으로 옮겼고 785~793년에 東京으로 도읍을 옮겼으며, 794년에는 成王(大華璵)이 도읍을 上京으로 또 다시 옮긴 시기이다. 이 시기에는 상경용천부에서 출발하여 현재의 汪淸, 圖們을 경과한 뒤 훈춘으로 들어가 동경용원부에 도달하였다.26)

용원부는 발해 사신이 일본으로 떠나는 기지였다. 용원부에서 출발하여 동남으로 가다가 포시에트灣의 크라스키노(kraskino)에 도달하게 되는데,27) 이곳은 발해 시기에 鹽州가 있던 곳이다. 이곳으로부터 배를 타고 돛을 올려 바다로 나가, 동남쪽으로 동해를 건너 일본 本州의 越前, 能登, 加賀(현재의 일본 福井, 石川)에 도달하였다. 이 길은 발해와 일본을 왕래하는 비교적 가까운 항로였다. 그 다음은 한반도 동남해안을 따라 남쪽으로 가다가 일본의 筑紫(현재의 일본 北九州)에 이르는 길이 있다.28) 龍原 - 日本道는 발해와 일본뿐만 아니라, 唐과 日本을 연결하는 역할도 하였다.29)

발해에서 일본으로 갈 때는 먼저 함북 북청 지역에 있던 南京으로

---

104~106쪽.

26) 金毓黻, 『渤海國志長篇』 卷14 地理考 ; 王俠, 「唐代渤海人出訪日本的港口和航線」 『海交史硏究』, 1981-3 : 王承禮·劉振華 主編, 『渤海的歷史与文化』, 延邊人民出版社, 1991.

27) 샤브꾸노프, 「연해주의 발해 문화 유적」 『발해국과 연해주의 발해 문화 유적』(레닌그라드, 크라스키노 古城條 참조), 1968 ; 송기호 역, 「연해주의 발해 문화 유적」 『백산학보』 30·31 合, 1985.

28) 金毓黻, 『渤海國志長篇』 권14 지리고 및 王俠, 앞의 글(1981: 1991).

29) 王承禮 송기호 역, 앞의 책, 110~111쪽.

이동한 뒤 南海府의 外港인 吐號浦(鏡城)에서 동해를 건너 들어갔다. 일
본으로 들어가는 관문은 두 곳이 있었다. 하나는 京都에 가까운 敦賀(돈
하)에 상륙하여 松院館에서 입국 허가를 받은 뒤 육로로 入京하는 北路
였고, 다른 하나는 남쪽 筑紫道(축자도:九州)에 상륙하여 太宰府에서 입
국 허가를 받은 뒤 다시 內海의 동쪽으로 이동하여 難波를 거쳐 入京하
는 南路였다.[30]

## 3. 日本道

이상의 교통로 중 日本道에 대한 연구는 다양하게 전개되고 있다.
東海를 통해서 발해 제2대 武王 大武藝 이후 건너간 발해사절의 항해
루트를 통해 주목하고 있다.[31] 아울러 5개 교통로 서술 중 日本道가 제
일 먼저 놓여있음도 강조한다. 이 일본도에 대한 연구는 稻葉岩吉이 일
본도와 포시에트灣을 연결시킨 최초의 논고로 보인다.[32] 그리고 현재와
같이 크라스키노 토성이 같이 일본도와 함께 언급되는 것은 크라스키노
토성에 대한 러시아측의 조사 시기와 연결된다. 1950년대부터 샤프쿠노
프 박사등 러시아 연구자의 활동 결과, 1960년대에 세상에 알려지게 되
었다. 이에 샤브꾸노프 박사가 1968년에 출간한『발해국과 연해주의 유
적 및 그 문화』(1968) 중에서 이 고성을 발해국의 鹽州라고 밝힌 것이
다. 이후, 王俠은 일본으로의 사자가 상경으로부터 동경을 거쳐 일본에
이르는 경로에 대해서 언급하면서 크라스키노 성을 다루었다.[33] 田村晃

---

30) 黃渭周, 앞의 글 참조.
31) 田村晃一,「古代國家渤海と日本の交流に關する考古學的調査」(平成8年度－平
　　成10年度科學硏究費補助金(海外學術調査)硏究成果報告書, 1999) 第6章＜日
　　本道とクラスキノ土城＞ 참조.
32) 稻葉岩吉,『滿洲發達史』, 大阪屋書店, 1915.

一의 경우, 1990년대 초 무렵, 크라스키노 토성에 대한 다양한 정보를 알게 되었는데, 크라스키노 土城을 東西로 橫斷하여 중국과 연결하는 길을 추적하여, 이 道路의 국경 부근 상황을 좀 관찰할 수 있었다. 그 결과 발해 使節이 통과하는 도로를 설치하기 어울리는 지형이라고 파악하였다.34) 한편, 馬一虹은 이상의 교통로를 국가통제와의 연계 속에서 다루고 있다. 우선 동아시아의 9세기는, 교역 중심의 시대로 강한 이미지를 주었다고 전제하면서, 지금까지 연구가 9세기 交易을 중심으로 하는 국제관계 등의 많은 연구가 있지만, 대개 唐·新羅와 日本의 삼국간의 관계에만 치우쳤다고 보았다. 곧, 820년대 이래 끊임없이 교류가 이어져 온 발해의 관계는, 거의 주목되지 못했다면서, 발해 역시 唐·日·羅 라는 동아시아 世界의 交流圈 속에서 언급되어야 함을 강조하였다.35) 근년, 河上洋을 비롯한 연구에 의해, 5경이 발해의 國內支配 및 對外交通(交易)과 관련하는 중요거점이었음이 밝혀졌다.36) 다음으로, 발해가 교통로와 더불어 유통한 교역에 대한 연구를 보면, 크게 교통사연구와 교역사연구로 나눌 수 있다. 근래 일본학계가 보는 발해의 대외교류 인식은, 첫째는 일본 중심으로 시각이고, 둘째는 당시 신라와의 대립적 인식 틀이 많이 보이고 있다. 특히 일본과 발해 관계 연구는 다양하게 연구가 진행되고 있다. 酒寄雅志는 일본 발해의 교섭사연구 시각으로 아시아 여러 나라와의 폭넓은 관계에서 설정하였다. 그는 8세기 중엽의 발해와 신라의 대립 관계를 분석하는데 있어서 일본에 파견된 발해사신의 帶官을 통해서 논증하였다.37) 또 古畑徹은 발해와 신라의

---

33) 王俠, 앞의 글(1981: 1991).

34) 田村晃一, 앞의 글, 1999, 35~36쪽.

35) 馬一虹, 「渤海と古代東アジア」(國學院大學大學院 博士學位論文, 1999), 165쪽.

36) 河上洋, 「渤海の交通路と五京」『史林』 72-6, 1989.

37) 石井正敏, 「初期日渤交涉における一問題-新羅征討計劃中止との關連をめぐって-」『史學論集對外關係と政治文化』 1, 1974 : 『日本渤海關係史の研究』, 吉川弘文館, 2001.

대립은 8세기 중엽에 국제적 대립을 야기하여, 발해와 일본의 통교개시
요인이기도 하였다고 한다.[38] 그리고 李成市는 『新唐書』 長人傳 기사를
소재로 삼아 발해와 신라가 沒交涉하였다고 보는 것이다.[39] 浜田耕策은
9세기 말의 발해와 신라의 당 조정에서의 쟁장사건에 대해 언급하였
고,[40] 酒寄雅志 역시 신라의 북변지역으로의 세력 확대가 발해와 일본
의 군사적 관계를 강화시켰다고 보고, 8세기이후 발해의 존립기를 시기
구분하여 각각의 단계의 주변 제족과의 국제관계를 다각적으로 검토하
였다.[41] 鈴木靖民 역시 『續日本紀』에 남겨진 일본으로부터 발해에 보낸
국서 분석을 통하여, 발해와 신라에 대한 의식의 차이를 지적하였다.[42]
또 하나는 航路 및 그것과 관련된 交涉史 硏究이다. 上田雄은 東京龍原
府와 北陸 以東, 南京南海府와 山陰·北陸 이라는 동해 횡단의 2개의
루―트 존재를 상정하였다.[43] 또 최근에는 陶磁器 交易을 둘러싼 고대
동아시아 교역 사이클의 존재, 특히 발해의 원거리 교역이라는 측면에
서 渤海史의 一面을 밝히는 연구가 활발해져 가고 있다. 러시아를 비롯
하여 中國에서, 渤海 그리고 女眞 유적을 발굴하고 있어, 그 주요유적과
출토품의 中國陶磁를 포함한 도자기에 대해서, E. I. Gelman, 龜井明德
등의 연구를 들 수 있다. 이상과 같이, 대외교역의 실상과 교역품의 유
통 구조 해명에는 단순한 문헌만 아니라 고고학 발굴 자료의 활용과 분

38) 古畑徹, 「日渤交渉開始期の東アジア情勢―渤海對日通交開始要因の再檢討―」
    『朝鮮史硏究會論文集』 23, 1986.
39) 李成市, 「八世紀新羅·渤海關係の一視角―新唐書新羅傳長人記事の再檢討―」
    『國學院雜誌』 92-4, 1991 : 『古代東アジアの民族と國家』, 岩波書店, 1998.
40) 浜田耕策, 「唐朝における渤海と新羅の爭長事件」 『古代東アジア史論集』(下),
    吉川弘文館, 1978.
41) 酒寄雅志, 「八世紀における日本の外交と東アジアの情勢―渤海との關係を中心
    として―」 『國史學』 103, 1977 : 『渤海と古代の日本』, 校倉書房, 2001.
42) 鈴木靖民, 「奈良時代における外交意識―『續日本紀』朝鮮關係記事の檢討―」
    『日本史籍論集』(上), 吉川弘文館, 1969.
43) 上田 雄, 『渤海使の研究―日本海を渡った使節たちの軌跡―』, 明石書店, 2002.

석이 강조되고 있는 추세이다.44) 최근 발해 유적에 대한 중국, 러시아, 북한, 일본 내의 발굴, 정비가 활발해지고 있으므로, 관련 자료의 신속한 공개와 학문적인 접근을 기대한다. 발해의 다양한 교통로는 동아시아의 교통로와의 연계 속에서 다루어져야 그 존재의 의미를 배가시킬 수 있을 것이다.

## 4. 크라스키노(鹽州)城

『신당서』발해전에 역시, 「龍原은, 東南으로 바다에 접하니, 日本道이다」에서, 용원은 발해의 동경용원부를 지칭하는 것으로, 지금의 훈춘(琿春) 팔련성(八連城)인데, 그 동남은 동해이다. 일본도는 상경에서 출발하여 용원부를 거쳐, 그 동남 항구 鹽州(지금의 러시아 연해주 크라스키노에 있는 고성)에서 동해를 거쳐 일본에 가는 루트이다.

일본에서도 20세기 초 이곳의 탐사 이후, 東京 소재지에 대한 다양한 견해가 제출되었고, 대체로 '훈춘'으로 귀결되었다.45) 훈춘 팔련성으로부터 장령자 산맥을 넘어 현재 러시아 국경 안으로 들어가, 거기에서 포시에트 만의 北岸에 있는 크라스키노(鹽州)에 도달하고, 여기에서 일본으로 갔다. 일본에 도착하는 항로는 남쪽 노선으로 일본 九州의 북단인 筑紫(현재 일본 九州 福岡)에 도착한다. 이 항로는 일본이 발해 사자에게 허가한 항로이다. 또 하나는 북쪽 노선으로, 발해 사신들이 제일 선호한 루트로, 일본의 出羽(현재의 秋田縣), 越前, 加賀, 能登(현재의 石川縣) 등지에 도착하였다.46)

---

44) 이에 대한 최근 일본 학계의 연구성과는 <特集・北東アジアの中世考古學>, 『アジア遊學』No.107, 勉誠出版, 2008, 4~159쪽 참조.
45) 도리이류조 지음, 최석영 역주, 『인류학자와 일본의 식민지 통치』, 서경문화사, 2007, 337~228쪽.

일본학계에서는 일본 내의 일본도 관련 유적들과 함께 일본도 연구에 적극적인 모습을 보여준다.[47] 최근 연해주 특히 크라스키노 성터 발굴 결과의 다양한 활용 이 방면 연구에서 역시 주목해야 할 과제이다.[48] 앞으로도 계속 이어질 이곳에서의 발굴과 그 성과는, 지금까지 그래왔듯이 향후 발해사연구에도 더 큰 자료가 될 것이다.

특히 중국에 있는 발해 유적지에 대한 접근성이 원활하지 못한 가운데, 연해주 지역의 발해유적지 발굴과 조사는 비교적 꾸준히 이어지고 있음도 유의할 필요가 있다. 특히, 2004년도에는 기와벽실 유구를 발굴하였고,[49] 기와벽실 유구에서 출토된 목탄의 연대측정결과 840 A.D. 절대연대가 나왔다.[50]

또 2005년 발굴결과, 크라스키노 성 북서부 지역에서 온돌 유구가 출토되었는바, 이 온돌 시설은 지금까지 발굴된 발해 온돌 시설 중 가장 큰 규모를 취하고 있다. 특히 발굴 유적지의 입지 성격이, 성내에서도 가장 높은 북서지구라는 점을 함께 고려해야 한다. 지금까지 크라스키노 성의 발굴결과를 보면, 사원지, 주거지, 묘, 와요지, 제철 추정지등이 확인되고 있다. 그리고 다른 성내 지역과 달리 주변을 조망할 수 있

---

46) 王俠, 앞의 논문 참조.

47) 여기에 대해서는 김은국, 「8~10세기 동아시아 속의 발해 교통로」, 앞의 책, 2006 참조.

48) 고구려연구재단이 2004년과 2005년에 걸쳐 러시아 연해주 남단에 위치한 크라스키노 발해 성터유적을 발굴한 결과에 따르면, 발해 중기 이후 멸망을 전후하여 크라스키노 성의 위상이 매우 컸음을 보여준다. 고구려연구재단, 『2005 크라스키노 발해성터 발굴보고서』 2006 ; 『2004년도 러시아 연해주 발해유적 발굴보고서』, 2005 ; 『러시아 연해주 크라스키노 발해사원지 발굴보고서』 2004.

49) 고구려연구재단, 앞의 책, 2005.

50) 서울대 기초과학공동기기원 AMS (AMS-2 0041019151417; 2005.6). 크라스키노 성터 기와벽실유구에서 출토한 목탄의 방사성탄소연대(BP) 측정값은 1180±50이었고, 보정작업에 의한 연대눈금맞춤결과(Calibrated Ages)가 840A.D.로 나왔다.

는 높은 지역이므로, 북서지구는 성내에서 핵심 지역으로 주목받아 온 곳이다. 이곳에 온돌 시설인 고래를 설치한 주거지의 확인은 바로 크라스키노 성의 위상을 강조하기 충분한 것이다. 러시아의 발굴단 역시, 이 성의 존재와 의미에 대해 주목을 해 오고 있다.[51] 2007년도 크라스키노 성 발굴은 동북아역사재단에서 승계하여 2007년 8월 한달 간 추진하였다. 이번의 발굴 중 37구역은 2005~6년도 발굴 결과 주초석(16개)노출 구역에서 동쪽으로 확장하여 발굴하였는데, 기존에 확인된 3층의 발해 건축층 구조를 재확인하였고, 각 층의 수혈 주거를 확인할 수 있었으며 '主'字 명문을 바닥에 시문한 토기, 대형 壺, 병형 토기, 冥器, 각종 화살 촉 등이 출토되었다.

34구역은 2005년 최대의 발해온돌 유적이 노출된 곳이다. 이번에는 기존 발굴 지역의 심화 발굴로 생토층까지 발굴 예정이었으나 역시 태풍에 의한 강한 비로 다음 발굴로 지연되고 말았다. 그러나 2007년의 경우 처음으로 크라스키노 성터에서 제5문화층이 드러났으며, 이 문화층에서 제6주거지 유구가 드러났으며, 그 밑으로 주거지가 중첩되어 매장되어 있음을 확인할 수 있었다. 이는 鹽州성의 주거지는 일시적인 거주가 아니라, 시대를 달리하며 중첩되어 설치되어 있음 확인한 것이다. 다시 말하면 기존의 주거 시설을 활용하여 재구축하였음을 알려주는 것이다. 주요 유물로는 주거지 및 도로 유구 정리 과정에서 각종 유물을 출토하였다. 이 두 구역의 발굴은 비록 강한 비와 태풍으로 인해 계획한 바의 발굴은 어려웠지만, 유구 속에서 수습한 목탄의 연대측정 결과는 그 공백을 메워주는 중요한 것으로 평가할 수 있다. 서울대 기초과

---

51) V.I.Boldin, 「크라스키노 성지 발굴의 과제」(논문, 일문), 『Movement in Medieval North East Asia─people material goods technology─』 Vol.3(Far Eastern Division of the Russian Academy of Science), Vladivostok, International Symposium, 2005, pp.7~8 ; V.I.Boldin, 「크라스키노 성터 발굴 보고서」(고구려연구재단, 앞의 책), 2005, pp.22~47 참조.

학공동기기원 AMS 측정에 대한 결과(SNU07-R093, 094, 095, 096; 2007.10)에 의하면, 34 구역에서는 두 시료를 통해 제5문화층은 640 A.D., 제6주거지는 740 A.D로 나타났다. 또 37구역 역시 두 시료에서 제12분층의 연대가 680A.D.와 690 A.D.로 나왔다. 이는 '연대눈금맞춤 결과' 였다. 이러한 발굴은 러시아측의 전자기탐사에 의한 측정과 발굴에 의한 검증 결과 심화 발굴한 것으로 이번의 AMS 기기에 의한 연대 측정결과는 이를 뒷받침하여 주며, 크라스키노 성 발굴사에서 또 하나의 획을 긋는 중요한 성과를 보여주는 것이다.

이는 1994년 7~8월에 걸쳐 이루어진 크라스키노 사원지 발굴시 출토된 목재 측정결과 보다 올라가는 연대로 주목된다.[52] 이는 크라스키노 성의 사용시기가 적어도 7세기 대로 해석할 수 있는 것이기도 하다. 이 분석결과는 앞으로 다양한 해석이 요구되지만, 일단, 고구려와 발해의 연속성을 상징하는 연대일 것이다. 즉, 고구려가 멸망한 뒤에도 고구려 유민들에 의해 이 성이 유지되었으며, 이후, 발해의 발전 과정에서 크라스키노를 비롯한 연해주 일대를 영역화한 것을 설정할 수 있다. 고구려 문화적 요소를 통해 발해의 고구려계승성을 입증하려는 시도에도 이러한 측정치는 결정적인 뒷받침을 해 주는 것이라 볼 수 있다. 체르냐치노 고분군에 대한 연대 측정은 이 연대를 이해하는데 참고가 된다. 체르냐치노-5 고분 유적에 대한 방사성탄소연대 측정은 2003~2004년도의 것을 보면, 2003년도의 경우 46호 무덤과 50호 무덤은 각각 A.D. 830과 A.D. 840년으로서 발해시대에 해당된다. 또 2004년도에 행한 10건의 결과는 71호 무덤의 A.D. 840을 제외하고는 모두 말갈시대에 해당된다. 출토유물을 보면 46호 무덤, 50호 무덤, 71호 무덤에서는 모두 말갈과 발해의 토기가 공반 출토되는 양상을 보여준다. 이외에도 60호 무덤에서는 A.D. 630년, 690년경 등으로 말갈시대 최말기 혹은 발해시

---

52) 『러시아 연해주 크라스키노 발해사원지 발굴보고서』(2004) 참조.

대 초기를 나타내고 있다.[53)]

이번의 분석결과는 지금까지의 크라스키노 성 발굴관련 연대보다 오래된 결과로, 이는 이 성이 고구려 시기부터 사용되었음을 말해주는 결정적인 자료로 평가할 수 있다.[54)]


## 5. 맺음말


이상 일본과 발해, 발해와 일본의 교류를 교통로와 크라스키노 성을 중심으로 살펴 보았다. 이를 토대로 여기서는 크라스키노 성 발굴을 중심으로 성과를 정리하고 제언을 하는 것으로 맺음말을 대신하고자 한다. 지금부터 한 밀레니엄 전까지 발해는 남쪽으로는 신라, 서쪽으로는 당, 북쪽으로는 흑룡강을 포함한 연해주 북방, 그리고 동쪽으로는 동해를 건너 일본까지 교류를 하였던 해동성국으로 구가하였다. 그러한 발해의 위상을 잘 살필 수 있는 곳 중의 하나가 크라스키노 성이다.

크라스키노 발굴에 북녘을 포함한 한국뿐만 아니라, 일본과 중국에서도 남다른 관심을 보이고 있다. 일본의 경우, 발해와 일본과 교류사에 일찍이 주목하여 발굴을 진행해왔으며, 주로 크라스키노 성의 동쪽 문을 발굴 조사하여 왔다. 특히 중국은 동북공정의 연장선에서 이 성의 발굴에 참여하기 위해 러시아학자들과 교감을 쌓아가려 하고 있으니, 크라스키노 성은 발해를 통해 다시 형성된 동아시아 발해사의 보고인

53) 이상의 결과에 대해서는『연해주 체르냐찌노 5 발해고분군 Ⅰ·Ⅱ』, 한국전통문화학교 외, 2005, 2006 ; 정석배·Yu.G. Nikitin,「체르냐찌노 5 발해고분군의 고분유형과 출토유물」『高句麗研究』26輯, 高句麗研究會, 2007, 71~72쪽 참조.
54) 2007년도 동북아역사재단의 크라스키노 성 발굴에 대한 종합적 정리는『2007년 러시아 연해주 염주성 발굴보고서』, 동북아역사재단, 2008 (출간 예정) 참조.

것이다.

1993년 한국이 러시아와 공동으로 시작하였으며, 2004년 이후 다시 본격화된 크라스키노 성의 발굴은 성내에서 기와로 공간을 만든 벽실 유구와 그 속에서 다양한 발해유물 발굴이 그 전제가 되었다. AMS 분석한 결과 목탄의 연대측정 결과는 A.D.840년이라는 오랜만의 발해 유적의 절대 연대를 얻어내었고, 2007년 발굴에서는 연대가 7세기로 올라가는 문화층과 주거지 정보를 확보하였다. 이 유구를 통하여 이젠 발해 이전의 고구려 계승성과 일본과의 교류를 상징적으로 알려 주는 해동성국 시기의 역사를 대변하여 주었다. 2005년의 연해주 최대의 온돌 유구 이후 심화 발굴을 통해 2007년 현재 성의 북서부 지구의 다양한 문화상을 상정할 수 있게 되었다.

여기서 이젠 '크라스키노 城'의 명칭을 再考해 보고자 한다. 현재 러시아 명칭인 '크라스키노(kraskino)'란 '크라스킨'이라는 러시아 장군의 이름을 따서 붙여졌다고 한다. 그러나 이곳의 발해시대 명칭은 62개의 주 가운데 하나인 鹽州인 것이다. 鹽州 마을이라 부르는 것이 더 정겹다. 멀리 동해로 나가는 灣은 탐험이라는 의미를 지닌 '엑스페지치아 灣'이다. 그러나 크라스키노의 발해시대 이름은 鹽州이니, 鹽州灣이라 부르는 것이 어떨까 제안한다. 바로 앞 鹽州城을 통해 나가는 바다의 길은, 신라와 일본으로 가는 신라도와 일본도의 간이역이다. 또 두 갈래 중의 동쪽 길은 자루비노, 슬라비양카, 그리고 블라디보스톡으로 갈 수 있으니, 이 길은 현재 연해주를 남에서 북으로 연결해 주는 동맥로의 출발이다. 발해시기에도 있었을 또 하나의 발해 대로이기도 하다.

그야말로 현재의 크라스키노(옛 鹽州)는 교통발달의 요지임을 다시 확인하였다. 이곳에 있는 성은 앞에서 들었듯이 남북한, 러시아, 일본, 그리고 중국의 발굴 각축장이 되어 있다. 잊혀진 발해가 되기 전에 기억하고 간직할 수 있는 우리 손에 의한 북방박물관이라도 건립할 때가 아닌가 싶다. 마치 鹽州城과 上京城 그리고 북한에 남은 청해토성까지 간접적으로 체험할 수 있도록 발해사 연구 네트워크의 구축이 필요한 시기이다.

〈토론문〉

# 「渤海와 日本의 交流와 크라스키노城」에 대한 토론문

박진숙
(국가기록원)


　선생님께서는 동아시아에서 발해가 차지하는 위상을 200여 년간 이루어진 발해와 일본의 교류, 특히 '교통로'에 착안하여 논지를 전개하고 계시고, 이와 관련한 논고도 최근 발표된 바 있습니다. 교통로는 평소 발해와 일본과의 교역형태에 관심을 가져온 저로서도 매우 흥미로운 주제이기도 합니다. 발일교통로는 일찍이 일본학자들에 의해 거론된 주제였지만, 이는 단지 교통로의 존재에서 그치는 것이 아니라 이는 다변하는 동아시아 속에서 일본과의 외교에서 발해가 의도하는 외교목적과 그를 위한 물리적인 행위가 어떠한 형태로 점철되어 왔는가 하는 문제와 서로 유기적인 관계속에서 검토되어져야 할 것입니다. 그런 측면에서 선생님께서 주목하고 계신 발해의 '日本道'는 200년간 이루어진 양국간 외교의 추이를 살피는 대표적인 구도가 될 것으로 생각됩니다. 다만 여기에서는 전체적인 논지와 관련한 몇 가지 질문을 중심으로 토론을 대신하고자 합니다.

## 1. 발해의 대일외교 리드

171쪽에서 "발일교류는 발해가 리드하여 전개하는 면이 강하다. 우선 대외교통로의 하나인 일본도를 설정하여 그 교류 관문으로서 동경 관할의 염주에 성을 축조하였던 것이다. 일본과의 일출항은 장기간에 걸쳐 다양한 방법으로 진행된 것을 알수 있다. 개방된 발해의 해류정책이 일본과의 교류를 필요로 했을 것이다."라고 언급하고 계신데, 성의 축조를 근거로 일본과의 외교에서 발해가 리드하였다고 하는 '리드'의 의미는 무엇이며, 개방된 발해의 해류정책이란 구체적으로 어떠한 것인지 궁금하다.

## 2. 발해의 對日入國航路 변경

173쪽에서 발해의 대일본 관문이 北路와 南路 두 곳이라고 언급하고 계신데, 발해의 대일입국항로가 본래 두 가래로 운영되었던 것인지, 아니면 도중에 입국항로에 변화가 생긴 것인지, 후자라면 그 이유는 어디에 있는 것인지 궁금하다. 뿐만 아니라 그 당시 일본의 대발해정책이 주변국가인 신라와의 관계 속에서 고려된 것은 아닌지 알고 싶다.

## 3. 9세기 중반 연해주일대의 발해유적과 지방제도정비

175쪽에서 기술하고 있듯이 최근 연해주 일대의 발해유적지에서 발굴된 기와벽실 유구의 절대연대가 840년이라는 사실은, 적어도 이 무렵

발해의 활동범위가 여기까지 미쳤다는 것을 단적으로 증명해주고 있다. 그런데 공교롭게도 이 시기는 대외활동이 왕성했던 해동성국기의 宣王 代 혹은 大彝震代로 9세기 중반의 발해의 영역확대 내지는 정비와도 밀접한 연관이 있다고 생각됩니다. 따라서 고고학적인 성과에 근거하여 동경용원부의 지방행정제도정비와 발일교류와의 상호관계를 검토하는 것도 필요하다고 생각됩니다.

4. 나아가 크라스키노성의 사용시기를 7세기대로 추정하여 고구려가 멸망한 후에 고구려유민들에 의해 관리·유지되었으며, 특히 체르냐치노-5고분 유적에 대한 연대측정 결과 46호분과 50호분이 각각 발해시대의 830대와 840년대에 해당하고 말갈시대의 것도 발견된다고 기술하고 계십니다. 그런데 여기에서 말하는 말갈시대는 구체적으로 언제를 가르키는 것인지 궁금합니다. 말갈시대와 발해시대의 서술은 시기적 편차에 의한 구분으로 발해시대에는 말갈이 없다는 오해의 소지가 있을 수 있기 때문입니다. 하지만 발해시대에도 엄연히 말갈적 요소가 발견되고 있고, 실제로 대일교역에도 말갈인이 다수 관여하고 있기 때문에 발해시대와 말갈시대를 차별하는 것은 적절하지 않다고 생각됩니다.

# 東北아시아 歷史紛爭 속의 渤海史의 位置

李成市

(早稻田大學文學學術院)

## 1. 머리말

보고자에게 주어진 주제는 「東北아시아 歷史紛爭 속의 渤海使의 位置」인데, 이 주제의 초점을 명확하게 하기 위해서 몇 개인가의 제한을 설정해 두고 싶다. 우선 제목인 「東北아시아 歷史紛爭 속의 渤海使의 位置」에 대해서 파악하고 나서, 거의 동일한 과제라 생각되는 宋基豪씨의 최근 저작 『동아시아의 역사분쟁』[1]을 참조해 두도록 하겠다. 본서는 동아시아 역사분쟁의 극복을 목표로 대학교양과목의 교재로서 제작되어 독자가 검토과제를 단순화 하지 않고, 다각적으로 사고할 수 있도록 많은 참고자료를 全編에 수록하는 등 저자의 상당한 배려가 엿보이고

---

[1] 宋基豪, 『동아시아의 역사분쟁』(솔출판사, 2007).

있다. 그 제1장에서는 「민족주의와 역사교육」이 동아시아 제국의 현상
에 입각해서 논해지고 있으며, 장을 정리하는 마지막 말은 다음과 같이
총괄되고 있다.

> 비록 강도의 차이는 있지만, 남북한 모두 민족주의적 색채를 강하게 띠고
> 있다는 것은 부정할 수 없다. 그러한 민족주의적인 역사 인식은 일본의 극
> 우적 역사 인식이나 중국의 사회주의적 애국주의 역사인식과 서로 부딪칠
> 때, 상호간 분쟁을 일으킬 뿐만이 아니라, 결코 해결책을 가져올 수는 없을
> 것이다. 이러한 점에서 21세기 초두에 서있는 우리들은 스스로 역사 인식을
> 어떻게 바꾸어 가야할지 고뇌하지 않으면 안 된다. 20세기식의 민족주의 역
> 사학은 그 역사적 임무를 완수하였고, 지금은 세계 10위권 국가에 상응한
> 새로운 역사학이 필요한 때이다.[2]

즉, 동북아시아 제국간의 역사분쟁은 각국의 민족주의적인 역사학에
유래하고 있어, 그 극복에는 새로운 역사학이 요구된다는 것이다. 그렇
다면, '동북아시아의 역사분쟁'에 대해 임해야 할 과제는 송기호씨가 말
하는 '20세기식의 민족주의 역사학'의 갈등을 극복하는 역사학, 역사
교육으로의 전환이라고 하는 문제가 될 것이다.

주지한 바와 같이 발해사 연구는 동북아시아의 각국에서 특색 있는
연구가 이루어져 왔다.[3] 굳이 그 특색을 표현하면 '발해사의 배타적 점
유'로의 추구라고도 말할 수 있겠다.[4] 그러한 발해사 인식에는 각국이
안고 있는 현실적인 과제가 투영되어 스며들고 있을 뿐만 아니라, 이
지역 역사연구의 본질적인 문제가 발해사 인식에 응축되어 있다. 따라
서 「東北아시아 歷史紛爭 속의 渤海使의 位置」를 고찰하여 연구한다는

---

2) 상동, 44쪽.
3) 李成市, 「渤海史研究における國家と民族-「南北國時代」論の檢討を中心に」
(『朝鮮史研究會論文集』 25, 1988) 참조.
4) 李成市, 「東北アジア境界領域の歷史認識-渤海史の排他的占有をめぐって」(林
志弦編, 『近代の境界-歷史の辺境』, 서울: Humanist, 2004).

것은 발해사에 입각해서 동북아시아에서 전개되고 있는 역사인식의 문제점을 들추어내어 검토하는 작업과 다름없을 것이다.

그런데, 송기호씨는 「동아시아의 역사분쟁」의 과제에 임할 때에 주로 한국, 북한, 일본, 중국의 역사인식을 검토의 대상으로 삼고 있다. 때문에 본고의 '동북아시아' 또한, 이러한 나라들을 중심으로 논하는 것으로 하겠다.

본고는 상술한 바와 같은 시점에서 지금까지 발해사가 동북아시아 각국에서 어떠한 문맥으로 논해져 왔는지, 거기에는 어떠한 문제점이 있고, 그러한 문제는 어떠한 역사학의 방법에 따라 극복되어야할 것인가라고 하는 점을 검토해 보고 싶다. 송기호씨가 말하는 '20세기식의 민족주의 사학'을 극복하기 위해서는 철저하게 동북아시아에서의 20세기 역사학의 내력을 문제 삼지 않으면 안 된다고 생각하기 때문이다.


## 2. 남북한의 발해사 연구와 그 계보

한국·북한에서는 발해사의 역사적 성격을 규정하기에 즈음해 발해의 왕실 및 지배 집단을 고구려인이라고 단정하고, 그 왕조는 고구려의 계승자이며, 고구려의 부활, 재흥이라고 간주하고 있다. 발해의 혈통 자체와 그 문화는 오늘의 한(朝鮮)민족의 혈통과 문화적 전통의 중요한 구성요소가 되어 있다고 하며, 동시대에 발해의 남쪽에 위치한 신라와 함께 같은 민족에 의한 두 국가가 병립했던 시대라고 파악하고 있다. 이러한 인식을 전제로 한국에서는 이 시대를 '남북국시대'라고 호칭하고 있다.

일찍이 보고자는 1962년의 朴時亨씨의 「발해사 연구를 위해서」[5]를

5) 朴時亨, 「渤海史研究のために」(『歷史科學』, 1962-1, 1962年, 평양[原載], 『古

북한에서의 발해사 연구의 획기로서 평가하였는데, 그것을 한국에서
'남북국시대의 역사학'을 지향하는 연구자들이 받아들여 있어 남북에서
새로운 발해사 연구가 전개된 점을 강조했다. 나아가 북한 학계에서의
박시형 논문의 의의를 다음과 같이 개괄 했다.6)

즉, 박시형의 논문은 단지 발해사를 자국사로서 재차 중시하게 되었
다고 하는 점에 머무르지 않고, 자국사 민족 형성의 범위 그 자체를 뿌
리부터 뒤집는 것과 같은 의미를 갖고 있다. 적어도 그 이전에는 조선
민족은 시대를 거치는 과정에서 역사적으로 형성되었다고 간주되고 있
었다. 예를 들어, 북한에서는 種族 → 나로드노스치(準民族) → 나티아(民
族)라고 하는 레닌(Lenin)의 민족론을 전제로 '통일신라'가 근대에 성립
하는 나티아의 전단계로서 나로드노스치 성립의 계기로 간주되고 있었
다(『朝鮮通史』, 1956년).

요컨대 고구려·백제·신라의 삼국정립 상황에서부터 신라에 의해
삼국으로 통합됨으로써 근대에 성립되는 조선민족의 기초(準民族)가
이때에 쌓아올려졌다고 평가되고 있었던 것이다.7) 이러한 단계론적인
민족 형성사의 구상 하에서는 발해사가 비집고 들어갈 여지가 거의 없
었다.

그렇지만, 예를 들어 『朝鮮全史』(1979)에 "우리 인민은 예부터 하나
의 혈통을 가진 단일 민족이다."8)라고 하는 완전히 다른 민족관이 나타
나 있듯이, 박시형 논문은 이러한 민족관의 변경이 불가결했었던 것이

---

代朝鮮の基本問題』, 學生社, 1974[所收]).
6) 李成市, 「渤海史研究における國家と民族―「南北國時代」論の檢討を中心に」(앞
   의 논문).
7) 朝鮮科學院歷史研究所編, 『朝鮮通史(上卷)』(朴慶植譯, 未來社, 1962)에는 "7
   세기 중엽 신라의 삼국통일은 조선사의 발전에서 획기적인 사건이었다. 조
   선의 지역과 인민의 통일은 단일적인 朝鮮準民族(나로드노스치)의 급속한
   형성과 그 발전을 이끌었다."라고 하고 있다.
8) 社會科學院歷史研究所, 『朝鮮全史·2(古代編)』(평양, 1979), 155쪽.

며, 그러한 민족관이 없다면, 발해사를 조선사에 포함시키는 것이 곤란했다.

왜냐하면, 박시형씨가 발해사를 조선사 체계에 포함시킨 최대의 논거는 발해의 "혈통 자체와 문화는 오늘날 조선민족의 혈통과 문화적 전통의 중요한 구성요소가 되어 있다."고 말한 바와 같이 조선민족으로서의 동일성을 발해사에서 찾고 있었기 때문이다.

박시형씨에 의하면, 발해가 조선사에 포함되지 않으면 안 될 직접적인 이유로서 민족적으로도 발해는 고구려를 계승하고 있고, 더욱이 남쪽의 신라와 발해가 서로 동족으로서 간주하고 있었다는 것을 강조하고 있다. 즉, 동일민족으로서의 계승 관계가 중요한 논점이 되어 있는 것이다. 그렇다고 하면, 필연적으로 삼국시대 이전에 조선민족으로서의 동일성이 담보되지 않으면, 신라와 고구려·발해의 삼자의 관계는 묶을 방법이 없다. 민족적 동일성을 역사의 기원까지 거슬러 올라가게 한 것은 발해를 조선사 체계에 포함시키기 위한, 말하자면 논리적 필연이기도 했다.

북한에 약간 뒤늦기는 했지만, 신라와 발해가 한반도의 남북에서 병존했던 시대를 '남북국시대'라고 호칭하며 한국사 체계 속에서 명확하게 평가하는 한국에서는 예를 들어, 중학교의 역사 교과서에 "우리 민족은 본래 하나의 혈통으로 이어진 단일민족으로서 하나의 국가를 이루어 하나의 문화를 전개해 왔다."[9]라고 말하고 있듯이, 한국의 학계에서는 박시형 논문이 발표된 이후, 북한 학계와 같은 논리를 공유하고 있다는 것을 엿볼 수 있다. 발해사의 위치 설정은 한국·북한의 어느 쪽에서도 한국사(조선사)의 체계적인 이해를 근본적으로 동요시키게 되었던 것이다.

---

9) 國史編纂委員會·一種圖書研究開發委員會編, 『中學校 國史(下)』(서울: 教育部, 1997)의 최종 章「우리들이 가야할 길」.

이상은 박시형 논문이 가져온 史學史上의 의의를 개괄한 것이지만, 나아가 보고자는 박시형씨의 제기에 근거해 그 이후 남·북한 학계가 몰두해 온 발해사 연구의 추구 과제를 다음의 여섯 개의 논점으로 정리했던 적이 있다.[10)]

가장 첫째로 건국자 및 지배집단의 출신에 대해이다. 발해의 건국자 대조영이나, 지배집단이 고구려인이면, 발해는 고구려의 계승자국이며, 고구려 그 자체로서 건국자나 지배집단이 그 왕조의 성격을 결정짓는 가장 중요한 논거가 된다.

둘째, 발해 국내의 민족 구성과 그에 따른 지배민족의 역할에 대해서이다. 발해에 대해 일관해서 주체적인 역할을 담당한 것은 고구려계이며, 피지배 민족인 말갈제족에 대한 지배 본연의 자세도 고구려시대 이래, 바뀔 것은 없었다고 간주하고 있다. 주민 구성에서의 말갈족의 비율을 낮게 추측하거나 혹은 말갈족의 고구려화라고 하는 민족융합의 관점을 강조하는 경향이 있다.

셋째, 발해 왕실 및 지배자 집단의 고구려 계승 의식에 대해서이다. 예를 들어, 일본에 가져온 渤海國書 속에 '高麗(高句麗)國王'을 자칭 하고 있는 점을 중시해 발해인 자신이 명확하게 고구려 계승의식을 견지하고 있었다고 간주한다.

넷째, 신라와의 상호간에 동족 의식에 대해서이다. 신라는 발해를 '北國' 또는 '北朝'라고 부르고 있었기 때문에, 발해에서도 마찬가지로 신라를 '南國' 혹은 '南朝'라고 칭하고 있었을 것이라고 추정하여 상호간을 남북국, 남북조라고 하는 의식을 갖고 있었다는 것은 동족의식이 공유되고 있던 것의 증거라고 단정하고 있다.

다섯째, 발해 유민의 귀추와 귀속의식에 대해서이다. 발해 멸망 후에

___

10) 李成市, 「渤海史硏究における國家と民族－「南北國時代」論の檢討を中心に」(앞의 논문), 41쪽.

10만 정도의 발해 유민이 고려 밑으로 복속되고 있다는 사실을 중시해, 발해인이 신라의 영역을 계승한 고려를 동족으로서 의식하고 있었기 때문에, 그러한 행동이 있을 수 있었다라고 하는 것이다.

여섯째, 발해에서 고구려 문화의 영향에 대해서이다. 발해의 분묘, 주거지, 都城趾 및 출토유물, 불상 등, 유적·유물은 모두 고구려와의 계승 관계를 명백하게 전하고 있다고 간주한다.

이러한 여섯 개의 논점에 대해서는 각각의 사료에 근거해 재검토해야 할 많은 문제들이 잉태되어 있다. 더욱이 그것들은 논증하기 어려운 곤란함이 내포되어 있다는 사실을 지적했던 적이 있다.[11]

더욱이 이상의 개별적인 문제점을 토대로 삼은 위에 보다 근본적인 문제는 근대에 성립한 '民族'개념에 전면적으로 의거하면서, 그것을 전제로 하여 발해사를 파악하려고 하는 방법론에 있다. 즉, 근대의 '民族' 문제를 발해라고 하는 왕조의 역사적 성격을 해명하기 위한 중심적 과제로 판단하는 것이 남·북한의 발해사 연구에서 최대의 특징이 되고 있으며, 그렇기 때문에 그 해명을 곤란하게 하는 애로점이기도 하다는 것을 강조했다.[12]

이러한 지적에 대해서 기본적으로는 현재에도 고칠 필요는 없다고 생각하고 있다. 그렇지만, 발해사와 근대의 '民族'문제를 논한다면, 전술한 박시형 논문, 그리고 동시에 그것보다 한층 더 올라가서 한국 근대 역사학의 선조라고도 해야 할 신채호의 古代 民族史와 거기에 언급되어 있는 발해사의 위치 설정이야말로 유의해야만 했었다.

그렇다고 하는 것도 신채호의 「讀史新論」은 '民族'이라는 말이 탄생하고 나서 한국인에게 공유되기 시작한지 얼마 되지 않은 무렵에 '民族'을 古史 서술의 골격으로 파악한 최초의 저작이기 때문이다. 근대 한

---

11) 李成市,「渤海史硏究における國家と民族-「南北國時代」論の檢討を中心に」(앞의 논문), 41~47쪽.
12) 상동, 47~49쪽.

국에서 '民族'이라는 어휘가 등장해 공유되기에 이른 것은 20세기 초두
이며, 폭 넓게 사용하게 된 것은 보호조약 후부터이다.13) 일본에서 탄생
한 번역어(일본식 한문어)로서의 '民族'이라고 하는 용어는 거의 동시기
에 한국인에도 공유되었던 것이다.14)

　1908년부터 발표된 「讀史新論」에 그려진 한국 고대사는 단군으로
시작해, 926년 발해의 멸망에 의한 '조상의 땅'의 상실로 끝나는 역사이
다. 먼 과거의 '滿洲'에 대한 요구에 점점 더 열을 띠고, 그 영토가 얼마
나 분산되었는지를 논술하면서 그 영유의 기억이 얼마나 지워 없어졌는
지를 호소했다.15) 단군의 쇠퇴로부터, 많은 왕국이 패권을 찾아 끊임없
이 서로 경쟁해, 마침내 발해의 멸망과 함께 압록강 이북의 토지는 거
란 등의 이민족에게 양도되어 버렸다고 신채호는 보았다.

　또, 신채호는 한 국가 안에 복수의 민족이 존재 할 수 있는 것을 인
정하면서도 그 국가의 주인으로서 一種族(主族)을 주제로 서술해야만
역사라고 할 수 있다는 것을 주장해,16) 실제로 主族으로서 夫餘族을 출
발점에 두었으며, 민족의 탄생은 그 조상인 단군의 출현으로서 나타내
고 있다. 「讀史新論」은 단군을 역사의 시점으로 부여, 삼국, 통일신라,

---

13) Andre Schmid, Korea Between Empires, 1895-1919(アンドレ・シュミット著/糟谷
　　憲一他譯, 『帝國のはざまで』, 名古屋大學出版會, 2007, 147쪽).
14) 李成市,「東アジアにおける古代史認識の分岐と連環」(檀國大學校開校60執念記
　　念國際會議 『東アジア三國の歴史認識と領土問題』, 2007년 10월). 또한 중국
　　에서도 거의 동시기에 일본식 한문어인 '민족'이 수용되었던 것에 대해서
　　는 村田雄二郎,「20世紀システムとしての中國ナショナリズム」(西村成雄編, 『現
　　代中國の構造変動』 3, ナショナリズム−歴史からの接近, 東大出版會, 2000,
　　57쪽)를 참조.
15) 申采浩,「讀史新論」(丹齋申采浩先生紀年事業會丹齋申采浩全集編纂委員會編,
　　『丹齋申采浩全集』 上卷, 서울: 형설출판사, 1972).「壹片丹生」의 서명에 의
　　한 『大韓每日申報』에서의 초출은 1908년 8월 27일, 그 이후 12월 13일까지
　　연재되었다.
16) アンドレ・シュミット著/糟谷憲一他譯, 앞의 책, 155쪽.

발해로 서술했지만, 그 역사는 혈통에 의해 정의되었고, 적대하는 제민족에 의해 항상 위험에 처해있던 민족의 성쇠를 강조하면서 국가의 과거 전체에 퍼져있는 사회진화론적인 세계관[17]을 띠고 있었다.

특히, 신채호에게 중요한 것은 한민족과 '滿洲'와의 관계이며, 그 관계에 대해서 다음과 같이 기술하고 있다.

> 한국과 만주의 사이의 밀접한 관계는 과연 어떠한가. 한민족이 만주를 획득하면, 한민족은 강성하게 된다. 타민족이 만주를 획득하면, 한민족은 劣退하거나 또는 그렇게 된다. 그 위에 타민족 중에서도 북방민족이 만주를 얻으면, 한국이 북방민족의 세력권내에 들어가고, 동방 민족이 만주를 얻으면, 한국이 동방 민족의 세력권에 들어간다. 오호, 이것은 4천 년간 단단하여 좀처럼 변하지 않는 불변(鐵案不易)의 정례였다.[18]

20세기 초두 한국이 직면한 위기에 대해서 '만주'의 회복을 구상하는 역사학이 등장해 '만주'를 한민족과 연결시킴으로써 '만주'를 한국사의 주요한 무대로서의 역할을 완수한 광대한 지역으로 보여주었던 것이다. 그러한 민족사의 기원으로 단군을 파악하고, 나아가 발해에 이르는 역사 인식이 묘출된 사실에 주의가 필요하다. 즉, 신채호가 구상한 민족사 중에서 단군의 건국에서부터 발해까지의 역사는 '滿洲'도 주요한 역사 무대로 삼으면서 강대하고 훌륭한 민족의 영광의 고대사로서 연결되고 있었던 것이다.

전술한 바와 같이 박시형 논문에서는 새로운 民族觀 하에서 발해사가 자리매김 됨으로써 조선사(한국사) 체계가 크게 변경된 점을 지적했지만, 20세기 초두에서 신채호의 민족사 구상을 재인식해 보면, 박시형

---

17) 상동, 156쪽.
18) 申采浩, 「韓國と滿州」(丹齋申采浩先生紀年事業會丹齋申采浩全集編纂委員會 編, 『丹齋申采浩全集』別集, 서울: 형설출판사, 1972[所收], 『大韓每日申報』, 1908년 7월 25일자[初出]), 232~234쪽. 또한 번역은 糟谷憲一他譯, 『帝國のはざまで』(앞의 책)에 따름.

씨의 발해사는 반드시 완전히 새로운 민족관의 등장이라고는 할 수 없
다. 보다 정확하게 규정하면, 해방 후에 러시아·마르크스주의의 수용
에 의해서 수립되어졌던 북한의 민족 형성사가 폐기되어 20세기 초두
에 등장한 民族觀과 그러한 民族觀으로부터 한국사로 자리매김 된 발해
사가 다시 소생했다고 말해야할 것이다. 그것이 왜 1962년이었는지는
별도로 추구되어야 할 문제이지만, 여기에서는 오늘의 한국, 북한의 발
해사가 20 세기 초두의 民族觀에 유래하는 것을 확인해 두고 싶다.

## 3. 중국의 발해사 인식과 중화 민족론

1970년대 말부터 중화인민공화국에서는 발해사 연구의 논저가 나타
나기 시작해 80년대에는 명확한 주장을 동반한 연구 경향이 표면화한
다. 그것은 대체로 다음과 같이 집약될 수 있다. 즉, 발해사는 당대의 말
갈인이 약 230년에 걸쳐서 조국의 동북과 러시아 연해주의 광대한 지역
에 건립한 지방봉건정권(지방 민족정권)이라는 것이다.[19] 이 밖에도 논
자에 따라서 '당대에 소수민족이 건립한 지방정권', '唐王朝의 통할 하
에 있던 지방 민족정권', '당의 통치 영역 내 지방민족의 자치정권'이라
고 한 것처럼 일부 표현의 차이도 볼 수 있지만, 어쨌든 발해사를 당대
의 소수민족 말갈인의 지방정권이라고 규정하여 중국사의 일부인 것으
로 강조하고 있다.

요컨대 중국사의 주체적인 역할을 해온 것은 고대 이래로 항상 漢族
이라고 하는 입장에서 非漢族인 말갈인의 국가였던 발해는 독립한 민족

---

19) 西川宏, 「渤海考古學の成果と民族問題」(山本淸先生喜壽記念論文集刊行會編,
   『山陰考古學の諸問題』, 1986). 石井正敏, 「中國における渤海史硏究の現狀」
   (『古代史硏究の最前線』4, 雄山閣, 1987, 75쪽). 朱國沈·魏國忠, 『渤海史稿』
   (黑龍江省文物出版, 1984).

국가라고는 인정되고 있지 않다. 한민족을 중심으로 하는 통일적인 다민족 국가인 중국에게 발해의 역사는 중요한 구성 요소였던 것이다.[20]

발해의 문화적 특징에 대해서도 말갈 문화의 전통을 계승하면서도 중원의 漢族의 고도로 발달한 봉건문화에 깊게 물들어 역사의 발전에 따라 마침내 당 문화의 일원으로서 융합한 것으로 발해 문화는 실질적으로 일정한 민족적 특징과 지방적 색채를 가진 당 문화의 구성 부분이라고 규정하고 있다.[21]

중국 정부의 일관된 입장은 중국의 역사는 진·한 이래 계속해서 통일된 중앙집권적 국가이며, 한족을 주체로 소수민족을 포함한 다민족국가로 계속되었다고 하는 것이다. 이와 같이 해 오늘의 다민족국가의 현상과 과제를 과거에 투영시켜 발해사를 해석하는 것이다. 일찍이 보고자는 이러한 중국에서의 발해사 연구를 현실의 정치과제와 연결시켜 다음과 같은 해석을 행했던 적이 있었다.

즉, 발해의 정치적·문화적인 자립성을 인정하지 않고, 어디까지나 중국사로 평가하려고 하는 것은 56개 소수민족의 단결을 쟁취해, 동시에 1할에도 못 미치는 소수민족이 차지하는 전 국토 60퍼센트의 지역을 중화인민공화국의 정통되는, 역사적 근거가 있는 영토로서 자리매김하려고 하는 현실적 과제와 관련되고 있다고 하는 것이다.[22] 이러한 해석은 1950~1960년대 중국 국내의 민족문제에 관한 본 보고자의 논문에 의거하면서 추론한 것이었다.

재차 지적할 것도 없이, 중국에서의 발해사 위치 설정은 현재의 국가와 민족을 얼마나 규정하고 있는가에 관련된 특별한 정치적 문제이지만, 그러나 상술과 같은 해석은 앞의 장에서 한국, 북한에서의 발해사

20) 朱國沈·魏國忠『渤海史稿』(前揭書).
21) 王承礼, 『渤海簡史』(하얼빈: 黑龍江人民出版社, 1984), 188쪽.
22) 小林一美, 「中國史における國家と民族」(神奈川大學人文學研究所編, 『「民族と國家」の諸問題』, 神奈川新聞社, 1991).

연구에서 시도한 것처럼, 지금보다는 조금 역사적으로 거슬러 올라가서 검증할 필요가 있다.

입장을 바꾸어 생각해 보면, 중국에서도 민족의 형성을 생각하는데 획기가 되는 것은 20세기 초두였다. 예를 들어, '中國人'이라고 하는 한 문어를 빈번히 이용하게 된 것은 1905년 반미운동에 의한 것이었으며, 이러한 운동을 통해서 '중국인'이라고 하는 말이 유행어와 같이 폭 넓게 사용되고 갔다.[23] 말할 필요도 없이, 이 단계에서는 淸朝는 국적법을 갖고 있지 않았기 때문에 '중국인'은 국적에 관련된 개념은 아니었다.

그렇지만, 1900년 전후에 열강제국의 '瓜分'(분할)이 지식인에 의해서 심각하게 호소되어졌던 것처럼 불가분의 一體라는 국토의 관념이 주장되어 지거나, 그 국토의 일체성을 一色으로 영역이 명시된 중국 판도의 지도가 잡지[24]의 표지를 장식하는 등, "어디까지나 淸朝 정복 활동의 형편에 따라 治下에 구성되어진 단편의 집적에 지나지 않았다."[25]는 지역이 새롭게 태어난 '중국인'으로서의 귀속 의식을 환기하는 표상이 된 점은 중국에서의 '민족' 성립을 생각하는데 참고가 된다.

이미 金翰奎씨가 갈파한 바와 같이 한국이나 북한에서는 오늘날 국가의 영토로 사로잡히지 않는 민족을 역사의 주체로 파악해 고대의 한 (조선)민족의 광범한 활동 영역을 상정하고 있는 것에 대해서, 중국에서는 청조 말기의 영역을 전제로 국사의 전개를 상정하고 있다.[26] 한국 고대에서의 역사와 민족에 대한 인식이 20세기 초두의 대외적인 위기 속에서 창출된 것처럼 중국에서도 '瓜分'의 위기가 주창된 1900년 전후의 상황이 새로운 역사와 민족의 구상을 규정했다고 생각할 수 있다.

23) 吉澤誠一郎, 『愛國主義の創成』(岩波書店, 2003), 47~86쪽.
24) 『新民叢報』 3号, 1902.
25) 吉澤誠一郎, 『愛國主義の創成』(앞의 책), 93쪽.
26) 金翰奎, 「單一民族の歷史と多民族の歷史」(『記憶と歷史の鬪爭 当代批評特別号』(서울: 도서출판삼인, 2002).

예를 들어, 계몽사상가인 梁啓超가 목표로 한 것은 개별의 왕조를
초월한 중국의 '新史學',이었다. 梁啓超는 중국의 역사학이 왕조에 근거
한 군주 중심의 서술이며, 조정과 一己(個人)만 있다는 것을 알 뿐, 국가
가 있다는 것을 모르는 동포를 향해 국민의식의 함양과 公德心(忠誠心)
의 육성을 20세기 초두에 활발히 말하고 있었다.

또, "史學은 학문 중에서도 가장 광활하고 긴요한 것으로서 국민의
明鏡이며, 애국심의 원천인 것이다. 오늘날 유럽에서 민족주의가 발달
해 列國이 나날이 문명을 발전시키고 있는 것은 거의 史學의 공적이
다."27)라고 중국 역사학이 유럽과 같은 역할을 다해오지 않았던 것을
梁啓超는 개탄하고 있다. 개개의 왕조를 초월해 관통하고 있는 중국사
라고 하는 인식은 梁啓超가 강하게 희구하는 점이었다.

왕조를 초월한 역사를 목표로 하려면, 우선은 중국의 역사를 통한
紀年法이 필요하게 되지만, 그 기점으로서 梁啓超는 '孔子紀年'과 함께
'黃帝紀年'을 생각하고 있었다.28) 그러한 가운데 속에서 黃帝紀年을 명
확하게 주장한 劉師培는 다음과 같이 말하고 있다.

> 민족이라는 것은 국민 고유의 것으로서 존립하는 성질인 것이다. 무릇 민
> 족이라고 하는 이상, 기원을 거슬러 올라가지 않을 수는 없다. 우리 4억 漢
> 種의 시조는 누구인가. 그것이 黃帝軒轅氏다. 이 황제야말로 문명을 만들어
> 낸 최초의 사람이며, 4000년의 역사를 시작시킨 敎化者이다. 그러므로 황제
> 의 사업을 이어받으려고 하는 사람은 황제의 탄생을 紀年의 삼아야만 한
> 다.29)

중국에서 개별의 왕조를 초월한 '민족'의 역사가 추구되자마자 그

---

27) 梁啓超, 「中國之新民新史學第一章中國之旧史學」(『新民叢報』 1, 1902).
28) 吉澤誠一郎, 『愛國主義の創成』(앞의 책), 108쪽.
29) 劉師培, 「黃帝紀年說」(『黃帝魂』, 1916年). 번역은 吉澤誠一郎씨에 의한다(앞
    의 책, 109쪽).

기원이 문제가 되었지만, 그것은 어디를 기점으로 해야 하는가. 이러한 문제를 대답해주는 것이 劉師培가 제창하는 黃帝紀年이었는데, 宋敎仁이 중심이 되어 간행한 『二十世紀之支那』(1905년)에는 '개국 기원 4603년'이라는 판권 페이지가 보이고 있으며, 그것은 『民報』 등에 계승되어 혁명운동 속에서 일반화되어 갔다고 생각되어지고 있다.[30]

덧붙여서 말하자면, 한국에서 시조 단군이 재발견되어 '단군시대 이래'라고 하는 국가의 창시를 가리키는 표현은 단군신화의 여러 가지 특징이 논의의 대상이 되었고, 단군의 탄생을 축하하는 논설은 1905년 이후에 급증하였다[31]는 사실을 상기할 때, 중국과 한국에서의 동시대성에 주목하지 않을 수 없다.

단지, 중국의 경우 '민족'이라고 하는 일본식의 한문어를 수용하면서도 당초에는 인종과 관련시켜 이해되는 경우가 많았고, 당시의 최신 학설인 인종투쟁이론을 원용해서 滿·漢 종족의 차이를 강조하는 것이 혁명에 대한 정당성의 증거로 여겨지기도 했다.[32]

이러한 혁명파의 종족주의적 민족주의는 한족의 민족주의를 돌출시키자, 滿人 외에 다른 몽골인, 티벳인 등 청조가 통합하고 있는 비한민족의 분립도 같은 민족주의의 명분에 의해서 부정할 수 없게 되었다고 하는 자기모순을 안고 있었다. 그렇다고는 하지만, 이 시기의 革命排滿論은 비한민족을 배제하는 것처럼 보여도, 국가 통일과 사회 진화의 초기 단계에서는 한족에 의한 융합·동화가 실현되는 것을 자명시하고 있었으며, 장래 수립되어야만 할 국가를 한족 중심의 단일민족국가로서 그리고 있었다.[33]

辛亥革命이 일어나, 청조에서 중화민국으로 정권이 교체되었을 때도

---

30) 吉澤誠一郎, 『愛國主義の創成』(앞의 책), 112쪽.
31) アンドレ·シュミット著/糟谷憲一他譯, 『帝國のはざまで』(앞의 책), 154쪽.
32) 村田雄二郎, 「20世紀システムとしての中國ナショナリズム」(앞의 책), 57쪽.
33) 상동, 58쪽.

국가의 영역이나 구성원의 면에서 큰 변동은 없었고, "중화민국의 영토
는 22성, 내외 몽고, 티벳, 靑海로 한다."(중화민국 임시약법)고 주창되
어 청조의 계승국으로서 출발했다. 이윽고, 왕조체제를 변혁해 근대국
가를 창출하기 위해서 청조로부터의 계승국이라고 하는 틀에 담아야 할
균질인 국민의식·국민문화를 成型해야한다는 필요로부터 '중화민족'
이라고 하는 언설이 만들어 졌다. 국민당의 공식적 민족이론을 제공한
장개석의『중국의 운명』에 의하면, 중화민족은 다수의 종족이 하나로
융합해서 만들어졌던 것이며, 역사 속에서 교잡·동화를 반복함으로서
'중화민족'이라고 하는 一大의 종족을 형성하였고, 그것들은 종교, 문
화, 경제, 습속 등의 점에서 하나에 융화되어 형제와 같은 강한 연대감
으로 연결되고 있다고 보였다.[34]

　여기서 말해지고 있는 종족 연합체로서의 '중화민족'의 개념은 중국
의 경계에 사는 각 종족의 단순한 총화에 그치지 않고, '확고부동의 도
덕적 결의'를 감춘 살아있는 통일체가 아니면 안 된다고 하는 것이다.
전통적인 가족주의의 레토릭(rhetoric, 修辭法)이나 문화주의적 동화론에
의지하면서, 거기서 목표로 삼고 있던 것은 단일 민족(중화민족)에 의한
一國家의 수립이었다는 의미에서 村田雄二郎씨는 여기에서야말로 철저
한 20세기의 '민족' 언설을 볼 수 있다고 지적하고 있다.[35]

　마치 현대 중국의 내셔널리즘의 언설로서 '중화민족'이 애국 교육
속에서 제창된 것이라는 논의도 있지만, 20세기 중국의 정치과정이나
그 질서의 재편과정 속에서 '중화민족'이라고 하는 언설이 구심적인 통
합력을 발휘하고 있었다는 점이 주목된다. 이러한 사실은 중국에서 발
해사의 위치설정이 근년의 민족이론에 의거하고 있다기보다는 근대 중
국의 국가와 민족의 형성 과정 그 자체에 기인하고 있다는 것을 보여주

---

34) 상동, 61쪽.
35) 상동, 62쪽.

고 있는 것처럼 생각된다. 그것은 중국에서 발해사의 역사적, 문화적인
규정 속에서 보아 알 수 있다.


## 4. 근대 일본의 식민지 사학과 발해사


일찍이 졸고에서 논한 바와 같이 조선총독부는 1916년에『한반도사』
와 조선고적조사사업에 착수하지만,36) 그러한 사업에 이르기까지의 큰
요인으로 한말 이래 한국인에 의한 민족사학이 있었다. 후에 조선사편
수회에서 활약한 稻葉岩吉는 조선총독부의 정책이 민족사학과의 대항
관계 속에서 진행되고 있었다는 것을 다음과 같이 회상하고 있다.


> 반도를 바라보면, 단군신앙이 현저하게 抬頭되어 왔다. … 단군 신앙은
> 요 근래 2~3명의 제창에 의해서 급속히 발전했는데, 일찍이 一顧 조차도
> 검토가 이루어지지 않은 조선사 연구는 합치점을 이루지 못하면서 조선인
> 사이에 큰 풍조(一大潮勢)를 이루었다. 지금 日韓同源論 등으로는 끝낼 수
> 없게 되었기 때문에 조선총독부는 오히려 나아가 조선사 편찬을 계획하고,
> 이러한 풍조를 정당하게 이끌어나가 착각하지 않도록 노력함으로써 시기적
> 절함을 보아 여기에 조선사편수회의 칙령 공포를 보았는데, 그것은 大正 14
> 년 여름의 일이다.37)


여기서 언급되고 있는 "지금 日韓同源論 등으로는 끝낼 수 없게 되
었기 때문에"라는 것은 1916년에 편찬 사업이 시작된『朝鮮半島史』가
3·1 독립운동 등으로 좌절되었던 것을 가리킨다.38)『朝鮮半島史』의 편

---

36) 李成市,「コロニアリズムと近代歷史學-植民地統治下の朝鮮史編修と古蹟調査
    事業を中心に」(永田雄三他,『植民地主義と歷史學』, 刀水書房, 2004).
37) 稻葉岩吉,「朝鮮史研究の過程」(『世界歷史大系11 朝鮮滿洲史』, 平凡社, 1935),
    199쪽.
38) 李成市,「コロニアリズムと近代歷史學-植民地統治下の朝鮮史編修と古蹟調査

찬 목적을 서술한 「편찬요지」에 의하면, 총독부가 가장 무서워한 것은 한국인이 "만연히 병합과 관계가 없는 고대사, 또는 병합을 저주하는 서적을 읽는다."는 것으로 "오늘의 세상이 전적으로 병합의 恩榮에 의하는 것을 잊어 쓸데없이 옛날 일을 회상하고, 改進의 기력을 잃는다." 는 것이었다. 『朝鮮半島史』 편찬의 단계에서도 한국인의 손으로 작성된 고대사는 경계해야 할 대상이었던 것이다. 稻葉는 앞의 문장에서도 병합 후에 단군신앙이 급속히 발전해 한국인에 의한 한국사 연구가 '一大 潮勢'를 이룬 것에 대한 위기감이 얼마나 큰 것이었는지 헤아릴 수 있다. 『朝鮮半島史』의 편찬은 단군신앙의 고조와 그에 따른 한국인의 고대사 연구에 관련되고 있었던 것이다.

그런데, 稻葉는 전술한 인용문에서 『朝鮮半島史』의 좌절이 조선사편수회(1925년)의 발족으로 이어지고 있다는 것을 회상하고 있지만, 실은 그 사이 1922년에 조선사편찬위원회가 설치되어 있었다. 3년 후 편수회 설치에 임하여, 이 조선사편찬위원회에 대해서는 조선사편수회의 「官制의 發布」 첫머리에서 다음과 같이 회고되고 있다.

> 조선사 편찬의 목적은 이미 말한 바와 같이 학술적인 동시에 공평무사의 편년사를 거두는데 있지만, 과거 수년간의 경험에 의하면, 본사업의 수행에 대해서 일부 조선인 사이에는 이것을 오해하고, 또는 경시하는 원망이 있어, 각 방면에서의 사료 수집 등에 곤란을 느낄 뿐만 아니라, 장래의 편찬과 관련해 큰 장해가 적지 않다는 고통이 있다.[39]

위에 보이듯이 조선사편찬위원회에는 여러 문제가 발생해, 그 씁쓸한 경험이 편수회의 설치로 이끌고 있다는 것을 알 수 있다. 여기서 흥미로운 것은, 제1회 조선사편찬위원회(1923년 1월)에서의 질의응답에서 한국인 위원은 단군조선에 관한 질문을 행하고 있었는데, 그 중에서 李

---

事業を中心に」(앞의 책), 75쪽.

39) 朝鮮史編修會, 『朝鮮史編修會事業概要』(朝鮮總督府, 1938).

能和는 단군조선을 고조선에 넣어야만 한다는 것을 주장함과 동시에 발해를 어디에 넣을 것인지를 질문하고 있는 사실이다.40)

또, 1925년의 조선사편수회 위원회 발족 후에 제3회 위원회에서 최남선이 참석하지만, 최남선의 최초의 질문이 반도 내의 민족 문제였으며, 今西龍에 대해서 발해가 조선사에 중요한 역할을 이루고 있다는 것을 주장하며, 다음과 같은 발언을 행하고 있었다.

> 무릇 고대사는 民族 본위로 하기도 하며, 地理 본위로 하기도 하고, 또 文化 본위로 하기도 합니다. 어떠한 경우서라도 매우 복잡하고, 한편으로는 애매한 상태입니다만, 민족의 기원을 분명히 하기 위해서는 가능한 한 힘을 다할 필요가 있습니다.41)

즉, 발해사가 조선민족의 기원에 관련되어 얼마나 중요한 위치에 있는지를 강조하면서 『朝鮮史』 편찬의 방침을 규명하고 있는 것이다.

더욱이 제7회 위원회에서는 黑板勝美가 "단군·기자는 역사적 인물이 아니고 신화적인 것으로 사상적·신앙적으로 발전했던 것이기 때문에 사상과 신앙 방면으로부터 별도로 연구해야만 할 것이다."라고 한 발언에 대해서, 최남선은 "원래 단군·기자가 역사적 인물인지, 신화적 인물인지, 이것은 연구물이기는 합니다만, 적어도 조선인 사이에서는 이것이 역사적 사실이라고 인식된 것입니다."라고 응답하고 있었다.42)

유의해야 할 것은 李能和와 최남선이 편찬위원회와 편수회위원회에서 각각의 발언에 공통적으로 일본 측 위원에 대한 질문은 단군과 발해의 취급에 집중하고 있다고 하는 사실이다. 상술한대로 조선반도사편찬사업, 조선사편찬위원회, 조선사편수회, 총독부는 일관해서 한국인의 고대사를 강하게 경계하고 있으며, 그것은 단군 이래, 발해에 이르는 한국

---

40) 상동, 19쪽.
41) 상동, 46~47쪽.
42) 상동, 68쪽.

인의 민족사에 대해서였다. 편찬위원회에서도 편수위원회에서도 반복
되어 그것이 문제가 되고 있다.

이미 신채호의 「讀史新論」에서의 주장을 본바와 같이 단군의 건국
에서부터 발해까지는 훌륭한 민족의 영광의 역사였다. 총독부에서의
1916년부터 시작되는 조선사 편찬사업의 목적이 민족을 고무하는 한국
인이 담당한 고대 민족사에 대한 대항이며, 거기에 발해사가 많이 관련
되고 있다는 것은 경시할 수 없다. 발해사는 식민통치기의 한국인에게
민족의 표상을 둘러싼 정치적 투쟁의 정신적인 버팀목이었다고 말할 수
있다.

그런데, 조선사편수회에서 최남선 등의 한국인 위원의 주장을 억누
른 것에 힘을 발휘한 稻葉岩吉는 조선사편수회로부터 만주국 건국 대학
교수로서 옮기지만(1937년), 稻葉의 건국 대학에서의 강의록이기도 한
『滿州國史通論』(日本評論社, 1940)은 '만주' 지역의 역사를 얼마나 정치
적인 도구로서 구사하고 있었는가의 일단을 여실에 보여주고 있다.

즉, 稻葉은 이 저작에서 건국 후 10년에 못 미친 '만주국'을 정당화
하기 위해서 '만주국'이 존립한 지역을 중국의 역사로부터 떼어내 이
지역의 고대부터 러일전쟁까지의 '만주국사'를 문자 그대로 통사로서
전개시키고 있다.

그 구성을 보면, 「민족의 발전(상)」에 고구려 · 발해를, 「민족의 발전
(중)」에는 거란(遼)를, 「민족의 발전(하)」에는 여진(金)을, 「민족의 新生」
에는 몽골을, 「민족 발전의 복원」에는 만주족(淸)을 채택함으로써 각 민
족의 상호 관계는 고려하지 않고, 이 지역에서 제민족이 전개한 비연속
의 연속체로서 역사의 흐름을 서술하고 있다. 그 목적은 "지금의 만주
국의 영토 내에서 古來부터 생존을 계속하고 있던 제민족에게는 부분적
으로는 다소의 차별을 인정하지만, 대체적으로 동일민족이며, 그리고
그것은 支那民族이란 완전히 별도 계통의 존재였다."43)라고 한 것처럼

非漢族의 역사를 강조하는 것에만 『滿洲國史』의 목적이 있었다고 생각하지 않을 수 없다.

말할 필요도 없이 '滿洲國'은 결코 만주 민족을 위한 국가가 아니라, 어디까지나 在 '만주'일본인의 이익을 추구하는 국가이며, 복잡한 만주족과 그 통합 과정은 전혀 고려되지 않았다.[44] 稻葉岩吉의 '만주국사'라는 것은 '만주국'이 건국된 토지를 非漢族=滿洲族의 역사로서 묘사하는 것에 의해 이 지역을 중국의 역사로부터 떼어내, 고대 이래 일관해서 만주족의 역사가 전개되었다라고 한 것과 같은 공허한 국사이다. 그렇지만, 그러한 가운데에서 발해사가 차지한 위치는 지극히 큰 것이었다.

이러한 稻葉의 『滿洲國史』의 논의와 이전에 조선사편수회위원회에서 조선인 위원을 향해서 행해진 발해사의 취급을 둘러싼 논의를 비교해 볼 때, 가린 것 없이 노출되는 것은 염치없는 정치성이다.

근대 일본의 식민지 사학과 발해사와 관련해 마지막으로 지적하고 싶은 것은 戰後 일본에서의 발해사 연구이다. 일본 학계에서는 동북아시아 각국의 발해사 연구가 내셔널리즘에 의해서 왜곡되어있는 것은 아닐까라고 하는 지적이 자주 행해지고 있다. 거기에는 암묵 중에 일본의 발해사 연구는 그러한 동아시아 제국의 연구로부터 거리를 두어 '公明的確한' 실증적 연구에 의해서 객관적인 입장을 유지하고 있는 것처럼의 의식을 엿볼 수 있다.

그러나 본장에서 본 바와 같이, 근대 일본의 식민지 사학은 발해사 연구에 입각해서 보더라도 그 정치성은 눈에 띄고 있다. 결코 객관적인 위치에 설 수 없는 역할을 행해왔다는 것은 재차 말할 것도 없을 것이다. 그러한 사실을 근거로 한다면, 적어도 안이한 내셔널리즘 비판은 할

---

43) 稻葉岩吉, 『滿州國史通論』(日本評論社, 1940), 20쪽.
44) 상동.

수 없을 것이다.

근대 일본인의 발해사 연구는 발해와 고대 일본과의 관계사를 중시해 연구의 주요한 과제로서 다루어져 1930년대 이후 오늘에 이르기까지 변함없이 일관해서 중요한 과제로 계속되고 있다. 새롭게 말할 필요는 없지만, 발해와 고대 일본의 관계사를 비대화시킨 것은 근대 일본의 만주 지역에 대한 정치적·경제적인 관심과 군사 진출이며, 근대 일본의 발해사 연구는 일본과 '만주국'의 현실과 장래를 위한 프로젝트의 일환이었다. 근대 일본과 '만주국'의 관계는 고대 일본과 발해에 투영되어 근대국가의 이야기를 창출했다. 고대 일본과 발해를 논한다는 것은 스스로 그러한 국가의 이야기를 강화해 나가게 되었던 것이다.[45]

본 보고자는 일찍이 동북아시아 각국의 발해사 연구의 성격에 대해 논구했던 적이 있는데, 그것은 비판의 근거를 명시하고 대안을 가지고 논해왔다고 생각한다. 이해하기 힘든 것은 그러한 私見을 마치 명백한 것으로 말하는 논자를 볼 때마다, 얼마나 자기 상대화하여 논하고 있는지 항상 의문으로 생각해 왔다. 내셔널리즘의 비판은 자기의 내셔널리즘에 자기 성찰적이지 않으면 안 되는 것이 아닐까. 이미 졸고에서 지적한 바와 같이 동북아시아 지역의 연구에 종사한 일본인 연구자에게서는 뽑아내기 어려운 오리엔탈리즘이 현저하다.[46] 합리적인 역사학이 식민지나 괴뢰 왕국에서 야만스러운 지적 억압을 가해온 것을 강조했다 하더라도 너무 강조한 것은 아니라고 생각한다. 오늘날 동북아시아에서의 역사 분쟁에는 내셔널리즘뿐만이 아니라, 식민지주의와 오리엔탈리즘이라는 삼자의 융합이 화학변화를 일으키고 있다는 듯이 생각이 지워지지 않는다.

---

45) 상동.
46) 李成市, 「東アジアにおける古代史認識の分岐と連環」(앞의 논문).

## 5. 맺음말

한국, 북한, 중국, 일본에서의 발해사 연구를 통해서 알 수 있는 것은 동북아시아 역사 분쟁의 극복을 위한 진정한 의미에서의 사학사의 필요성이다. 동북아시아에서는 19세기의 웨스턴 임펙트와 1900년을 전후한 동북아시아에서의 日・淸, 日・露의 2번에 걸친 전쟁이 지역에 '민족' 의식을 급속히 만들어내 사람들에게 그때까지 없었던 생활 세계를 초월한 '민족'을 이미지화 시키게 되었다. 대외적인 위기 속에서 완전히 새롭게 공유된 '민족'의 아이덴티티로서 민족의 기원을 말하는 고대사의 탐구가 행해져 민족의식에 리얼리티를 부여해 갔다.[47]

발해사에 입각해서 볼 때, 오늘날 각국의 발해사 인식은 20세기의 초두보다 각국이 직면하는 대외적 위기나 식민지 통치, 군사 진출에 수반하여 형성되어 왔다. 그것들은 대외적인 위기에 직면하면서 혹은 이민족과 대치하면서 분노, 비탄, 애석, 번민이라고 하는 정념이 발해라고 하는 과거의 역사를 20세기가 되어 각각의 국가에 소생시켜 왔다. 그러한 기억은 국민의 사이에 축적되어 퇴적되면서도 망각되기도 했다.

20세기말보다 동북아시아의 상호의존 관계가 깊어짐에 따라 기억의 저 멀리 파묻힌 발해사가 끄집어내어 일찍이 흐르고 있던 情念을 서로 비판해나가면서 소생시켜 강화하고 있다는 점이 있다. 벌써 별고에서 논한 것처럼, 동북아시아의 고대사 연구는 국민 교화와 식민지 지배의 정당화에 이용함으로써 고대사는 20세기 전반의 동북아시아에서 철저하게 정치화 되었다. 고대사 연구가 이 지역 민족의식의 형성과 타민족 억압의 장치로서 이용된 역사를 자각적으로 뒤돌아보면, 오늘날의 발해사 인식을 통해 이 지역의 역사 연구가 안고 있는 문제가 보다 표면화

---

47) 상동.

되어 그 극복의 길이 보일 것이다.

송기호씨가 말한 21세기에 상응한 역사학이란, 이 지역이 안고 있는 내셔널리즘, 식민지주의, 오리엔탈리즘의 심각함을 아는 것으로부터 초래되는 것은 아닐까 생각된다. 共犯的으로 만들어져 온 동북아시아의 역사학은 이 지역 공통의 문제를 찾아내 해결하는 역사학이 아니면 안 될 것이다.

〈토론문〉

# 李成市 교수의 〈東北아시아 歷史紛爭 속의 發解史의 位置〉에 대한 토론문

임기환
(서울교육대학교)

이성시 교수께서는 그동안 한국, 일본, 중국 등 동북아에서 벌어지고 있는 역사분쟁과 민족주의 역사인식에 대해 체계적인 비판과 깊은 성찰을 담은 글을 발표해 오셨습니다. 본 발표는 그동안 제기해오신 논의를 재삼 강조하면서, 발해사를 둘러싼 민족주의적 인식이 한국, 중국, 일본 삼국에서 오랜 기원을 갖고 있음을 지적하고 있습니다.

발표자의 문제 제기에 대해 토론자 역시 깊이 공감하는 바이며, 따라서 발표의 관점에서 논의점을 제기할 필요는 없을 것입니다. 다만 오늘날 전개되고 있는 역사인식의 충돌에 대한 성찰을 위해서는 '민족'인식의 연원을 추적하는 것과 더불어 현재적인 전개상에 대한 이해도 필요하다는 점에서 한두가지 질의를 드리고자 합니다.

1. 이 교수님께서는 동북아 삼국에서 근대의 '민족'이라는 관념이 어떻게 형성되고 그러한 시각이 이후의 역사인식에 관철 계승되고 있음을 지적하셨습니다. 오늘날의 역사학이 이러한 근대 민족의식을 기저로 각국의 민족사나 국가사를 구성하고 있음을 물론입니다. 그러나 이러한 근대적 재구성 이전에도 유교적 관점에서 역사의 계승과 체계화가 이루

어져 있으며, 이는 역사 기술의 범주에서 보면 상당부분 겹치기도 합니다. 따라서 '민족'주의적 역사 인식의 출발점에도 그 이전의 역사인식과의 연관성을 함께 추구해야 된다고 생각합니다.

2. 현재 진행중인 동북아시아의 역사분쟁은 이 교수님이 지적하신 대로 서로 다른 관점에서 기술한 민족사, 국가사 기술의 충돌입니다. 이러한 관점이 근대 초기에 만들어졌다하더라도, 그 이후의 전개과정에서 새로이 재구성되고 확장되고 있기 때문에, 그 구체적인 전개상에 대한 검토와 비판이 이루어져야 할 것입니다. 중국의 경우 중화민족론이 1900년도 전후 상황과 1980년 이후 상황에서 서로 다르게 재생산되는 듯합니다. 한국의 경우에도 신채호의 인식 단계와는 다른 배경에서 1970년대 이후 민족주의 역사인식이 강화되고 있었습니다. 한국학계의 남북국시대론은 민족의식과 더불어 정치적 함의도 포함하고 있습니다. 민족주의 전개상과 현재성 역시 살펴야할 매우 중요한 관점입니다. 본 발표에 포함되지 않았지만, 이 교수님의 뜻을 듣고 싶습니다.

# 東北アジア歴史紛争の中の渤海史の位置

李成市

(早稲田大學文學學術院)

## 1. はじめに

　報告者に与えられた主題は、「東北アジア歴史紛争の中の渤海史の位置」であるが、この主題の焦点を明確にするために、いくつかの限定をしておきたい。まず表題の「東北アジア歴史紛争」について捉えるうえで、ほぼ同一の課題を掲げた宋基豪氏の近著『東アジアの歴史紛争』[1]を参照しておくことにする。本書は、東アジアにおける歴史紛争の克服を目指すために、大學教養科目の教材として制作され、讀者が檢討課題を單純化せず、多角的に思考できるよう、多くの参考資料を全編に載録するなど、様々な配慮が施されている。その第一章では「民族主義と歴史教育」が東

---

1) 宋基豪、『東アジアの歴史紛争』(ソル出版社、2007年)。

アジア諸國の現狀に卽して論じられており、章をまとめる最後の言葉は次のように總括されている。

　　たとえ、強度の違いはあるものの、南北韓いずれも民族主義的色彩を強く帶びていることは否定できない。そのような民族主義的な歷史認識は、日本の極右的歷史認識や中國の社會主義的愛國主義歷史認識とぶつかり合うときに、相互に紛爭を引き起こすばかりでなく、決して解決策をもたらすことはないだろう。こうした點で、21世紀初頭に立っているわれわれは、自ら歷史認識をどのように変えていくのか、苦惱しなければならない。20世紀式の民族主義歷史學はその歷史的任務を果たし、今は世界10位圈國家に相応しい新たな歷史學が必要とされる時である[2]。

　すなわち、東北アジア諸國間の歷史紛爭は、各國の民族主義的な歷史學に由來しており、その克服には新たな歷史學が求められるというのである。とすれば、「東北アジアの歷史紛爭」に對して取り組むべき課題は、宋基豪氏のいう「20世紀式の民族主義歷史學」の葛藤を克服する歷史學、歷史敎育への轉換という問題になるであろう。
　周知のように、渤海史研究は、東北アジアの各國で特色ある研究がなされてきた[3]。あえて、その特色を表現すれば、「渤海史の排他的占有」への追究とでもいえよう[4]。それらの渤海史認識には、各國が抱える現實的な課題が投影され、染みこんでいるだけでなく、この地域の歷史研究の本質的な問題が、渤海史認識に凝縮されている。したがって、「東北アジア歷史紛爭の中の渤海史の位置」を考究するとは、渤海史に卽して東北アジアで展開されている歷史認識の問題点をあぶりだし、檢討する作

　2)　宋基豪、『東アジアの歷史紛爭』(前揭書)44頁。
　3)　李成市、「渤海史研究における國家と民族－「南北國時代」論の檢討を中心に」(『朝鮮史研究會論文集』25、1988年)參照。
　4)　李成市、「東北アジア境界領域の歷史認識－渤海史の排他的占有をめぐって」(林志弦編、『近代の境界－歷史の辺境』Humanist、ソウル、2004年)。

業にほかならないだろう。ところで、また宋基豪氏の「東アジアの歴史紛
爭」の課題に取り組む際に、主として韓國、北韓、日本、中國の歴史認識
を檢討の對象としている。そこで、本稿の「東北アジア」もまた、これらの
國々を中心に論じることとする。

　本稿は、上述したような視点から、これまで渤海史が東北アジアの各
國でどのような文脈で論じられてきたのか、そこにはどのような問題点が
あり、そのような問題は、いかなる歴史學の方法によって克服されるべき
かといった点を檢討してみたい。宋基豪氏の言う「20世紀式の民族主義史
學」を克服するためには、徹底的に東北アジアにおける20世紀の歴史學の
來歴が問われなければならないと考えるからである。

## 2. 北韓の渤海史研究とその系譜

　韓國・北韓では、渤海史の歴史的性格を規定するに際して、渤海の
王室および支配集團を高句麗人と斷定し、その王朝は高句麗の繼承者で
あり、高句麗の復活、再興であるとみなしている。渤海の血統自體とその
文化は、今日の韓(朝鮮)民族の血統と文化的傳統の重要な構成部分となっ
ているとして、同時代に、渤海の南に位置した新羅とは、同じ民族による
二國家が並立した時代と捉えている。こうした認識を前提に、韓國ではこ
の時代を「南北國時代」と呼称している。

　かつて、私は1962年の朴時亨氏の「渤海史研究のために」[5]を北韓に
おける渤海史研究の畫期として位置づけ、それが韓國における「南北國
時代の歴史學」を志向する研究者に受けとめられ、南北で新たな渤海史研

---

5) 朴時亨、「渤海史研究のために」(『歴史科學』1962-1、1962年、ピョンヤン[原載]、
　　『古代朝鮮の基本問題』學生社、1974年[所收])。

究が展開された点を強調した。そのうえで、北韓學界における朴時亨論文の意義を次のように概括した[6]。

すなわち、朴時亨論文は、單に渤海史を自國史として改めて重視するようになったという点にとどまるものではなく、自國史の民族形成の枠組そのものを根底から覆すがごとき意味をもっていた。少なくとも、それ以前には、朝鮮民族は時代を経る過程において歴史的に形成されたとみなされていた。たとえば、北韓では、種族→ナロドノスチ(準民族)→ナーツィア(民族)といったレーニンの民族論を前提に、「統一新羅」が近代に成立するナーツィアの前段階としてのナロードノスチ成立の契機とみなされていた(『朝鮮通史』1956年)。

要するに、高句麗・百濟・新羅の三國鼎立狀況から、新羅によって三國が統合されることにより、近代に成立する朝鮮民族の基礎(準民族)がこの時に築かれたと評価されていたのである[7]。こうした段階論的な民族形成史の構想のもとでは、渤海史が入り込む余地はほとんどなかった。

しかしながら、たとえば、『朝鮮全史』(1979年)に、「我が人民は昔から一つの血筋をひく單一民族である」[8]といった全く異なる民族觀が示されているように、朴時亨論文は、こうした民族觀の変更が不可欠であったのであり、そのような民族觀がなければ、渤海史を朝鮮史に取り込むことが困難であった。

なぜならば、朴時亨氏が渤海史を朝鮮史体系に組み入れる最大の論據は、渤海の「血統自体と文化は、今日の朝鮮民族の血統と文化的伝統の

6) 李成市、「渤海史研究における國家と民族－「南北國時代」論の檢討を中心に」(前掲誌)參照。
7) 朝鮮科學院歷史研究所編、『朝鮮通史(上卷)』(朴慶植譯、未來社、1962年)には「七世紀中葉の新羅の三國統一は朝鮮歷史の發展において畫期的な事件であった。朝鮮の地域と人民の統一は、單一的な朝鮮準民族(ナロドノスチ)の急速な形成とその發展へ導いた」とある。
8) 社會科學院歷史研究所『朝鮮全史・2(古代編)』(1979年、ピョンヤン)155頁。

重要な構成要素になっている」と述べるように、朝鮮民族としての同一性が
渤海史に求められているからである。

　朴時亨氏によれば、渤海が朝鮮史に組み込まれなければならない直
接の理由として、民族的にも渤海は高句麗を継承しており、しかも南の新
羅と渤海はお互いに同族とみなしていたことを強調している。つまり、同一
民族としての継承關係が重要な論点になっているのである。とすると、必
然的に三國時代以前に、朝鮮民族としての同一性が担保されなければ、
新羅と高句麗・渤海の三者の關係は結びつけようがない。民族的同一性
を歴史の起源まで遡らせたのは、渤海を朝鮮史体系に組み入れるため
の、いわば論理的必然でもあった。

　北韓にやや遅れたとはいえ、新羅と渤海が韓半島の南北で併存した
時代を、「南北國時代」と呼称し、韓國史体系に明確に位置づける韓國で
は、たとえば、中學校の歴史教科書に、「わが民族は本來一つの血統で
つながる單一民族として、一つの國家をなし、一つの文化を展開してき
た」[9]と述べているように、韓國の學界では、朴時亨論文が發表されて以
降、北韓學界と同じ論理を共有していることが窺える。渤海史の位置づけ
は、韓國・北韓のいずれにおいても、韓國史(朝鮮史)の体系的な理解を
根本的に搖り動かすことになったのである。

　以上は、朴時亨論文がもたらした史學史上の意義を概括しものである
が、さらに朴時亨氏の提起に基づき、爾來、南北韓學界が取り組んでき
た渤海史研究の追究課題を次の六つの論点にまとめたことがある[10]。

　まず第一に、建國者および支配集団の出自についてである。渤海の
建國者・大祚榮や、支配集団が高句麗人であれば、渤海は、高句麗の

---

9) 國史編纂委員會・一種図書研究開發委員會編、『中學校國史(下)』(教育部、1997
　年、ソウル)最終章「われわれの進む道」。
10) 李成市、「渤海史研究における國家と民族－「南北國時代」論の檢討を中心に」(前
　揭誌)41頁。

継承者國であり、高句麗そのものであって、建國者や支配集団がその王朝の性格を決定づける最も重要な論據となる。

　第二に、渤海國内の民族構成とそこにおける支配民族の役割についてである。渤海において一貫して主体的な役割を担ったのは高句麗系であり、被支配民族である靺鞨諸族に對する支配の在り方も高句麗時代以來、変わることはなかったとみなす。住民構成における靺鞨族の割合を少なく見積もったり、あるいは靺鞨族の高句麗化というような民族融合の觀点を強調する傾向がある。

　第三に、渤海王室及び支配者集団の高句麗継承意識についてである。たとえば、日本にもたらされた渤海國書の中に「高麗(高句麗)國王」を自称している点を重視し、渤海人自身が、明確に高句麗継承意識を堅持していたとみなす。

　第四に、新羅との相互間における同族意識についてである。新羅は渤海を「北國」または「北朝」と呼んでいたのであるから、渤海でも同様に新羅を「南國」あるいは「南朝」と称していたと推定され、相互に南北國、南北朝という意識をもっていたことは、同族意識が共有されていたことの証と斷定する。

　第五に、渤海遺民の歸趨と歸屬意識についてである。渤海滅亡後に、十万余りの渤海遺民が高麗のもとに歸服した事實を重視し、ここに新羅の領域を継承した高麗を渤海人が同族と意識していたからこそ、そのような行動がありえたという。

　第六に、渤海における高句麗文化の影響についてである。渤海の墳墓、住居址、都城趾および出土遺物、仏像など、遺跡・遺物はすべて高句麗との継承關係を明白に伝えているとみなす。

　これらの六つの論点については、各々が史料に即して再檢討しなければならない多くの問題をはらんでおり、しかもそれらは論証しがたい困

難さを抱えている事實を指摘したことがある[11]。

　さらに、以上の個別的な問題点をふまえて、より根本的な問題は、近代に成立した「民族」概念に全面的に依據しつつ、それを前提にして渤海史を捉えようとする方法論にある。つまり、近代の「民族」問題を、渤海という王朝の歷史的性格を解明するための中心的課題に据えていることが南北韓の渤海史研究における最大の特徴となっており、それゆえに、その解明を困難にする隘路ともなっていることを強調した[12]。

　こうした指摘については、基本的には現在でも改める必要はないと考えている。しかしながら、渤海史と近代の「民族」問題を論じるのであれば、朴時亨論文と同時に、それよりもさらに遡ぼって、韓國近代歷史學の祖ともいうべき申采浩の古代民族史とそこにおける渤海史の位置づけにこそ留意すべきであった。

　というのも、申采浩の「讀史新論」は、「民族」なる言葉が誕生し、韓國人に共有されて間もない頃に、「民族」を古史叙述の骨格に据えた最初の著作だからである。近代韓國において、「民族」なる語彙が登場し、共有されるに至るのは、20世紀初頭であり、廣く使用されるようになったのは保護條約の後になってからであった[13]。日本で誕生した翻譯語(和製漢語)としての「民族」という言葉は、ほぼ同時期に、韓國人にも共有されたのである[14]。

---

11) 李成市、「渤海史研究における國家と民族－「南北國時代」論の檢討を中心に」(前掲誌)41-47頁。
12) 李成市、「渤海史研究における國家と民族－「南北國時代」論の檢討を中心に」(前掲誌)47-49頁。
13) Andre Schmid Korea Between Empires、1895-1919)アンドレ・シュミット(糟谷憲一他譯)『帝國のはざまで』(名古屋大學出版會、2007年)147頁。
14) 李成市、「東アジアにおける古代史認識の分岐と連環」(檀國大學校開校60執念記念國際會議、『東アジア三國の歷史認識と領土問題』、2007年10月)。なお中國においても、ほぼ同時期に日本の翻譯語である「民族」が受容されたことについては、村田雄二郎、「20世紀システムとしての中國ナショナリズム」(西村成雄

1908年より發表された「讀史新論」に描かれた韓國古代史は、檀君に始まり、926年の渤海の滅亡による「父祖の地」の喪失に終わる歷史である。遠い過去の「滿洲」に對する要求を言い募り、その領土がいかに分散されたかを論述しつつ、その領有の記憶がいかに消し去られたかを訴えた[15]。檀君の衰退から、多くの王國が覇權を求めて絶えず競い合い、ついに渤海の滅亡とともに、鴨綠江以北の土地は、契丹などの異民族に讓渡されてしまったと申釆浩は見なした。

また、申釆浩は一つの國の中に複數の民族が存在しえることを認めつつも、その國の主人たる一種族(主族)を主題に叙述してこそ、歷史と言うべきことを強く主張し[16]、實際に、主族として扶余族を出發点におき、民族の誕生は、その祖先である檀君の出現において示された。「讀史新論」は檀君を歷史の始点にして、扶余、三國、統一新羅、渤海と叙述したが、その歷史は血統により定義され、敵對する諸民族により常に危險にさらされている民族の盛衰を強調しつつ、國家の過去全體に廣がる社會進化論的な世界觀[17]を帶びていた。とりわけ申釆浩にとって、重要なのは韓民族と「滿洲」との關係であって、その結びつきについて、次のように記している。

　韓國と滿洲の間の關係密接は果然如何なるや。韓民族が滿洲を獲得すれば、韓民族は強盛となり。他民族が滿洲を獲得すれば、韓民族は劣退し、又はする。その上、他民族中でも、北方民族が滿洲を得れば、韓國が北方

---

編、『現代中國の構造変動』3。ナショナリズム－歷史からの接近、2000年、東大出版會、57頁)を參照。
15) 申釆浩、「讀史新論」(丹齋申釆浩先生紀年事業會丹齋申釆浩全集編纂委員會編、『丹齋申釆浩全集』上卷、ソウル・螢雪出版社、1972年)。「壹片丹生」の署名による『大韓毎日申報』での初出は1908年8月27日、それ以後12月13日まで連載された。
16) アンドレ・シュミット(糟谷憲一他譯)、『帝國のはざまで』(前掲書)、155頁。
17) アンドレ・シュミット(糟谷憲一他譯)、『帝國のはざまで』(前掲書)、156頁。

民族の勢力圏內に入り、東方民族が滿洲を得れば、韓國が東方民族の勢力
圈に入る。嗚呼、此れは四千年間鐵案不易の定例なり[18]。

20世紀初頭の韓國が直面した危機に對して、「滿洲」の回復を構想する
歷史學が登場し、「滿洲」を韓民族と連結させることによって、「滿洲」を韓
國史の主要な舞台としての役割を果たした廣大な地域であることを示した
のである。そのような民族史の起源に檀君が据えられ、さらに渤海に至る
歷史認識が描出された事實に注意が必要であろう。つまり、申采浩の構
想する民族史の中では、檀君の建國から渤海までは、「滿洲」をも主要な
歷史舞台にしつつ、強大で輝かしい民族の榮光の古代史としてつながっ
ていたのである。

　既述のごとく、朴時亨論文をもって、新たな民族觀のもとに渤海史が位
置づけられたことにより、朝鮮史(韓國史)体系が大きく変更された点を指摘
したが、20世紀初頭における申采浩の民族史の構想を再認識してみれ
ば、朴時亨氏の渤海史は、必ずしも全く新たな民族觀の登場とはいえな
い。より正確に規定すれば、解放後にロシア・マルクス主義の受容に
よって打ち立てられた北韓の民族形成史が放棄され、20世紀初頭に登場
した民族觀と、そのような民族觀から韓國史に位置づけられた渤海史が
再び蘇ったというべきであろう。それが何故に1962年であったのかは別
途に追究されるべき問題であるが、ここでは今日の韓國、北韓の渤海史
が20世紀初頭の民族觀に由來することを確認しておきたい。

---

18)　申采浩、「韓國と滿州」(丹齋申采浩先生紀年事業會丹齋申采浩全集編纂委員會
編、『丹齋申采浩全集』別集、ソウル・螢雪出版社、1972年[所收]、『大韓每
日申報』、1908年7月25日付[初出])、232-234頁。なお翻譯は、糟谷憲一他
譯、『帝國のはざまで』(前揭書)に從う。

## 3. 中國の渤海史認識と中華民族論

　1970年代末より中華人民共和國では、渤海史研究の論著が現れはじめ、80年代には、明確な主張をともなった研究傾向が顯在化する。それは、おおよそ次のように集約できる。すなわち、渤海史は唐代の靺鞨人が、約230年にわたって祖國の東北とロシア沿海州の廣大な地域に建立した地方封建政權(地方民族政權)というものである[19]。このほかにも、論者によって「唐代に少數民族が建立した地方政權」、「唐王朝の統轄下にあった地方民族政權」、「唐の統治領域內の地方民族の自治政權」といったように、一部に表現の違いもみられるが、いずれにしても渤海史を唐代の少數民族・靺鞨人の地方政權と規定し、中國史の一部であることが強調されている。

　要するに、中國史の主體的な役割をはたしてきたのは常に古代以來、漢族であるという立場から、非漢族である靺鞨人の國家であった渤海は、獨立した民族國家とは認められられていない。漢民族を中心とする統一的な多民族國家である中國において、渤海の歷史は重要な構成要素なのである[20]。

　渤海の文化的特徵についても、靺鞨文化の伝統を継承しつつも、中原の漢族の高度に發達した封建文化に深く染まり、歷史の發展にともなって、ついに唐文化の一員として融合したのであって、渤海文化は實質的に一定の民族的特徵と地方的色彩をもった唐文化の構成部分であると規定され

---

19)　西川宏、「渤海考古學の成果と民族問題」(山本清先生喜壽記念論文集刊行會編、『山陰考古學の諸問題』、1986年)、石井正敏、「中國における渤海史研究の現狀」(『古代史研究の最前線』4、雄山閣、1987年)75頁、朱國沈・魏國忠、『渤海史稿』(黑龍江省文物出版、1984年)。

20)　朱國沈・魏國忠、『渤海史稿』(前揭書)。

ている[21]。

　中國政府の一貫した立場は、中國の歷史は秦・漢以來このかた、ずっと統一した中央集權的國家であり、漢族を主体に少數民族を包含した多民族國家であり續けたというものである。このようにして今日の多民族國家の現狀と課題を過去に投影して渤海史を解釋するのである。かつて、私は、こうした中國における渤海史研究を現實の政治課題と結びつけ、次のような解釋を示したことがあった。

　すなわち、渤海の政治的・文化的な自立性を認めず、あくまでも中國史に位置づけようとするのは、56の少數民族の団結を勝ち取り、なおかつ一割にも滿たない少數民族がしめる全國土の60パーセントの地域を、中華人民共和國の正統なる、歷史的根據のある領土として位置づけようとする現實的課題に關わっているというものである[22]。こうした解釋は、1950～1960年代の中國國內の民族問題に關する諸論文に依據しながら、推論したものであった。

　改めて指摘するまでもなく、中國における渤海史の位置づけは、現今の國家と民族をいかに規定するかに關わる優れて政治的問題であるが、しかしながら、上述のような解釋は、前章で韓國、北韓における渤海史研究で試みたように、いま少し歷史的に遡って、檢証する必要がある。

　ひるがえってみるに、中國においても民族の形成を考える上で畵期になるのは、20世紀初頭であった。たとえば、「中國人」という漢語が頻繁に用いられるようになるのは、1905年の反アメリカ運動においてであり、このような運動を通じて、「中國人」という言葉が流行語のように廣く使われていった[23]。言うまでもなく、この段階では、淸朝は國籍法をもっていな

---

21)　王承礼、『渤海簡史』(黑龍江人民出版社、ハルビン、1984年)、188頁。

22)　小林一美、「中國史における國家と民族」(神奈川大學人文學研究所編、『「民族と國家」の諸問題』、神奈川新聞社、1991年)。

23)　吉澤誠一郎、『愛國主義の創成』(岩波書店、2003年)、47-86頁。

かったので、「中國人」は國籍に關わる概念ではなかった。

しかしながら、1900年前後には、列强諸國の「瓜分」(分割)が知識人によって深刻に訴えられたように、不可分の一体という國土の觀念が主張されていたり、その國土の一体性を一色で領域が明示された中國版図の地図が雜誌[24]の表紙を飾るなど、「あくまで淸朝の征服活動のなりゆきによって治下に組みこまれた斷片の集積に過ぎなかった」[25]地域が、新たに生まれた「中國人」としての歸屬意識を喚起する表象となった点は、中國における「民族」の成立を考える上で參考になる。

すでに金翰奎氏が喝破したように、韓國や北韓においては今日の國家の領土にとらわれない民族を歴史の主体に据えて、古代の韓(朝鮮)民族廣汎な活動領域を想定しているのに對して、中國では、淸朝末期の領域を前提に國史の展開を想定している[26]。韓國の古代における歴史と民族への認識が、20世紀初頭の對外的な危機の中で創出されたように、中國においても、「瓜分」の危機が唱えられた1900年前後の狀況が新たな歴史と民族の構想を規定したと考えられる。

たとえば、啓蒙思想家の梁啓超がめざしたのは個別の王朝を超越した中國の「新史學」であった。梁啓超は、中國の歴史學が、王朝に卽した君主中心の叙述であって、朝廷と一己(個人)あるを知るのみで、國家あるを知らない同胞に向けて、國民意識の涵養や公德心(忠誠心)の育成を20世紀初頭に盛んに説いていた。

また、「史學は、學問のなかでも、もっとも廣闊で緊要なものであって、國民の明鏡であり、愛國心の源泉なのである。今日、歐州で民族主義が發達し、列國が日に日に文明に進んできたのは、半ば史學の功績

---

24) 『新民叢報』3号、1902年
25) 吉澤誠一郎、『愛國主義の創成』(前掲書)、93頁。
26) 金翰奎、「單一民族の歴史と多民族の歴史」(『記憶と歴史の闘爭　当代批評特別号』(図書出版三仁、ソウル、2002年4月)。

である」[27]と、中國の歷史學がヨーロッパと同樣の役割を果たしてこな
かったことを梁啓超は慨嘆した。個々の王朝を越えて貫通する中國史とい
う認識は、梁啓超の強く希求するところであった。

　王朝を超越した歷史をめざすには、まずもって中國の歷史を通した紀
年法が必要になるが、その起点として梁啓超は「孔子紀年」とともに「黃帝
紀年」を考えていた[28]。そうしたなかにあって、黃帝紀年を明確に主張し
た劉師培は、次のように述べている。

　　　民族とは、國民が固有にもって存立する性質なのである。およそ民族という
　　からには、起源に遡らないわけには行かない。我が四億の漢種の始祖は、
　　誰なのか。それが黃帝軒轅氏だ。この黃帝こそが、文明を作り出した最初の
　　人であり、4000年の歷史を始めた敎化者である。ゆえに、黃帝の事業を受け
　　繼ごうとする者は、黃帝の誕生を紀年の始めとすべきなのである[29]。

　中國において個別の王朝を超越した「民族」の歷史が追究されるや、
その起源が問題になるが、それはどこを起点とすべきか。こうした問題に
答えるのが劉師培の提唱する黃帝紀年であったが、宋敎仁が中心となっ
て刊行した『二十世紀之支那』(1905年)には、「開國紀元4603年」の奥付が
みられ、それは『民報』等に引き繼がれて、革命運動の中で一般化して
いったと考えられている[30]。

　ちなみに、韓國において始祖檀君が再發見され、「檀君の時代以來」
という國家の創始を指し示す表現は、檀君神話の様々な特徴が議論の對
象となり、檀君の生誕を祝う論說は1905年以後、急增していった[31]ことを

---

27)　梁啓超、「中國之新民　新史學第一章　中國之旧史學」(『新民叢報』1、1902
　　年)。
28)　吉澤誠一郎、『愛國主義の創成』(前揭書)、108頁。
29)　劉師培、「黃帝紀年說」(『黃帝魂』、1916年)。翻譯は吉澤誠一郎氏による。前揭
　　書、109頁。
30)　吉澤誠一郎、『愛國主義の創成』(前揭書)、112頁。

想起するとき、中國と、韓國における同時代性に注目せざるをえない。

ただ、中國の場合、「民族」という和製漢語を受容しながらも、当初は人種と結びつけて理解されることが多く、当時の最新學説である人種闘爭理論を援用して、滿・漢の種族の違いを強調することが革命の正当性の証とされることもあった[32]。

こうした革命派の種族主義的民族主義は、漢族の民族主義を突出させると、滿人の他のモンゴル人、チベット人など清朝が統合している非漢民族の分立も、同じ民族主義の名分によって否定できなくなるという自己矛盾を抱えていた。とはいっても、この時期の革命排滿論は、非漢民族を排除するように見えても、國家統一と社會進化の暁には、漢族による融合・同化が實現することを自明視しており、將來樹立されるべき國家を漢族中心の單一民族國家として描いていた[33]。

辛亥革命が起こり、清朝から中華民國に政權が交代した際にも、國家の領域や構成員の面で大きな変動はなく、「中華民國の領土は二十二省、内外蒙古、チベット、青海とする」(中華民國臨時約法)と唱えられ、清朝の継承國として出發する。やがて、王朝体制を変革して近代國家を創出するために、清朝からの継承國という器に盛るべき均質な國民意識・國民文化を成型する必要から、「中華民族」という言説が生みだされる。國民黨の公式民族理論を提供することになる蔣介石の『中國の運命』によれば、中華民族は多數の宗族が一つに融合してできたものであり、歴史の中で、交雑・同化を繰り返すことを通じて、「中華民族」という一大宗族を形成し、それらは、宗教、文化、経済、習俗などの点で一つに解け合い、兄弟の如き強い連帯感で結ばれているとみなされた[34]。

---

31) アンドレ・シュミット(糟谷憲一他譯)、『帝國のはざまで』(前掲書)、154頁。
32) 村田雄二郎、「20世紀システムとしての中國ナショナリズム」(前掲書)、57頁。
33) 村田雄二郎、「20世紀システムとしての中國ナショナリズム」(前掲書)、58頁。
34) 村田雄二郎、「20世紀システムとしての中國ナショナリズム」(前掲書)、61頁。

　ここで言われている宗族連合体としての「中華民族」の概念は、中國の境域に住む各種族の單なる總和に止まらず、「確固不動の道德的決意」を秘めるところの生きた統一体でなければならないという。伝統的な家族主義のレトリックや文化主義的同化論によりながら、そこで目指されていたのは、單一民族(中華民族)による一國家の樹立であっという意味で、村田雄二郎氏は、ここにこそ徹底的に20世紀の「民族」言說を見ることが出來ると指摘している[35]。

　あたかも現代中國のナショナリズムの言說として「中華民族」が愛國教育の中で、提唱されたかのような議論もあるが、20世紀における中國の政治過程やその秩序の再編過程の中で、「中華民族」という言說が、求心的な統合力を發揮していたことに注目される。こうした事實は、中國における渤海史の位置づけが、近年の民族理論に依據するというよりは、近代中國における國家と民族の形成過程そのものに根ざしていることを示しているように思われる。それは、中國における渤海史の歷史的、文化的な規定の中にもみてとることができる。

## 4. 近代日本の植民地史學と渤海史

　かつて拙稿で論じたように、朝鮮總督府は、1916年に『朝鮮半島史』と朝鮮古蹟調査事業に着手するが[36]、そのような事業に至る大きな要因に、韓末以來の韓國人による民族史學があった。後に朝鮮史編修會で活躍した稻葉岩吉は、朝鮮總督府の政策が、民族史學との對抗關係の中で

---

35) 村田雄二郎、「20世紀システムとしての中國ナショナリズム」(前揭書)、62頁。
36) 李成市、「コロニアリズムと近代歷史學－植民地統治下の朝鮮史編修と古蹟調査事業を中心に」(永田雄三他、『植民地主義と歷史學』、刀水書房、2004年)。

進められたことを次のように回想している。

> 半島を眺めると、檀君信仰が著しく抬頭して來た。(中略)檀君信仰は、輓近、二三子の提唱によりて急速に發展し、かつて一顧だに酬いられざりし朝鮮史研究は不揃の足並ながら、鮮人間の一大潮勢をなした。今や日韓同源論などですまされなくなつたから、朝鮮總督府は、寧ろ進んで朝鮮史編纂を計畫し、之が潮勢を正當に導き、錯覺なからしめぬよう努力するをもつて時宜を得たりとし、茲に朝鮮史編修會の勅令公布を見た、それは大正十四年夏のことである[37]。

ここで言及されている「今や日韓同源論などではすまされなくなったから」とは、1916年に編纂事業が始まった『朝鮮半島史』が三一獨立運動などで挫折することを指す[38]。『朝鮮半島史』の編纂目的を述べた「編纂要旨」によれば、總督府が最も恐れたのは、韓國人が「漫然と併合と關係のない古代史、または併合を呪う書籍を讀む」ことであり、「今日の世がひとえに併合の恩榮によることを忘れ、いたずらに昔のことを回想して、改進の氣力を失う」ことであった。『朝鮮半島史』編纂の段階においても、韓國人の手になる古代史は警戒すべき對象であったのである。稻葉の上揭の文章からも、併合後において檀君信仰が急速に發展し、韓國人による韓國史研究が「一大潮勢」をなしたことへの危機感がいかに大きいものであったかが推し量られる。『朝鮮半島史』の編纂は、檀君信仰の高まりと、それに伴う韓國人の古代史研究に關わっていたのである。

ところで、稻葉は上揭の引用文で、『朝鮮半島史』の挫折が、朝鮮史編修會(1925年)の發足につながったことを回想しているが、實はその間には、1922年に朝鮮史編纂委員會が設置されていた。3年後の編修會設置

---

37) 稻葉岩吉、「朝鮮史研究の過程」(『世界歷史大系11朝鮮滿洲史』、平凡社、1935年)、199頁。
38) 李成市、「コロニアリズムと近代歷史學－植民地統治下の朝鮮史編修と古蹟調査事業を中心に」(前揭書)、75頁。

に際して、この朝鮮史編纂委員會については朝鮮史編修會の「官制の發布」冒頭で、次のように回顧されている。

　　朝鮮史編纂の目的はすでに述べたように學術的で、かつ公平無私の編年史を修めるところにあるが、過去數年間の経驗によると、本事業の遂行に對して一部の朝鮮人の間には、これを誤解し、または輕視する恨みがあり、各方面における史料の收集などに困難を感じるだけでなく、將來の編纂に当たり大きな障害が少なくないとの憂いがある[39]。

　見られるように、朝鮮史編纂委員會には諸問題が發生し、その苦い経驗が編修會の設置に導いたことがわかる。そこで興味深いのは、第一回朝鮮史編纂委員會(1923年1月)での質疑応答において、韓國人委員は、檀君朝鮮に關する質問を行っているのであるが、その中で李能和は、檀君朝鮮が古朝鮮に入れられるべきことを主張するとともに、渤海がどこに入るかを質問している事實である[40]。

　また、1925年の朝鮮史編修會委員會發足後には、第三回委員會より崔南善が參席するが、崔南善の最初の質問が半島内の民族問題であり、今西龍に對して、渤海が朝鮮史に重要な役割を果たしていることを主張し、次のような發言を行っている。

　　凡そ古代史は民族本位にすることもあれば地理本位にすることもあり、また文化本位にすることもあります。いずれに致しましても非常に複雑で、かつ曖昧な状態でありますが、民族の起源を明らかにする爲には出來るだけ力を盡くす必要があります[41]。

　つまり、渤海史が朝鮮民族の起源に關わって、いかに重要な位置にあ

---

39) 朝鮮史編修會、『朝鮮史編修會事業概要』(朝鮮總督府、1938年)。
40) 朝鮮史編修會、『朝鮮史編修會事業概要』(前掲書)、19頁。
41) 朝鮮史編修會、『朝鮮史編修會事業概要』(前掲書)、46~47頁。

るのかを強調しながら、『朝鮮史』編纂の方針を糺しているのである。

　さらに、第七回委員會では、黒板勝美が「檀君・箕子は歴史的人物でなく神話的なもので、思想的・信仰的に發展したのであるから思想信仰方面から別に研究すべきものである」との發言に對して、崔南善は、「そもそも檀君・箕子は歴史的人物であるか神話的人物であるか、これは研究物でありますが、少なくとも朝鮮人の間にはこれが歴史的事實と認識されたものであります」と応えている[42]。

　留意すべきは、李能和と崔南善が編纂委員會と、編修會委員會における各々の發言に共通して、日本側委員に對する質問は、檀君と渤海の扱いに集中しているという事實である。上述のとおり、朝鮮半島史編纂事業、朝鮮史編纂委員會、朝鮮史編修會は、總督府は一貫して、韓國人の古代史を強く警戒しており、それは檀君以來、渤海に至る韓國人の民族史についてであった。編纂委員會においても、編修委員會においてもくり返し、そのことが問題にされている。

　すでに、申采浩の「讀史新論」における主張を見たように、檀君の建國から渤海までは、輝かしい民族の榮光の歴史であった。總督府における1916年から始まる朝鮮史編纂事業の目的が、民族を鼓舞する韓國人の手になる古代民族史への對抗であり、そのことに渤海史が少なからず關わっていたことは輕視できない。渤海史は、植民地統治期の韓國人にとって、民族の表象をめぐる政治的な闘爭の精神的な支えであったといえよう。

　ところで、朝鮮史編修會において崔南善などの韓國人委員の主張を押さえ込むことに力を發揮した稲葉岩吉は、朝鮮史編修會から滿州國建國大學教授として轉身(1937年)するが、稲葉の建國大學における講義録でもある『滿州國史通論』(日本評論社、1940年)は、「滿洲」地域の歴史を、いか

---

42) 朝鮮史編修會、『朝鮮史編修會事業概要』(前掲書)、68頁。

に政治的な道具として驅使していた一端を如實に示している。

　すなわち、稲葉は、この著作において、建國後十年に滿たない「滿洲國」を正當化するために、「滿洲國」が存立した地域を中國の歷史から切り離して、この地域における古代から日露戰爭までの「滿洲國史」が文字どおり通史として展開されている。

　その構成をみてみると、「民族の發展(上)」に高句麗・渤海を、「民族の發展(中)」には契丹(遼)を、「民族の發展(下)」には女眞(金)を、「民族の新生」には蒙古を、「民族發展の復元」には滿洲族(淸)を取り上げることによって、各民族相互の關係には顧慮することなく、この地域に諸民族が展開した非連續の連續体としての歷史の流れを叙述している。その目的は、「今の滿洲國の領土内に古來生存を續けていた諸民族には、部分的には多少の差別を認めるが、大体に於いて、同一民族であり、而して、それは、支那民族とは、全く別系統の存在であった」[43]というように、非漢族の歷史を強調することのみに、『滿州國史』の目的があったと考えざるをえない。

　言うまでもなく、「滿洲國」は、決して滿州民族のための國家ではなく、あくまでも在「滿洲」日本人の利益を追求する國家であり、複雑な滿洲族とその統合過程は全く考慮されなかった[44]。稲葉岩吉の「滿洲國史」とは、「滿洲國」の建國された土地を非漢族＝滿洲族の歷史として描くことによって、この地域を中國の歷史から切り離し、古代以來一貫して滿洲族の歷史が展開したかのような空虚な國史である。しかしながら、その中で、渤海史の占めた位置は極めて大きなものがあった。

　このような稲葉の『滿洲國史』の議論と、かつては朝鮮史編修會委員會において、朝鮮人委員に向かってなされた渤海史の扱いをめぐる議論とを

---

43) 稲葉岩吉、『滿州國史通論』(日本評論社、1940年)、20頁。
44) 稲葉岩吉、『滿州國史通論』(前掲書)。

比べてみるとき、露わになるのは廉恥のない政治性である。

　近代日本の植民地史學と渤海史に關わって最後に指摘したいのは、戰後日本における渤海史研究である。日本の學界では東北アジア各國の渤海史研究がナショナリズムによって歪められているのではないかという指摘がしばしばなされる。そこには暗默の內に、日本の渤海史研究は、そのような東アジア諸國の研究から距離を置き、「公明的確な」實証的研究によって客觀的な立場を保持しているかのような意識が窺える。

　しかし、本章で見たように、近代日本の植民地史學は、渤海史研究に卽してみても、その政治性は際だっている。決して客觀的な位置には立ちえない役割を果たしてきたことは改めて言うまでもないであろ。そのような事實を踏まえれば、少なくとも安易なナショナリズム批判はなしえないはずである。

　近代日本人の渤海史研究は、渤海と古代日本との關係史を重視し、研究の主要な課題として取り上げられ、1930年代以降、今日に至るまで、変わることなく一貫して重要な課題であり續けている。改めて言うまでもなく、渤海と古代日本の關係史を肥大化させたのは、近代日本の滿洲地域に對する政治的・経濟的な關心と軍事進出であり、近代日本の渤海史研究は、日本と「滿洲國」の現實と將來のためのプロジェクトの一環であった。近代日本と「滿洲國」の關係は、古代日本と渤海に投影され、近代國家の物語を創出した。古代日本と渤海を論じることは、自ずとそのような國家の物語を強化していくことになったのである[45]。

　私はいち早く東北アジア各國の渤海史研究の性格について論究したことがあるが、それは批判の根據を明示し、代案をもって論じてきたつもりである。不可解なのは、そのような私見を、あたかも自明のように語る論者を見るたびに、どれだけ自己相對化して論じているのか常々疑問に思っ

---

45) 稻葉岩吉、『滿州國史通論』(前揭書)。

てきた。ナショナリズム批判は、自己のナショナリズムに自己省察的でなければならいのではなかろうか。すでに拙稿で指摘したように、東北アジア地域の研究に従事した日本人研究者には抜きがたいオリエンタリズムが顯著である[46]。合理的な歴史學が植民地や傀儡王國で野蛮な知的抑壓を加えてきたことは強調しても、強調しすぎることはないと思う。現今の東北アジアにおける歴史紛争には、ナショナリズムだけでなく、コロニアリズムとオリエンタリズム三者の融合が化學変化を起こしているように思えてならない。

## 5. おわりに

韓國、北韓、中國、日本における渤海史研究を通じて知りうるのは、東北アジア歴史紛争の克服のために、眞の意味での史學史の必要性である。東北アジアでは、19世紀のウェスタンインパクトと、1900年前後の東北アジアにおける日淸、日露の2度の戰争が、この地域に「民族」意識を急速に作り上げ、人々にそれまでにない生活世界を越えた「民族」をイメージさせるようになった。對外的な危機の中で、全く新たに共有された「民族」のアイデンティティとして、民族の起源を語る古代史の探究が行われ、民族意識にリアリティーを与えていった[47]。

渤海史に卽してみるとき、今日の各國の渤海史認識は、20世紀の初頭より、各國が直面する對外的な危機や、植民地統治、軍事進出にともなって、形成されてきた。それらは、對外的な危機に直面しながら、あるいは、異民族と對峙しながら、憤怒、悲嘆、哀惜、煩悶といった情念が渤

---

46) 李成市、「東アジアにおける古代史認識の分岐と連環」(前掲書)。
47) 李成市、「東アジアにおける古代史認識の分岐と連環」(前掲書)。

海という過去の歴史を20世紀になって各々に蘇らせてきた。それらの記憶は、國民の間で蓄積され、堆積されながらも、忘却されることもあった。

　20世紀末より東北アジアの相互依存關係が深まるにつて、記憶の彼方に埋もれた渤海史がもちだされ、かつて注がれた情念を相互に批判しあいながら蘇らせ強化しているところがある。

　すでに別稿で論じたように、東北アジアの古代史研究は國民教化と、植民地支配の正当化に用いることで、古代史が20世紀前半の東北アジアにおいて徹底的に政治化された。古代史研究がこの地域の民族意識の形成と他民族抑壓の装置として利用された歴史を自覺的にふりかえれば、今日の渤海史認識を通して、この地域の歴史研究が抱えている問題がより顯在化され、その克服の道が見えてくるはずである。

　宋基豪氏の21世紀に相應しい歴史學とは、この地域が抱えているナショナリズム、コロニアリズム、オリエンタリズムの深刻さを知るものにもたらされるのではあるまいか。共犯的に作り上げられてきた東北アジアの歴史學は、この地域の共通の問題を見出し、解決する歴史學でなければならないだろう。

종합토론

**한규철** : 예. 반갑습니다. 종합토론 사회를 맡은 경성대 한규철이라고 합니다. 제가 종합토론 사회를 하는 사람으로써 발표를 들으면서 질문하고 싶은 것이 많이 있었습니다. 오늘 시간관계상 일단 발표하신 분과 토론하신 분을 합해서 한 팀당 20분을 먼저 드리도록 하겠습니다. 질문은 가급적 간단히 해 주시고, 대답도 시간에 맞추어서 해 주시고, 플로어에서도 다른 분들도 질문을 할 수 있는 시간을 배려해 주시면 고맙겠습니다. 그리고 오늘 기조발제를 하신 스즈키 선생님도 질문과 대답에 동참할 수 있도록 여러분들께서 질문해 주시기 바랍니다. 오늘 시간을 두 시간에 마치는 것이 저의 첫 번째 책무인 것 같습니다. 앞에서 사회하신 분들이 소개라든지 요약은 잘 해주신 걸로 보고 제가 가급적 토론과 대답의 시간을 배려하기 위해서 저는 얘기를 많이 않고, 오히려 제가 가끔씩 질문을 한 두 번 하는 게 더 낫지 않겠는가 이런 생각을 갖고 있습니다. 그러면 먼저 제일 처음에 송기호 교수님이 발표를 해주셨습니다. 송기호 교수님의 발표에 대해서 우리 금경숙 선생님이 토론을 하셔야 되는데, 금경숙 선생님께서 재단사정상 오지 못하셨습니다. 그래서 윤재훈 선생께서 토론문을 대독하는 걸로, 부득이하게 그렇게 할 수밖에 없으니 좀 양해해 주시면 고맙겠습니다. 윤 선생님 부탁합니다.

**윤재운** : 동북아역사재단에 있는 윤재운입니다. 금경숙 선생님이 재단의 사정으로 불참하셔서가지고 제가 미리 작성한 토론문을 대독하도록 하겠습니다. 송기호 선생님은 기왕의 논문에서도 발해의 고구려 계승문제에 관하여 엄격한 실증을 통하여 발해의 국가적 성격이나 고구려와의 계승성 연구가 가능하다고 언급하셨습니다. 오늘의 발표문에서도 역시 정치적인 목적성보다 논리적인 접근을 해야함을 지적하

였습니다. 한국, 북한, 일본, 러시아, 중국이 발해의 고구려 계승과 관련하여 실증에 치중하지 못하였던 점은 광범위하고 다층적인 발해의 국가적 성격에 비추어 매우 단선적인 해석이라고 비판했습니다. 선생님의 지적에 동감하면서 두 가지 질문을 드리고자 합니다. 첫째, 신라의 발해 인식과 관련된 것입니다. 선생님은 발해 존재 당시 주변국의 발해 인식에 관해서 언급을 하시면서, 신라인의 발해 인식을 검토하셨습니다. 엔닌의『입당구법순례행기』에 당에 와 있던 신라인들이 추석의 유래에 관한 설명에서 나오는 발해를 신라인들이 당시에 존재했던 발해와 앞 시대에 있었던 고구려를 동일한 실체로 여겼던 것이라고 말씀하셨습니다. 즉 신라인들이 일반적으로 고구려와 발해를 동일시했다고 하셨습니다. 당시 엔닌이 추석의 유래에 관해서 설명하는 가운데, 발해를 세 번 언급했습니다. 이 가운데 앞에 두 번 거론된 발해는 고구려로 인식한 것이라고 하셨고, 뒤의 발해는 당시의 발해를 나타낸 것이라고 보셨습니다. 그런데 하나의 사안에 관해서 언급한 발해가 앞의 것은 고구려를 지칭한 것이고 뒤의 것은 발해를 지칭하였을 것이라는 지적은 재고해야 하지 않을까요. 또한 『입당구법순례행기』에서 언급한 '昔與渤海相戰之時'는 733년 발해와 당과의 전쟁을 언급한 것이 아닌가 합니다. 발해와 당의 전쟁은 무왕 14년, 732년 발해가 장문휴 등을 해상으로 보내어 당의 등주를 공격하면서 시작되었습니다. 이 전쟁에서 당은 등주에 와 있던 신라의 김충란을 귀국시켜 신라가 당을 도와 발해의 남쪽을 공격하도록 요구하였습니다. 이 전투에서 신라는 당과 적극적으로 협력하여 발해에 대한 공격에 나섰습니다. 엔닌이 전해들은 전쟁은 이때를 기억하면서 언급한 것이 아닐까 합니다. 둘째, 고구려 유민과 관련된 것입니다. 선생님께서 발표문에서 표로 언급하신 바와 같이 고구려 유민들이 묘지명에서 밝힌 출신지에는 자신들이 고구려의 후손임을

'遼東郡 平壤城人', '朝鮮人', '其先高句麗國人' 등으로 표현하고 있습니다. 선생님께서 말씀하신 것 외에도 고진과 그의 넷째 딸이 출자를 발해인이라고 한 외에, 고흠덕도 묘지명에 발해인이라고 기록하였습니다. 그런데 고흠덕의 증조부인 원, 조부인 회는 고구려가 멸망한 이후 건안주도독을 역임했습니다. 이 발해인이라는 표현을 어떻게 해석할 것인가에 관해서는 좀 더 신중하게 접근을 해야 할 것 같습니다. 고진과 그의 딸, 그리고 고흠덕은 시종 당의 영토 안에서 살았던 사람들이기 때문에 발해와는 직접적인 관계가 없기 때문입니다. 그럼에도 불구하고 자신들의 출신을 언급해야 하는 묘지명에 발해인이라고 기록한 것은 당시 존재하고 있던 발해라는 국가가 고구려와 관련이 있다고 생각하고 있었던 것으로 볼 수 있지 않을까 합니다. 이것을 마일홍이 주장한 발해 고씨와 연결시키는 것보다 합리적이지 않을까 합니다. 고씨 부인의 묘지명에도 그녀의 증조부인 황이 조선왕에 봉해졌으며, 조부인 연도 조선군왕에 봉해졌기 때문에 그러할 개연성은 더욱 짙은 것으로 보입니다. 즉 조선과의 계승의식이 여전히 인식되고 있었다면 고구려와 발해의 계승성에 관해서도 당시에 인식되고 있었을 것으로 보입니다. 천남산은 요동 조선인, 고자는 조선인이라고 기록한 것에서도 짐작할 수 있지 않을까 합니다. 이상입니다.

**한규철** : 네. 감사합니다. 『입당구법순례행기』에 나오는 발해에 대한 질문과 그리고 고진의 묘지명을 통해 가지고 본래 발표자께서 생각하셨던 생각을 거두고 마일홍씨의 의견을 쫓는 것에 대한 질문이라고 할 수 있을 것 같습니다. 우리 송신생님의 대답을 듣겠습니다.

**송기호** : 네. 토론자가 없어서 답변하기가 좀 그런데, 첫 번째 질문부터

답변하겠습니다. 첫 번째 것이 733년에 발해와 신라의 전쟁을 표현한 것이 아니냐 하는데, 그것은 분명히 아닙니다. 첫 번째는 8월 15일날이 전쟁에 이긴 시기라고 했는데 733년의 전쟁은 겨울에 일어났습니다. 그렇기 때문에 시간적으로 맞지 않고, 그리고 인용문의 마지막 줄을 보면 그것은 고구려에 의해서 멸망하고 나서 북쪽으로 쫓겨갔다가 일부 사람들이 쫓겨가서 나라를 다시 세워서 돌아왔다고 하는 것이기 때문에 이것은 733년의 의미하고 다릅니다. 이미 그때는 나라가 있는데, 여기 '위국' 옛날의 방식대로 나라가 되었다는 얘기고, 그것이 지금의 발해국이다는 얘기이기 때문에 이것은 고구려와 신라가 전쟁을 벌였던 시기의 내용이 분명합니다. 그리고 두 번째 질문은 저도 발해국 사람으로 연결했으면 좋겠습니다. 그러나 역시 실증적인 자료가 중요합니다. 연결을 해보자는 것이 문제가 아니고, 원 사료에 어떻게 나오느냐는 것이 중요한 것인데, 제가 인용한 대로 고씨 부인의 묘지명에 분명히 제나라의 후예들로 나오기 때문에 이 중국에 끌려간 고씨들은 중국의 고씨에 부속되어 들어가는, 동화되어 들어가는 그런 과정으로 설명하는 것이 가장 합리적일 것 같습니다. 아쉽지만 그렇게 봐야 할 것 같습니다. 예, 이상입니다. 아 그리고, 고흠덕 묘지명을 얘기를 했는데, 저는 아직 보질 못했고, 여기 분들한테 여쭈어 봐도 확인을 못하겠습니다. 어디에 출전되어 있는 것인지는 앞으로 확인을 해보겠는데, 혹시 당나라의 발해 고씨의 묘지명을 잘못 알고 있는 것이 아닌가 하는 생각이 드는데요, 그건 한번 확인해 보도록 하겠습니다.

**한규철** : 20분이 안되어도 일단 시간이 남았다고 생각하시지 말고, 일단 진행하겠습니다. 오늘 발표하신 분들이 다른 분들에게 질문하고 싶을 분도 있고 또 토론자가 주장하고 싶은 내용이 있을 수도 있으니

까 그런 것을 고려해서 시간이 20분이 안되더라도 이런 방식으로 토론과 답변을 듣도록 하겠습니다. 다음에는 후루하타 토오루 선생님의 발표에 대해서 김종복 선생님께서 토론하겠습니다.

**김종복** : 방금 소개 받은 김종복입니다. 발표 요지문 37페이지에 토론문이 있습니다. 아마 후루하타 선생님께선 미리 아마 토론 요지가 일본어로 번역된 것을 받으신 걸로 알고 있습니다. 읽도록 하겠습니다. 발표자 후루하타 토오루 선생님은 일본의 대표적인 발해사 연구자 가운데 한 분입니다. 대부분의 일본에 계신 연구자들께서 국사, 그러니까 일본사의 입장에서 즉 일본과 발해의 관계사에 대해 접근하는 데 반해 후루하타 선생님은 동양사의 입장에서 발해사를 연구하고 있습니다. 唐代 사료를 폭넓게 섭렵하고 치밀하게 고증하여 많은 논문들을 발표하였습니다. 그런 만큼 '발해와 당의 관계'라는 주제에 적임자이며, 평소 선생님의 논문들에서 배운 바가 적지 않은 저도 내심 기대가 컸습니다. 그런데 선생님은 이 주제에 대한 일본에서의 연구 경향을 소개한다고 한정하고, 특히 최근 하마다 코사쿠 선생님의 논문과 저서를 중심으로 논문평 같은 형태의 발표문을 취하고 있습니다. 그래서 선생의 독자적인 견해를 볼 수 없다는 점이 조금 아쉽습니다. 사실 토론은 제가 아니라 하마다 선생님께서 하셔야 하는데 어떻게 이렇게 됐습니다. 두 번째는 다른 분들을 위해 코사쿠 선생님의 시대구분에 대해서 나름대로 요약해 놓은 것입니다. 두 번째는 넘어가도록 하겠습니다. 3번을 읽도록 하겠습니다. 하마다 선생님은 대당외교 시기구분에서 전후기를 구분짓는 획기로서 762년 문왕이 발해군왕에서 발해국왕으로의 진작된 것에 주목하였습니다. 즉 唐朝의 '內地'를 의미하는 '郡王'에서 벗어나 당의 遠國으로서 인식되는 '國王'이 되었다고 보기 때문입니다. 진작의 의미에 대해서는

발표자도 찬성하지만 그 시기에 대해서는 이의를 제기하고 있습니다. 문왕 사후 왕위계승 분쟁을 거쳐 795년에 즉위한 康王 大崇璘이 발해군왕에 책봉되었다가 798년 발해국왕으로 진작되었기 때문에 내속에서 원국으로의 위치 설정의 전환은 798년으로 보아야 한다는 것입니다. 또한 康王 大崇璘이 즉위시에 받은 관작이 문왕 大欽茂 즉위시의 그것과 같은 발해군왕·무슨 무슨 대장군이라는 점은 문왕이 추가로 받은 특진 검교태위 등의 관작이 어디까지나 대흠무 개인에게 가증된 것이며, 발해라고 하는 국가에게 부여된 것은 아니라는 당의 인식이 있었기 때문이라고 보고 있습니다. 이 두 가지에 비교적 발표자의 견해가 두드러지게 나타나 있다고 할 수 있기 때문에 이에 대해서 몇 가지 질문을 하고 싶습니다. 첫 번째, 발해군왕에 책봉된 강왕은 이에 대해서 이의를 제기하여 3년 만에 국왕으로 진작되었다는 점은 당도 발해군왕의 그러니까 강왕을 발해군왕으로 책봉하는 것에 문제가 있음을 인정하였기 때문은 아니었을까 싶습니다. 그렇다면 당의 인식의 변화는 역시 762년을 획기로 보아야 하지 않을까 생각이 됩니다. 두 번째입니다. 문왕이 발해군왕 책봉 이후에 추가로 받은 특진, 검교태위 등의 관작이 어디까지나 대흠무 개인에게 가증된 것이며, 발해라고 하는 국가에게 부여된 것은 아니라고 한다면, 발해국왕으로의 진작 이후에 추가로 받은 사공이나 태위도 그러한 것인지 궁금합니다. 또한 전근대 국가에서 그러니까 왕조국가에서 국왕 개인과 국가가 구별될 수 있는지, 즉 관작 수여의 의미가 국왕 개인과 국가로 구별될 수 있는지 궁금합니다. 이 점은 발해군왕에서 국왕으로 책봉된 강왕 大崇璘이 그 이후에도 은자광록대부라던가, 금자광록대부, 검교사도, 검교태위 등으로 계속 승진하는데 이것도 강왕 大崇璘 개인에게 수여한 걸로 봐야 되는지, 같은 의미의 질문이라고 볼 수 있습니다. 세 번쨉니다. 발해군왕이 내속의 의

미를 갖는다고 보는 점은 하마다 선생님이나 후루하타 선생님 모두
에게 공통됩니다. 이는 가네코 슈이치 선생님의 견해에 따른 것인데
요. 그렇다면 거의 비슷한 시기에 신라 성덕왕이 제수 받은 낙락군
공은 어떤 의미를 갖는 것인지 궁금합니다. 예컨대 당은 신라도 마
찬가지로 내속으로 파악하고 있었다는 해석도 가능한 것이 아닌가
싶어서 드리는 질문입니다. 네 번째로요. 이와 관련하여 발표자도 언
급했듯이 발해에 대한 당의 책봉에서 보이는 특징인 전왕이 받은 관
작이 다음 왕이 그대로 계승되지 않는다는 것이다. 즉 大崇璘이나
대인수는 은청광록대부, 검교비서감에서 금자광록대부, 검교태위로
가증되었는데, 가증된 관작은 다음의 왕들에게는 계승되지 않았던
것입니다. 그런데 신라의 경우에는 발해와 같은 관작의 등락이 보이
지 않습니다. 이 점에서 발해에 대한 당의 인식은 신라에 대한 당의
인식까지 고려할 때 제대로 이해할 수 있지 않을까 싶습니다. 그래
서 이 점에 대해서 신라의 경우에는 보이는 모습은 어떻게 설명할
수 있을지 선생님의 의견을 듣고 싶습니다. 다섯 번째입니다. 또한
발표문 말미에서 본 보고의 과정에서 당이 발해를 내신으로 평가하
고 있었다고 보이는 증거가 많다는 점을 다시금 느끼게 되었다고 서
술하였습니다. 결국 발해와 당의 관계를 당의 발해 인식으로 국한시
켰다는 느낌이 듭니다. 물론 당의 사료를 통해 당과 발해의 관계를
이해할 수밖에 없다는 측면도 사료적 한계도 분명히 존재합니다. 그
렇지만 이러한 당의 인식에 대한 발해의 대응 양상이라고 할까요.
또는 발해의 입장 등을 규명해야 발해와 당의 관계가 좀 더 객관적
으로 드러날 수 있지 않을까 그런 생각을 해봤습니다.

**한규철** : 네, 감사합니다. 토론자는 아까 소개가 안되었기 때문에 잠깐
토론자를 소개합니다. 김종복 선생님은 지금 성균관대 박물관에서

일을 하시면서 발해사를 전공하고 있습니다. 특히 최근에 석굴암 관련해서 지금 전시회도 하고 있는데, 석굴암 원본 필름을 성대 박물관에서 복원하고 있는 관계로 이 일을 열심히 해서 새로운 자료를 공개하고 있는 주인공이기도 합니다. 그러면 후루하타 선생님의 답변을 듣도록 하겠습니다.

古畑徹 : 저, 앞서 제가 이미 일본어로 번역된 것을 보았다고 말씀하셨는데, 저는 그것을 보지 못했습니다. 지금 저는 한글을 읽지 못하기 때문에 여기에서 이야기를 듣고 내용을 이해하였습니다. 충분한 준비가 없어 답변이 제대로 될지 모르겠습니다만, 양해해 주시기 바랍니다. 첫 번째입니다만, 798년에 발해의 大崇璘이 제의하여 당이 발해국으로 책봉하였습니다. 그것은 저도 그렇게 생각합니다. 그러나 그것은 그때 처음으로 그러한 인식을 갖게 된 것이라고 저는 생각합니다. 762년에 한 번 변한 이상 그때 없었다고 판단하지 않으면 안된다고 생각합니다. 잘못되었다고 한다면 잘못된 이유가 필요합니다. 사료에 확인되는 한 내분으로 인해 발해의 관위가 낮아졌다는 이유는 어디에도 보이지 않습니다. 그렇다면 역시 이것은 거기에 대해 大崇璘은 자신의 논리를 내세워 그것을 다시 당으로부터 새롭게 부여받은 것이라고 보아도 좋을 듯합니다. 그것이 저의 지금의 견해입니다. 두 번째입니다. 전근대에서 국가와 개인을 구분할 수 있는가 하는 문제라고 생각합니다. 그것은 매우 애매하다고 생각합니다. 그러나 애매하다고 해서 전부 구별되지 않는다는 것은 아닙니다. 책봉의 문제를 말씀드릴 때 확실하게 책봉이 이루어지고 있는 경우가 있습니다. 그것을 나중에 주었다고 단정할 수 있는 것은 어디에도 없습니다. 그렇기 때문에 지금으로써는 이러한 판단밖에는 할 수 없습니다. 대체로 봉헌한 사람에 대해 여러 가지 관위가 주어집니다. 그

것을 그대로 다음으로 계승할 것인가는 여러 가지 사정에 따르는 것 같습니다만, 좀 더 자세하게 조사해 볼 필요가 있다고 생각합니다. 세 번째입니다. 낙랑군왕인데, 낙랑군왕 이외에 신라왕이 부여받고 있습니다. 낙랑군왕은 이미 의미가 없어져 버렸다고 생각합니다. 그것이 계속적으로, 죄송합니다. 다시 말하겠습니다. 이른바 타성으로 그대로 정착해 왔을 것으로 생각됩니다. 다음 네 번째 대답이 되겠습니다만, 낙랑군왕은 도중에 사라집니다. 이것은 역시 누락된 것이 아니라, 도중에 박탈당한 것으로 생각합니다. 신라의 경우에도 전부가 계승되고 있는 것은 아니라고 생각됩니다. 모두 관위를 계승해 간다면 인플레가 높아집니다. 그것이 역시 하나의 문제점이라고 생각합니다. 그것은 앞서 두 번째에서도, 세 번째에서도 네 번째에서도 똑같은 문제로서 답변될 수 있으리라 생각합니다. 唐朝는 여러 가지 생각하면서 관작을 움직여 가고 있다고 이해하고 있습니다. 다섯 번째입니다. 이것은 하나의 오해라고 생각합니다. 저는 어디까지나 당측이 어떻게 보고 있는가를 명확히 하였을 뿐입니다. 두 나라의 관계를 명확히 한 것은 아닙니다. 발해가 어떻게 취급되었는가를 우선 명확히 하는 것이 필요합니다. 그것과는 별도의 검증으로 발해가 당에 어떻게 대응하였는가를 생각하지 않으면 안됩니다. 말한 대로 전부 합쳐서 의논을 하지 않으면 안됩니다만, 저는 이번에 어디까지나 발해를 당이 어떻게 보고 있었는가만을 말씀드렸습니다. 제 설명이 조금 이상할지도 모르겠습니다. 저는 지금 당이 발해를 어떻게 보았는가를 아주 명확히 하고자 하였습니다. 그것은 저의 하나의 과제입니다. 그것을 확실히 한 후에 다음 의논으로 진행해 가고자 합니다. 이상입니다.

**한규철** : 네. 마지막 질문은 좀 미묘한 부분인데, 후루하타 선생님의 생

각을 한번 미리 듣고 싶어서 아마 질문을 하신 것 같아요. 당이 생각을 하고 있는 것 하고, 발해에서 당을 어떻게 인식하고 있는가. 아니면 객관적으로 후루하타 선생님이 발해와 당과의 관계는 내신의 관계였는지 어쨌는지 이걸 질문을 드린 것 같은데…

**古畑徹** : 저는 발해는 당의 內臣이었다고 생각하지 않습니다. 주변 국가는 각각 여러 가지로 자기 마음대로 생각하고 있었습니다. 일본도 당과 대등하거나 혹은 당보다 위라고 생각하고 있습니다. 똑같은 것을 발해도 생각하고 있었다고 생각합니다. 그러나 아직 충분하게 그것을 논증할 사료가 없습니다. 지금부터 잘 생각해서 그렇게 보았는가 하는 점을 좀 더 생각해 보고자 합니다.

**한규철** : 네. 감사합니다. 제가 조금 무례하게 부탁을 하더라도 용서를 해 주십시오. 네. 다음에는 고지마 요시타카 선생님의 발표에 대해서 동북아역사재단 윤재운 선생님의 토론이 있겠습니다. 내용을 보니까 토론이라기보다는 대개 질문을 하고 있으신 것 같은데, 윤재운 선생님은 남북극 시대의 무역관계를 연구하시면서 교류사에 대해서 관심을 많이 가지고 있습니다. 토론 부탁합니다.

**윤재운** : 네. 방금 소개받은 동북아역사재단의 윤재운입니다. 이번 고지마 선생님의 발표문은 잘 봤고, 발표도 잘 들었습니다. 내용이 가나자와시 유적 발굴 현황이라든지 정리한 것이기 때문에 대체적으로 거기에 대해서 제가 이의를 제기하거나 그럴 건 없을 것 같구요. 평상시에 궁금했던 거나 발표문에 대해 약간 보충 설명 같은 거가 필요한 것을 몇 가지만 말씀드리고자 합니다. 첫 번째로 여쭙고 싶은 것은 발해사절단 도착지 가운데 이번 발표문에서는 가나자와시만 얘

길하고 계신데 그 외의 지역에 대해서 간단하게 소개를 해주셨으면 좋겠구요. 두 번째 호수 C 유적 출토 칠지문서에 기록된 유민을 선생님께선 표류민으로 해석해서 발해인으로 보는 게 좋지 않을까 추정하셨는데, 저는 약간 더, 한 번 더 유추를 해서 이 유민을 정규 사절단 이외의 사람 즉 발해의 민간상인이나 지방 세력 등으로 볼 여지가 있지 않을까 생각해 보았는데, 거기에 대해 어떻게 생각하시는지 여쭤보고 싶습니다. 그 다음에 세 번째 호수대서유적과 무전 나베다 유적 출토 목제 제사도구가 많이 나오고 있는데, 거기에 대한 의미나 성격 같은 것에 대해서는 발표문에 언급이 없거든요. 그래서 거기에 대해서 여쭤보고 싶구요. 그 다음 네 번째로 러시아 연해주하고 한반도 함경도 해안, 일본의 노토반도로 이어지는 교류가 고구려-발해시기 이후에도 있었는지, 아울러서 고구려-발해시기에 해상교류가 가지는 의미는 일본하고 관련해서 어떻게 생각하시는지 거기에 대해서 여쭙고 싶습니다. 이상입니다.

**한규철** : 네. 고지마상 부탁합니다.

**小嶋芳孝** : 첫 번째 질문은 金澤이외의 도착지에 대해서인데요. 고고학적으로 오늘 이야기한 내용에서 확인할 수 있는 장소는 없습니다. 예를 들면, 秋田縣에 있는 아키다 성에서 화장실 유구가 나왔습니다. 그 안에서 돼지에 붙어있는 특유의 기생충 알이 나왔습니다. 여기에 대해 秋田市의 교육위원회 사람들은 아키다 성에 도착한 발해 사절이 사용한 화장실일 가능성이 크다고 발표했습니다. 그런데 여기에 대해서 지는 다른 의견을 기지고 있습니다. 아키다 성은 발해사절을 위해 만들어진 장소가 아니라 북방민족에 대응한 시설입니다. 아이누, 북해도 문화 사람들은 확실하게 돼지를 먹었을 가능성이 있습니

다. 북에서 온 사람이 그 화장실을 이용했을 가능성이 충분히 있습니다만, 발해사절이 아니라고는 말할 수 없습니다만, 발해를 지정한 형태로 아키다 성의 화장실을 평가하는 것은 어렵지 않을까 생각합니다. 그것이 어떤 장소로, 항구와 관계된 유적임을 알 수 있는 점은 유감스럽게도 지금의 장소에서는 아직 발견되고 있지 않습니다. 발해로 건너가기 위한 출발지에 대해서는 能登의 福浦라고 하는 장소를 추정하고 있습니다. 문헌사료에서는 2회 福浦의 항구가 나오는데 고고학적으로 福浦에 항구가 있었다고 하는 것은 유감스럽게도 아직 확인이 불가능합니다. 수년전에 발굴조사를 福浦에서 했습니다. 7세기 유적층이 있는 것은 확인하였습니다만, 지표에서 2미터 이상으로 깊기 때문에 충분한 조사를 할 수 없었습니다. 이후 충분한 조사가 가능하다면 福浦의 항구에서 7세기에 어떠한 유구가 있었는가 하는 것을 확인하는 것이 분명히 가능할 것으로 기대하고 있습니다. 두 번째 질문입니다만, 유민의 문제인데, 이번에 여기에서 보고하기 전에 石川縣의 매장문화재센터에 가서 이 漆紙文書를 한번 더 확인하고자 하였습니다. 그런데 유감스럽게도 이 漆紙文書는 국립역사민족자료관 쪽으로 가게 되어서 한 번 더 확인하는 것이 불가능하였습니다. 저는 이것은 발해사절이 도착했을 때에는 표착했다고 하는 기사 수가 많아서 공식적으로 표류민 취급을 받은, 표면적으로 받았을 가능성도 있어 이 유민은 발해 사절이라고 생각하여 이렇게 썼습니다. 윤선생님의 이야기처럼 정규이외의 발해인일 가능성은 있을지도 모르겠습니다만, 문헌사료에서는 8세기 후반에 出羽國, 지금의 秋田縣 주변이었으리라 생각됩니다만, 발해인이나 발해 혹은 테리인가요? 사람들이 다수 도래해 왔다는 기사가 두 번 있습니다. 그런데 북쪽 지방에 발해인이나 그 이외의 말갈인이 정식 이외의 사절이 도착하였다고 하는 기록이 없어서 지금으로써는 알 수 없다고 하는 것이

솔직할 것입니다. 세 번째 질문, 戶水大西遺跡의 목제 제사도구의 의미입니다만, 네. 戶水大西遺跡. 畝田나베다遺跡. 이 가운데 특히 우물 속에서 목제 제사기구가 나오고 있습니다. 우물 속에서 목제 제사기구가 나오는 것은 우물이 신성한 우물, 그곳이 펴 올린 물이 신성한 물이라고 하는 인식을 하고 있었던 것은 아닐까 라는 생각을 합니다. 이것은 배의 항해와도 관계가 있습니다만, 바다로 나갈 때 물이 가장 중요한 것이겠죠. 그래서 바다로 나가기 위해 물을 실을 때에 신성한 물이 필요하고 그 때문에 이것이 있었던 것은 아닐까 하는 점도 생각하였습니다. 그리고 戶水大西c遺跡의 구획 안에 있는 우물 속에서 목제 제사기구가 나옵니다. 이 경우는 무언가 여러 가지 의식을 한 후에 그 목제 제사를 물속에 넣어버렸다고 하는 것이 한 번쯤은 있었을 것이라 생각합니다. 목제 제사기구라고 하는 것에 신성한 영역이라고 하는 기능이 있었다고 여겨지므로 그러한 신성한 공간을 만들기 위한 도구였을 가능성도 있지 않을까 생각합니다. 네 번째 러시아 연해주, 강원도, 아, 한반도에서 고구려, 발해 이외의 사람들이 도래했을까 하는 것인데요. 앞서 말씀드렸듯이 7세기, 8세기 후반에 발해인이 두 차례 건너 왔다고 하는 기록 이외에는 문헌사료에서 명확하게 쓰여진 사료는 없다고 생각합니다. 단, 정확한 연호는 잊어버렸는데, 鎌倉시대의 일을 쓴 아즈마 鏡은 고려의 배가 新潟에 도착하였다고 하는 기록이 있습니다. 다만, 아즈마 鏡에는 그 때, 배에 실은 銀으로 만든 판에 문자가 새겨진 사료가 있어, 그것이 어떠한 문자로 쓰여졌다는가 하는 것이 鏡에 남아있습니다. 그것을 보면, 러시아의 샤이닝 성에서 출토된 파이쟈인데요. 通航書에 쓰여 있는 문자와 같은 문자입니다. 그것으로부터 이것은 이미 러시아의 이브리에스 선생님께서 지적하셨지만, 그 배에 실려 있던 그 문자의 사료에서 고려의 배가 아니라 발해가 멸망한 후, 무언가 동쪽으로 향해간다고 쓴 국가입니다만, 그 어떤 船이 新潟에 왔을 가능성이 있지 않을까 하는 지적이 있습니다. 뭐랄까 일본해를 횡단하여 건넌 배의 기록은 그 어떤 船 밖에 없습니다. 단, 7세기 시대입니다. 7세기 시대에는 연해주의 남부와 북해도와 사할린과의 사이에서 말갈 사람은 자유롭게 교역하고 왕래하고 있었다고 저는 생각합니다. 제가 발해를 평가하는 것입니다만, 먼저 고구려와의 계승 문제도 여러 선생님의 말씀하셨습니다만, 고구려의 문제도 분명합니다. 말갈이라고 하는 관점에서 본다면, 다수 자유롭게 왕래를 하고 있었던 상황에서 일단 고구려와 말갈의 복합국가로, 북방민족을 통일한 그 최초의 고대국가가 발해라고 생각합니다. 그 단계에서 북방민족의 자유로운 왕래가 있었다는 것은 제한된 교역이 국가관리가 되었다는 것, 그 때문에 발해와 일본과 교역은 국가대 국가의 무역으로 변화하였다고, 자유로운 사람들의 각각의 민족의 자유로운 왕래라고 하는 것은 거기에서 멈춘 것이 아닌가 하고 생각합니다. 발해의 멸망 이후, 다시 그것이 말갈과 북해도에서 북쪽 사할린과의 사이에서는 자유로운 왕래가 있었던 것은 아닌가 하고 생각하고 있습니다만, 그러한 문제는 앞으로 고고학적으로 추구하고자 합니다. 이상입니다.

**한규철** : 네 감사합니다. 토론이 좀 뜨거운 토론을 많은 사람들이 원할 수 있습니다만, 유적부분에 대해서는 그런 부분은 마지막에서 기대해 볼 만 하지 않은가 생각해 봅니다. 다음에는 김은국 선생의 발해와 일본의 교류와 크라스키노 성에 대해서 박진숙 선생님의 토론이 있겠습니다. 박진숙 선생님은 지금 현재 국가기록원에서 근무하시고 발해와 일본 관계 논문으로 학위를 하시고 이 방면에 많은 글을 쓰셨습니다. 일본에서도 발해유적 답사를 고지마 선생님들과 더불어 했던 적이 있습니다. 토론 부탁합니다.

**박진숙** : 네 방금 소개받은 박진숙입니다. 4년 전에 제가 일본에 2년 동
안 있으면서, 동북지역을 답사를 다니면서 고지마 선생님과 스키 선
생님과 후루하타 선생님과 같이 여러 가지 이야기를 나눴던 적이 다
시 기억이 납니다. 자, 오늘은 김은국 선생님의 발표 요지문을 제가
받았는데요. 김은국 선생님 역시도 발해와 일본과의 교역에 중점적
으로 연구를 하고 계시는 분이기 때문에 그 의무가 저한테로 전가된
것 같습니다. 선생님께선 동아시아에서 발해가 차지하는 위상 이 점
에 주목을 해서 발해와 일본이 200년 간에 걸쳐서 어떠한 형태로 교
류가 이루어졌는가 그 점을 교통로에 착안하셔서 논지를 전개하고
계시고, 또 최근에는 이와 관련한 논거를 발표하신 적이 있습니다.
교통로라고 하는 것은 저 역시 발해와 일본의 교역 형태에 관심을
갖고 있기 때문에 흥미로운 주제라고 생각이 들고요. 이러한 주제는
이미 발해의 교통로라고 하는 테마를 가지고서 일본 학계에서 주목
을 한 바가 있습니다. 거의 대부분 교통로의 존재에 착안해서 논지
를 전개한 것이 전부였고, 동아시아 속에서 일본과의 외교에서 발해
와 의도하는 외교적인 목적과 이것을 행사하기 위한 물리적인 행위
가 어떻게 이루어졌는가에 대해서는 거의 접근을 하고 있지 못합니
다. 바로 이러한 점 때문에 오늘 김은국 선생님도 이 점에 착안해서
가지고 몇 가지 사안을 강조하고 계신 것 같습니다. 일본도(日本道)
라고 하는 명칭, 근 200년간 이루어진 양국 외교와의 추이를 바로
대표적인 구도로 삼고 계신데요. 사실 이 논문은 전체적인 윤곽을
가지고 이루어진 것이 아니고 일정한 서술 형태를 띄고 있기 때문에
논지와 관련한 내용은 제가 문제 제기할 수 있는 입장은 아닙니다.
다만 선체적인 논지와 관련해서 몇 가지 의문사항을 가지고 얘기하
도록 하겠습니다. 발해가 대 일본외교를 리드했다 라는 내용입니다.
'발일교류는 발해가 리드하여 전개하는 면이 강하다. 우선 대외교통

로의 하나인 일본도를 설정하여 그 교류 관문으로서 동경 관할의 염
주에 성을 축조하였던 것이다. 일본과의 입출항은 장기간에 걸쳐 다
양한 방법으로 진행된 것을 알 수 있다. 개방된 발해의 해류정책이
일본과의 교류를 필요로 했을 것이다.' 라고 언급을 하고 계십니다.
성의 축조를 근거로 해서 일본과의 외교에서 발해가 리드하였다고
하는데, 여기서 의미하는 리드의 의미가 무엇인지, 이것이 주도했다
는 의미인지, 아니면 개방을 했다라고 하는 차원에 머무르는 의미인
지, 그 의미가 명확했으면 좋겠다는 생각이 들고요. 그리고 개방된
발해의 해류정책이라고 얘기하시는데 개방의 의미가 무엇인가, 궁극
적으로 경제나 정치나 이런 것들이 일정한 목적을 가지고서 이루어
지는 것인데 너무나 쉽게 우리가 언급하고 있는 것이 아닌가. 마찬
가지로 이 외교라고 하는 것이 상대적인 입장에 있는 것이기 때문에
양국과의 관계를 치밀하게 접근하지 않고서는 논하기가 어렵다는 점
이 제기될 수 있을 것 같습니다. 그래서 리드의 의미를 어떻게 규명
할 것인가 라고 하는 점을 묻고 싶고요. 두 번째는 발해의 대일입국
항로 변경입니다. 저도 일본에 있을 때 이 주제를 가지고 왜 발해가
일본과의 외교가 762년을 기점으로 해서 정치에서 경제로 전환되었
는가라는 점을 한 번 검토를 해 본 바가 있습니다. 57페이지에서 58
페이지에 나오는 내용인데요. 발해의 대일본 외교 관문이 북로와 남
로 두 가지 관문이 있었다고 말씀을 하고 계십니다. 이와 관련해서
발해의 대일입국 항로가 본래 처음부터 두 가지의 갈래로 운영이 되
어 왔었던 것인가, 아니면 도중에 도일 입국항로에 변경이 생겼던
것인지. 이것은 시간적인 차이와 발해와 일본의 외교에 그 양상에
큰 맥락을 짚을 수 있는 것이기 때문에 이 문제는 굉장히 중요하다
고 생각이 됩니다. 만약에 후자라고 한다면, 도중에 입국항로가 변경
이 되었다고 한다면 왜 입국항로가 변경이 되었는가, 이것은 발해측

의 입장만이 고려될 것이 아니고, 일본측의 입장도 고려될 수 있을 것 같다고 생각이 들고요. 그래서 이와 연관해서 발해의 대일본외교는 혹은 반대로 일본의 대발해외교는 주변국가의 신라와의 관계 속에서 고려될 수 있는 여지는 없는 것인지 두 번째로 묻고 싶습니다. 세 번째는 선생님께서 몇 년간에 걸치서서 연해주 일대를 발굴을 직접 참여해서 가지고, 몇 가지 성과를 얻으신 것 같은데요. 연해주 일대의 발해유적과 관련한 내용을 잠시 말씀드리고자 합니다. 60페이지에서 연해주 일대에서 발해유적지에서 나온 기와벽실의 유구가 절대연도인 840년으로 측정이 가능하다고 말씀하셨는데요. 이 내용은 굉장히 중요한 의미를 지니고 있습니다. 왜냐면 공교롭게도 이 시기는 발해의 대일본외교가 가장 왕성했던 시기의 연도에 해당이 되고 있기 때문입니다. 일명 해동성국기라고 하는 선왕기, 그리고 대이진기 이 시기에 발해의 행정구역도 같이 정비가 되고 있는 시기이기 때문에 동경용원부라고 하는 5경의 하나가 이때 행정제도로서 개편이 되고 있는 이 시점이 연해주 일대의 이 지역과 어떠한 상관관계를 맺고 있을 것인가 라고 하는 점을 한 번 고려해 볼 수 있는 여지가 충분하다고 생각이 듭니다. 단순하게 고고학적으로 교통로를 접근할 것이 아니고, 이것이 사회와 정치와 경제에 어떠한 영향을 미쳤는가에서 교류와 교통을 같이 견주어서 고려할 수 있는 내용이라고 생각이 듭니다. 네 번째로 마찬가지가 되고 있는데요. 이 부분에서는 용어에 대한 개념 정의를 한 번 듣고 싶습니다. 선생님께서는 840년대와 관련한 유적지가 연해주 일대에서 나오고 있다고 말씀을 하시는데요. 이때 발해시대의 것, 그리고 말갈시대의 것이라고 말씀을 하십니다. 그런데 말갈시내의 것은 7세기 후반에 나오는 것을 말갈시대라고 말씀을 하시지만, 이 말갈시대라고 하는 것은 왕조개념이 아니고, 시기구분을 하는데 약간 문제점이 있지 않을까 라는 생

각이 들고요. 이 발해시대에는 엄연히 아까 고지마 선생님께서 말씀
하신 것처럼 발해와 고구려인과 말갈족이 같이 복합적으로 운영되고
있는 체제를 갖추고 있기 때문에 이 말갈시대와 발해시대에 대한 개
념에 약간은 재고의 여지가 있지 않나 하는 생각을 하고 있습니다.
너무 두서없이 말씀을 드려서 죄송합니다. 이상 토론을 마치도록 하
겠습니다.

**한규철** : 네. 감사합니다. 우리 김은국 선생님 부탁합니다.

**김은국** : 예. 박진숙 선생님 토론 잘 들었습니다. 사실 지금 발해와 일
본의 교류에서는 단순한 문헌적인 문제에서도 접근하기 어렵고 그렇
다고 고고학적인 문제에서도 완전하게 설명할 수 없다고 보겠습니
다. 그런 의미에서 아마 주제를 잡을 때 크라스키노 성이 여기에 곁
들여진 것이 아닌가 생각을 하고 있습니다. 먼저 질문부터 말씀드리
면요. 제가 리드라고 표현했는데, 사실 리드라고 하는 것은 상대적인
용어가 될 수 있습니다. 그러나 여기서 리드라고 한 것은 발해하고
일본간의 교류 상황에서 727년 다시 말해서 발해가 건국한 이후에
국가기를 갖춘 다음에 무왕 때에 처음으로 일본과의 교류를 시도
하게 되는 것이죠. 바로 그런 의미에서 리드를 했던 것이고, 좀 다른
각도에서 보면 처음이라고 하는 의미를 좀 더 부각시키려고 했고,
그런 의미에서 받아들이면 되겠습니다. 아까 토론에서 말씀하셨지만
이것이 주도냐 개방이냐 라고 말씀하셨는데, 이게 둘 다 언급을 갖
다가, 양방향에서 우리가 봐야 되지 않을까 생각을 합니다. 발해는
교통로를 다양하게 개설해서 주변나라하고 다양한 교류를 전개한 것
은 익히 주장하는 바입니다. 그런 걸 통해서 발해는 열려진 사회라
고 표현을 했는데, 주변나라하고 다양한 문화 문물을 교통하면서 발

해의 대내외적인 정체성, 주체성을 주변나라에 언급을 했던 것이죠. 그래서 첫 발걸음이 일본과의 어떤 관계에서 시작되었다고 할 수 있겠습니다. 그래서 이것은 동과 서, 남과 북으로써 활발한 교류를 전개했던 역동적인 발해인들의 모습 이것을 리드했다라고 표현했고요. 그리고 해류정책이라고 하는 것은 바다와 육지를 골고루 그 당시로서는, 바다와 육지를 두루두루 경영할 수 있던 발해인들의 마인드, 이걸 갖다가 한 번 강조를 해 볼 수 있었습니다. 왜냐면 해양을 통해서는 우리가 등주를 중심으로 해 가지고 당과의 관계를 설정할 수 있었죠. 그 다음에 육로를 통해서는 신라, 거란, 당과의 관계를 생각할 수 있겠고, 아까 말씀한 해류은 일본과의 관계도 있습니다. 이렇게 교통로를 상징한 이런 해양과 대륙의 교통, 이걸 통해서 우리가 해류정책이란 말을 했는데, 요즘에 새로이 많이들 조금 언급하시는 것 같습니다. 그래서 해류정책이라고 썼고요. 개방이라는 것은 그런 차원에서 이해를 해 주셨으면 좋겠습니다. 다음으로 발해의 대일입국 항로 변경에 대해서인데요. 북로와 남로에 대해서는 일본쪽에서 나온 연구 성과를 여기서 인용을 해 갖고 나왔습니다. 발해하고 일본 간의 항로는 이 외에도 크게 보면 세 가지로 들 수 있습니다. 동해 횡단로가 있겠고, 또 하나는 한반도 동단로가 있겠고, 또 하나는 북부 우회도로가 있겠습니다. 크게 세 가지를 중심으로 해 갖고 발해하고 일본간의 항로를 보고 있는 것입니다. 그리고 남로와 북로라고 하는 것도 어떻게 보면 일본에서 한반도 동단로 상에서 발해로를 갖다가 강조하는 과정에서 그전까지 견당사의 항로를 전기와 후기로 나누면서, 전기의 북로와 후기의 남로의 변화과정 속에서 발해로를 강조하는 차원에서 발해로가 나왔다고 볼 수 있습니다. 아무튼 아까 말씀하셨지만, 입국경로가 다양하다는 것을 우리가 볼 수 있습니다. 그것이 지리적인 환경이든, 교역의 성격이든, 또 일본 내에서의 발해

사신을 받아들이는 환경이든, 또 발해의 어떤 상황이든 이런 다양한 모습들이 일본과 발해의 사회나 정치적 환경과 고려를 해서 우리가 한 번 살펴보아야 될 게 아닌가 생각합니다. 그 다음에 세 번째 질문은 토론자의 생각을 서로 공감하고자 하는 의미에서 얘기를 하신 것 같습니다. 사회와 정치에 어떤 영향을 줄 것인가, 아까 2번에서 문제가 나왔는데, 840년이라고 하는 그 시기는 토론자께서도 말씀하셨지만, 이 시기가 발해로서는 가장 발달한 해동성국 시기와도 연결이 됩니다. 오히려 일본과의 교류에서 크라스키노 성, 염주성의 역할을 840년이라고 하는 이 연대를 통해서 더 적극적으로 우리가 강조할 수 있는 것이라고 할 수 있겠습니다. 그 다음 네 번째 문제, 마찬가집니다. 크라스키노에서 발굴된 성과를 언급한 것은 지금 현재로서는 크라스키노의 발굴은 저희 자체적인 발굴이기 보다는 러시아 학자들과의 공동발굴입니다. 그러다보니까 아무래도 러시아측의 발굴 성과가 들어갈 수밖에 없는 것이지요. 특히 여기서 얘기하는 말갈은 고고학상의 말갈과 문헌상의 말갈은 우리가 확연히 틀리다고 봐야 될 것 같습니다. 그래서 말갈연대 7세기가 나왔다고 해서 말갈의 연대냐, 아니면 발해의 연대냐라고 하는 이분법적인 판단보다는 발해 시대 때 발해 초기의 문화 속에서 발해가 말갈요소가 어느 정도 들어 있느냐 아니면 고구려 시대때 말갈요소가 어떻게 들어 있느냐 하는 것을 우리가 그 속에서 솎아내야 할 필요가 있다고 생각합니다. 그래서 단순한 우리가 지금 현재로서는 문헌으로 본 발해와 말갈과 달리 고고학적으로 본 발해와 말갈을 구별해서 살펴봐야 되지 않을까 생각을 하는 것이죠. 아무튼 크라스키노 성에서의 7세기대의 연대를 다시 한 번 애길 한 것은 지금까지 크라스키노 성의 사용 연대가 지극히 발해 이후로의, 발해 내지는 발해 이후로 초점이 되고 있다는 점에 초점을 맞춰서 여기에서 다뤄본 것입니다. 미진하나마 답변이 되셨으면 좋겠습니다. 네, 감사합니다.

**한규철** : 네. 마지막 질문에 말갈시대 부분을 질문을 하셨는데, 제가 조금 부언을, 토론자로서 외람되게 한다면, 아마 발해 이전의 시대를 말갈시대라 한 게 아닌가. 고구려 영역의 어떤 변두리에 있었던 그런 부분에서 말갈시대라고, 러시아에서도 많이 표현되고 있기 때문에 그렇게 한 게 아닌가도 생각이 듭니다. 아무튼 이 크라스키노 발굴에 대해서 올해와 작년에 발굴을 했기 때문에 오신 분들은 여기 계신 분들은 현장에 대한 사진이라든지, 현장의 생생함을 봤으면 하는 아쉬움이 좀 있었습니다. 그런 부분이 동북아역사재단이 바빠서 준비가 안됐는지 모르겠는데, 그런 좀 아쉬움이 있었고. AMS 측정에 대한 결과 나온 것은 앞으로도 상당히 많이 유용하게 이용이 되리라고 생각이 듭니다만, 그런 부분이 앞으로 잘 공유되어서 토론의 장이 되었으면 고맙겠습니다. 네. 다음 토론으로 들어가도록 하겠습니다. 동북아시아의 역사 분쟁속의 발해사의 위치에 대해서 와세다 대학의 이성시 선생님의 발표가 있었습니다. 이 부분에 대해서 임기환 교수의 토론이 있겠습니다. 임기환 교수님은 고구려연구재단 기획실장으로 계셨고, 지금은 서울교대에서 강의를 하고 계십니다. 토론 부탁합니다.

**임기환** : 네. 방금 소개받은 임기환입니다. 제가 이성시 교수님의 발표문을 어제야 받았기 때문에 제대로 검토를 못했고, 또 부랴부랴 토론문을 작성하느라고 토론문도 좀 자세하게 기술하지 못했습니다. 그래서 조금 추상적으로 토론문이 되었는데 제가 질의를 드리면서 약간 보완해서 질의를 드리도록 하겠습니다. 이성시 교수님께서는 그동안 한국, 일본, 중국 등 동북아 지역에서 벌어지고 있는 역사분

쟁에 대해서 그리고 민족주의적 역사인식이 지속적으로 전개되는 이 부분에 대해서 체계적인 비판과 성찰을 담은 글들을 계속 발표해 오셨습니다. 근자에 한국어로도 번역되었는데, 『만들어진 고대』라는 이런 책은 한국학계에서도 많은 반향을 불러일으킨 것으로 알고 있고, 저도 개인적으로 그 글에 많은 공감을 받은 바 있습니다. 이런 기존의 선생님의 입장이 이번 발표에서도 새삼 확인될 수 있었습니다. 특히 발해사를 둘러싸고 있는 민족주의적 인식이 한국, 중국, 일본의 경우에서 근대 초기에 어떻게 형성되었는지에 초점을 맞추어서 발표를 하고 계십니다. 이런 발표자의 문제제기에 대해서 기본 관점에 대해서는 저도 깊이 동의하는 바입니다. 그래서 발표 관점이라는 측면에서는 제가 별도로 문제를 제기할 필요는 없다라는 생각이 듭니다. 다만 선생님께서 주제로 설정하셨던 동북아시아에서의 역사분쟁, 분쟁과 충돌에 대한 성찰을 위해서 선생님께서는 머리말에 송기효 선생님의 문제제기를 인용하시면서 20세기식의 민족주의 역사학을 극복하기 위해서는 동북아시아에서의 20세기 역사학의 내력을 좀 충분히 추적할 필요가 있다라고 지적하셨습니다. 그런데 선생님께서 이번 발표에서는 내력과정을, 사실 한 발표문에서 다 검토하긴 어렵다고 생각이 듭니다. 아마 초점을 맞추신 것은 그런 한국과 중국, 일본 속에서의 어떤 민족의식, 민족이라는 관, 그것에 입각한 역사인식의 형성 부분에 초점을 맞추어 가지고 발표를 해주셨습니다. 사실 발표하신 내용에 대해서 기본적인 대의에 대해서는 공감하는 바이기 때문에 오히려 발표하신 내용 보다는 발표하지 않으신 부분에 대해서 선생님의 의견을 들으면 선생님이 처음 문제제기 하신 바와 같이 20세기 역사학의 내력에 대해서 선생님이 갖고 계신 생각을 좀 더 들을 수 있지 않을까 생각을 합니다. 그런 부분이 유익하다고 생각을 해서 제가 질문을 두 가지 정도 드리도록 하겠습니다. 이 교수님께서는 동북아 삼국에서 근대의 민족이라는 관념이 어떻게 형성되고 그러한 시각이 이후의 역사인식에 어떻게 계승, 관철되고 있는가 하는 점을 발해사를 중심으로 문제를 제기하고 있습니다. 오늘날의 역사학들이 이러한 근대 민족인식을 기저로 각국의 민족사와 국가사를 구성하고 있음은 물론입니다. 그러나 이러한 근대적인 재구성 이전에도 유교적, 유학적 관점에서 역사의 계승과 체계화라고 하는 것들은 있어왔습니다. 이것은 근대 민족이라는 관점은 아니지만, 나름대로 전통사회 속에서 역사의 계승 인식, 역사를 체계화 하는 작업이 진행되어 왔고, 근대민족의식이 등장했다고 해서 이런 일련의 과정과 완전히 단절되는 것은 아니라고 생각이 됩니다. 따라서 한국사의 범주에서 본다고 한다면, 역사의 기술이라는 범주에서 볼 때, 근대 민족이라고 하는 것이 등장했던 이후와 또 그 이전 전통사회 속에서 기술했던 역사의 범주가 상당부분이 중복되고 겹쳐있기도 합니다. 오늘 발표 화제가, 주제가 되었던 발해사의 경우도 마찬가지입니다. 근대민족 의식을 통해서 발해가 인식되기 전에 이미 잘 알다시피 조선후기 유득공에 의해서 발해 문제가 조선사의 체계 속에서 이해되려는 이런 관점들도 나타나고 있습니다. 따라서 분명히 근대의 민족이라고 하는 인식 체계에 따른, 역사인식 체계의 변화라는 건 인정할 수 있지만, 그것을 보다 뚜렷하게 이해하기 위해서는 그 이전의 역사인식과 그 이전의 역사 인식이 결합되었을 때 어떤 모습으로 나타나는가 이 점이 보다 분명하게 밝혀질 필요가 있다고 생각합니다. 선생님께선 주로 민족의식, 민족이라고 하는 관의 형성에 초점을 맞추셨는데, 그 이전단계와 연관성도 좀 생각하고 계신 바가 있다면 듣고 싶습니다. 선생님께서 말씀하셨던 민족론이 20세기 역사학의 문제를 풀어가는 것이 아니라 그 이전에 동북아시아에서 전개되었던 역사학적 고찰을 조금 더 깊게, 또 그 이전까지 소급될 수

있다라는 생각이 들었기 때문에… 두 번째로 현재 진행중인 동북아
시아의 역사분쟁은 교수님께서 말씀하신 대로 서로 다른, 민족에 대
한 이해가 서로 다르게 된 삼국간에 나타나는 국가사와 민족사 기술
의 충돌입니다. 이러한 관점이 선생님께서 지적하신 바와 같이 근대
초기에 만들어졌다고 해도 이후의 전개과정에서 세력이 구성되고,
세력이 확장되고 있기 때문에 그런 전개과정을 밝히는 것이 사실은
발해를 둘러싸고 있는 삼국간의 역사인식의 차별성들을 이해하는데
보다 좀 도움이 되리라고 생각됩니다. 물론 선생님께서 이 부분에
대해서 그동안 여러 글들을 발표하신 것으로 알고 있습니다만, 이번
발표주제가 그 앞시기에 맞춰져 있기 때문에 그 뒷부분에 대한 말씀
을 들으면 저는 발표의 주제를 보다 분명히 하는데 도움이 되리라고
생각이 됩니다. 특히 그 이후의 전개과정의 변화상들을 우리가 충분
히 고려하지 않을 수 없을 것 같습니다. 중화민족론 같은 경우에도
1900년대에 등장했던 중화민족론과 근자에 한중간의 역사분쟁이 벌
어지면서 나타나고 있는 1980년대 이후의 중화민족론과는 상당히
차이가 있습니다. 그런 오히려 오늘날 들어 벌어지고 있는 역사분쟁
이라고 하는 것은 지금 현재의 중국에서 얘기되고 있는 중화민족론
에 기초하고 있고 또 그 중화민족론 자체도 변화되어 가고 있습니
다. 그런 점들은 근대 80년 이전까지 고구려사 같은 경우 중국측에
서도 역사기술에 있어서 한국사 부분에 위치시켰다가 근자에는 그걸
중국사 부분으로, 중국사 앞으로 귀속시키는 이런 차별성을 통해서
도 단순히 중화민족론의 출발점에 대한 인식 그것이 오늘날 중국의
역사학의 문제를 바라보는데 중요한 도움이 됩니다만 다 풀어지지
않는 부분이 있다고 생각되기 때문에 말씀드립니다. 그 다음에 한국
사의 경우도 마찬가지라고 생각이 됩니다. 신채호 선생께서 얘기했
던 그때의 민족 그것으로 그 연장선상에서 오늘 한국의 민족사적 인

식이 드러나는 것은 아니라고 생각이 듭니다. 물론 그러한 측면도 많습니다만, 1970년대의 미국주의적 역사인식이, 특히 아주 극우적인 민족주의의 입장들은 오히려 신채호 선생의 입장을 근거로 해서 제기되고 있습니다만, 또 학계에서 합리적인 민족주의 인식들은 반드시 여기에 기초하고 있지도 않습니다. 또 신채호 선생님의 만주에 대한 인식을 들고 계시는데, 현재 한국학계에서 등장하고 있는 만주에 대한 인식은 신채호 선생으로부터 비롯된 만주 인식만이 아니라 일제시기에 만들어졌던 만선사관의 영향을 받은 바가 더 크지 않을까 라고 저는 개인적으로 생각하고 있습니다. 그렇기 때문에 이런 만주에 대한 인식이 신채호 선생의 인식 가지고는 해결되지 않는, 오히려 그 이후의 변화과정들을 추적하는 것이 필요하다는 생각이 듭니다. 또 선생께서는 발해를 중심으로 남북국시대론을 제기하셨고, 이전에 이미 깊이 검토하신 바가 있습니다. 그때 중요한 논점으로 잡고 발해사 인식의 전환점으로써 박시형 선생의 글을 들었습니다. 물론 틀림없는 사실입니다. 그리고 그런 박시형 선생님의 글이 한국학계에도 영향을 주고 그 이후 발해사 인식의 변화를 촉구하기도 했습니다. 그러나 남북국시대론으로 표현되고 있는 한국학계의 발해사 인식은 박시형씨 논리하고는 구조가 많이 다르다고 생각이 듭니다. 특히 자주적인 민족의식의 문제, 민족주의 역사학의 문제가 아니라 70년대 후반 이후 등장했던 남북국시대론은 그 당시의 정치적 함의도 갖고 있는 것이고, 남한과 북한의 분단이라고 하는 것을 돌파하려고 하는 역사인식도 같이 포함하고 있습니다. 이런 부분 같이 검토되어야 하지 않을까 생각이 됩니다. 민족주의적 전개상과 현재에 등장하는 어떤 징치적 전개상을 같이 결합시켜서 바라볼 때 선생님께서 문제제기하신 20세기 역사학의 내력이 충분히 드러나는 것이 아닌가 생각이 됩니다. 본 발표에서 말씀하지 않은 부분에 제가 질의를 드려서 사실 토론자로써의 책임을 다하지 못한 부분 좀 부끄럽게 생각합니다. 선생님 발표의, 말씀을 보완하는 의미에서 질의를 드렸습니다. 이것으로 질의 · 토론을 마치도록 하겠습니다.

**한규철** : 네. 감사합니다. 이성시 선생님께서… 다른 곳에서 우리 이성시 선생님의 생각은 많이 발표도 되고 했지만, 저도 들으면서 우리 한국학계, 특히 남북국시대를 주장하는 한규철과 같은 사람 참 문제 있구나. 우리 이성시 선생님이 한규철을 비판하기 위한 목표가 아닌가. 남쪽학계는 얘기는 안했지만, 박시형 얘기를 하면서 그래서 저도 평소에 할 말을 많이 가지고 있었습니다. 그런데 이제 토론자께서도 말씀하셨는데 한국학계가 정말 이토록 민족주의를 심각하게 생각할 수 있는 부분에 빠져있는가 이런 반성이랄까요. 묻고 싶은 감정이 있었습니다. 일단 우리 이성시 선생님의 답변을 듣도록 하겠습니다.

**李成市** : 임기환 선생님, 감사합니다. 언제나 감사드리고, 말씀드릴 것도 없습니다만, 특히 두 번째 질문에 대해서입니다. 거의 임기환 선생님 자신이 물론 1970년대 이후의 한반도를 둘러싼 다양한 상황 속에서 발해사에 대해서도 그 상황의 변화와 함께 파악하는 방법이 변화해 간다고 하는 과정을 설명해 주셔서 거의 답변이라고 생각합니다만, 제가 대답해야 할 방향은 지적하신대로라고 생각합니다. 특히 두 번째를 말씀드리자면, 초기의 문제는 그럴지도 모르지만, 1970년대 이후의 한국에서의 발해사 연구는 각각 단계가 다르지 않나 하는 말씀은 맞다고 생각합니다. 지금 한규철 선생님께서도 말씀하셨듯이 남북국시대론이라고 하는 것은 북조선이 박시형 선생이 말씀하신 레벨과 한국의 선생님들이 말씀하신 레벨은 거의 다르다고 생각합니다. 결과가 같더라도 말입니다. 제가 이해하자면, 1970년대라고 하는

시대는 박정희대통령의 반공, 개발, 독재라고 하는 변색된 상황에서 남북국시대의 역사학이라고 하는 것은 강만길 선생이나 개발독재를 비판하는 쪽이 민족을 잘 이용하는 정권 측에 대해 이의를 말할 수 있다고 하는 남북국시대론을 제기함으로써 명백해집니다. 주장하고 있는 민족의 레벨은 다르고, 질도 다르다고 생각합니다. 그래서 이러한 남북국시대라고 하는 역사인식 속에서 파악된 발해와 그리고 박시형 선생이 1960년대에 파악하였던 발해사는 전혀 다릅니다. 그것은 지금 여기에서는 분석이 어렵지만, 제 글 속에서도 왜 1962년인가, 1962년에 발해사는 우리들의 역사라고 해서 민족관까지 바뀌어 버립니다. 마르크스식의 민족의식이 변화되어 버린 것은 절실한 내부문제를 갖고 있었다고 생각합니다. 그렇기 때문에 남북에서 똑같이 발해사를 민족사로써 받아들인다고 하는 것이지요. 간단하게 소략하게 말씀드려서는 안된다는 것은 저도 생각하고 있습니다. 하지만 제가 말씀드리고 싶은 것은 오늘 발해사를 둘러싼 동북아시아라는 문제점, 짧지 않은 논쟁을 어떻게 해결하는 것이 좋을까라고 말할 때 역시 왜 이러한 역사상이 생겨나는 것인가. 그것은 동아시아, 동북아시아에서 내셔널빌딩이라고 하는 동시대성, 거기에서 국민과 국민의식이 나오는 것입니다. 거의 같은 시기에 생겨나는 그러나 어휘를 공유하는, 같은 언어를 공유하고 같은 상황 속에서 상호간에 영향을 주는, 예를 들면 오늘은 말씀드리지 않았습니다만, 각주에서 인용한 지난 주에 단국대학교에서 발표한 곳에는 말씀드렸는데요. 가장 흥미로운 것은 신채호도 도쿄에서 1905년에 양개초가 쓴 것을 읽고 그것을 거의 번역을 해서 신채호가 한국어로 발표합니다. 그런 것처럼 일본, 한국, 중국에서 어느 시대이건 같은 것을 읽고 똑같이 국민에게 호소합니다. 오늘 제 글에서 한국문으로 읽으면 86페이지입니다. 정중앙에, 예를 들어 계몽사상가인 양개초가 쓴 문장입니다

만, 이것과 완전히 같은 것을 사실은 신채호가 말했습니다. 그것은
첫 번째 질문, 마지막 질문과도 관계가 있습니다만, 임기환 선생은
전근대의 유교적인 역사관으로 생각해서는 안된다고 말씀하셨습니
다만, 신채호는 예를 들면 안정복의 조선상고사에서 이렇게 말했습
니다. 안정복 선생에 대한 연구는 선생 이상은 없다. 최고이다. 그건
사실, 사실의 모순, 전통적인 역사학의 사실의 모순을 정정하는 등
최대의 공론이었습니다. 안정복 선생도 중국 역사서의 축에서 지나
치게 왕실 중심주의로 민족 자체의 동향을 무시하는 것을 비판하였
습니다. 이것은 앞서 지적한 양개초의 비판과 완전히 동일합니다. 즉
여기에서 말하고 있는 것은 분명히 임기환 선생님께서 말씀하신 바
와 같이 전통적인 역사가들이 발해사를 추구하거나 그런 것은 하고
있습니다만, 여기에서처럼 왕실주의에서는 민족이라고 하는 개념이
없는 것이기 때문에 그러한 점에서 볼 때 매우 부족함을 느낍니다.
따라서 신채호는 새롭게 국민 차원에서 고대사를 생각한 것입니다.
이것은 말이죠. 중국에서도 완전히 새로운 시도였습니다. 그것은 일
본에서도 마찬가지입니다. 예를 들면 성덕태자라고 하면 모르는 일
본인은 없습니다. 국민레벨에서 영웅입니다. 그렇지만 1921년 이전
에 성덕태자를 알고 있는 사람은 꽤 많지 않았습니다. 성덕태자라고
하는 것은 지금은 일상화된 것입니다만, 에도시대에 성덕태자라고
하는 사람은 逆臣이다 라는 설도 있었습니다. 유학자는 성덕태자를
터무니없는 놈이다 라고 하는 등의 다양한 평가를 하고 있었습니다.
그러나 전국 학교에 쿠로이다 카즈미라는 사람에 의해 완전히 새로
운 국민 레벨의 성덕태자 상이라는 게 생겨났습니다. 이것은 전근대
와는 전혀 다릅니다. 그런 의미에서 입니다만, 지금 첫 번째와 두 번
째 둘 다 대답이 되었습니다. 우선 하나는 전근대에서의 역사와 신
채호나 양개초 혹은 일본의 쿠로이다 카즈미 등등이 생각했던 역사

의 수준, 레벨은 완전히 달랐던 것입니다. 그리고 두 번째 임기환 선생님께서 말씀하신대로 출발점은 그렇게 같았지만, 시대상이 달랐다고 하는 것은 동의합니다. 그러나 흥미로운 것은 이 지역은 예를 들어 1990년대의 냉전 후, 베를린 장벽이 무너지고 나서 물론 이 지역에서 탈냉전은 없었습니다. 지금 현재 남북도 그렇고, 베트남은 아니지만, 남북에 따라서 여전히 해소할 수 없었습니다. 그런 문제는 남았습니다만, 냉전 후의 격렬한 움직임은 공유하고 있었다고 생각합니다. 그런 의미에서 냉전 후 세계화 속에서 국민의식이 강화되었다고 하는 것은 같습니다. 그 이후에 서로 비판하면서 강화하는 그런 점에서 이 세 나라는 출발점을 함께 하면서 현시점에서도 강화관계를 유지하는 그러한 시점이 있어도 좋다고 생각합니다. 제가 가장 우려하는 것은 유럽에서는 이미 이러한 國主의 쟁탈을 그만두고자 한 시점에서 그들은 아무런 방어책도 없이 서로 싸우기만 했습니다. 그것을 제1차 세계대전, 제2차 세계대전, 피를 흘리기 시작하면서 알게 되었습니다. 이제 이러한 것은 그만 두는 것이 좋다고. 지금 이 지역에서 그러한 것은 있을 수 없습니다. 좀 더 이성적으로 국민국가를 만든다고 하는 것은 안을 향해서도 폭력을 휘두르고, 밖을 향해서도 폭력을 휘두르는, 국민국가라고 하는 것은 내적폭력과 외적폭력, 양쪽 모두를 갖고 있는 것입니다. 이것은 얼마나 이성으로 생각하는가 하는 것은 그러한 경험에서 배울 수밖에 없다고 생각합니다. 유럽에서도 그래 왔었고, 우리들도 똑같은 국민국가의 과정을 19세기말부터 이어 오고 왔습니다. 역사가 어떻게 관련 있었던 것인가? 고대사는 어떠한 관련이 있었던가. 그러한 것을 성찰함에 따라 폭력 없이 해결책을 발견할 수 있다고 생각합니다. 말해사는 그 전형입니다. 왜냐하면 영토가 관련되어 있기 때문입니다. 여기저기 의논이 분분했습니다만, 대체로 이해해 주셨으면 합니다.

**한규철** : 예. 감사합니다. 신채호, 양개초, 쿠로이다 많은 분들이 나왔습니다. 신채호 선생님은 저도 생각할 때 그는 독립 운동가이자, 저널리스트였기 때문에 그의 생각이 상당히 우리가 우려하는 최근에 말씀하시는 것과 같은 그런 어떤 지표를 제시해 준 분이 아닌가 이렇게도 생각하면서 무정부주의였다 하는 것을 제가 왜, 그러면서도 그랬는가 하는 생각을 했어요. 무정부주의를 주장하신 분이 또 그런 입장에 서있었다 하는 것을 의문을 가지고 있었습니다. 일단 시간이 되면 질문하기로 하고요. 그러면 전체적으로 질문은 한 번 돌아갔습니다. 그러면 먼저 오늘 기조발표를 하신 스즈키 선생님께서 질문을 한 번, 기회를 드리겠습니다. 그리고 또 스즈키 선생님께 질문하실 분도 한번 질문을 해주시길 바라고요. 선생님 가능하시겠습니까?

**鈴木靖民** : 누구에게요?

**한규철** : 선생님께서 원하시는 분께.

**스즈키** : 저, 지금 정말 레벨 높은 말씀들을 일단 접어두고, 기억속에 남아있는 이야기를 해도 괜찮겠습니까? 방금 전 이름이 나왔던 북조선의 박시형 선생님을 1960년대 말쯤에 일본에서 만났습니다. 그즈음에 일본의 배우죠. 특색 있는 성격의 배우인 토우노 에이지로우라고 하는 사람입니다만, 그 배우와 닮아 있는 모습이었습니다. 매우 온화한 편으로 그를 만났던 당시의 내용은 역사학연구라고 하는 잡지 월보에 실렸습니다. 이미 저의 수중에는 없습니다만. 그리고 아주 다른 것을 말하겠습니다. 저, 쿠로이다 카즈미를 이성시 선생님께서 이름을 거론하셨습니다. 지금의 일에 한정하지 않고, 쿠로이다 카즈미라고 하는 사람은 역시 정치가와 관계있었던, 일본에서 말하는 전

쟁 전입니다만, 전쟁 전에 뇌출혈로 쓰러져 사망했습니다. 저는 쿠로이다 카즈미로부터 직접 가르침을 받은 板本太郎의 제자입니다. 그러니까 저는 가르침을 받은 손자뻘이 됩니다. 아주 오래된 이야기입니다. 그 분은 물론 조선사 편수회를 생각한 사람 중 한 사람입니다. 그러니까 지금 일본 역사나 고고학연구의 하나의 거점이 되고 있는 千葉縣에 있는, 국립역사민족박물관도 원래는 쿠로이다 카즈미가 고안한 것입니다. 그러니까 오늘 이성시 선생님께서 말씀하신 것은 확실히 마이너스지요. 책임을 짊어져야 할 유산이 폭로되고 있지만, 쿠로이다 카즈미 그 자체를 역사가로서 연구를 하지 않으면 안된다고 생각합니다. 변호할, 지키려고 할 생각은 전혀 없습니다. 그리고 세 번째는 지금 이야기하고 있는 것과 조금 적당하지 않을지도 모르겠습니다만, 오늘은 일본에서 이루어지고 있는 발해연구, 혹은 일본의 연구자가 어떻게 발해인식을 하고 있는가 하는 것을 생각해본다면, 오늘은 송기호 선생님과 그리고 김은국 선생님 두 분뿐이고, 그 외에는 뭔가 약간 재판에 회부되고 있는 듯한, 발해사에 대해 어떻게 생각하고 있는가 하는 느낌이 듭니다. 그래서 오늘 여러 가지를 인용해 주셨습니다. 일본 연구자도 그리고 한국의 연구자도, 국학원 관계자가 매우 많습니다. 그리고 石井선생님은 역시 국학원에서 박사학위를 받았습니다. 그리고 저도 국학원에서 유학하고 역시 박사학위를 받았습니다. 그 외에 이성시 선생님은 어떨까요? 왠지 국학원에 있으면 인용되기 쉽다는 것일까요. 논문. 초인전설. 등등의 것이라고 하는 것은 국학원이라고 하는 것이 국학원이라는 이름에서 알 수 있듯이 일본의 문화나 일본 역사를 중시하는 연구가 특기인 대학입니다만, 그러한 기운데 발해사를 연구하는 것은 그 국학원 대학의 학문이나 연구를 뭐라고 할까, 상대화한다고 해야 할까. 일본의 하나의 사립대학으로서는 연구가 활발한 대학이라는 점을 생각하게 되었습니다. 왠지 총평하는 듯이 되었습니다. 죄송합니다. 이성시 선생님이 언제나 매우 자제심이 대단합니다. 자신의 연구를 선보였습니다만 제 연구에 대해 한 마디, 말하지 않으면 안된다고 생각합니다. 저는 원래는 어두운 인간입니다만, 들으셨듯이 발해사를 시간의 순서대로 살피는 것은 최근에 행하고 있지 않습니다. 물론 발해사를 뭐라고 해야 할까. 오픈해서, 안이 아니라 밖을 향해서, 외발적이라고 할까, 외향적으로 역사를 이해하는, 그러니까 실제 발해의 역사를 밖을 향해서 이해함에 따라, 넓게 이해함에 따라 결국은 오늘 이번 테마와 같이 중국이나 신라, 신라와의 관계가 그다지 없을지도 모르지만, 그 관계 그리고 일본과의 관계, 그러한 것들입니다. 넓은 아시아 세계 속에서 이해하면 여러 가지 이해할 수 없었던 것도 이해할 수 있다는 점, 이러한 것이 기본적으로 오늘 강연에서 이야기한 저의 배경과 백그라운드에 있다고 생각합니다. 개개 역사사실의 이해에 대해서는 해석이 얕은 사람에게는 여러 가지 다른 의견도 있으리라고 자각하고 있습니다.

**한규철** : 네. 감사합니다. 충분히 말씀을 들었는지 모르겠습니다만, 할아버지 되시는 쿠로다 선생님을 조금 변호를 하시고, 우리 이성시 선생님, 저희도 또, 우리 이성시 선생님은 한국에 와서 민족주의를 상당히 비판하는 입장인데, 일본 민족주의를 더 비판하는 쪽이 아닌가도 생각이 됩니다. 하여튼 아까 신채호 선생님을 이야기했는데, 신채호 선생님은 지극히 아와 비아와의 투쟁까지 이야기하면서 한편으로 무정부주의 주장하는 어떻게 보면, 양심적인 연구자가 아닌가. 상당히 심각하게 민족주의에 빠졌다고 하는 사람들에게도 그들에게 그런 양심적이라고 할까요, 보편성을 갖는 주장이 있다는 점을 서로가 인정해야 하지 않느냐 그런 차원에서 제가 이 무정부주의를 한번⋯

**鈴木靖民** : 죄송합니다. 아직 이야기가 있는지 몰랐습니다. 생각이 나서, 앞서 발해사연구나 사학사에 대해서요. 추억담을 이야기를 했습니다만, 추억담에 한마디 덧붙여 두겠습니다. 제가 했던 신채호의 조선상고사, 그 번역은 제가 저, 한국어를 공부하고 있는 어느 아주머님께 추천을 받아 카지무라 선생님과 둘이서 일본의 綠蔭書房이라고 하는 곳에서 20년 정도 전에 출판했습니다. 조금 자랑하고 있습니다. 별로 팔리지는 않았다고 생각합니다. 일본에서는.

**한규철** : 네. 감사합니다. 그러면 다른 분들의 질문과 대답하는 순서를 가지도록 하겠습니다. 송기호 선생님, 임기환 선생님, 이사장님 이런 순서로 하겠습니다.

**송기호** : 세 분께 각각 질문을 하겠습니다. 첫 번째 스즈키 선생님. 길게 얘기하진 않겠습니다. 신라와 오랜 세월에 걸쳐 대치하고 있어 거의 교섭이 없었다는 말씀을 하셨는데요. 일본에서 일반적인 견해로 그렇게 하고 계신데, 제가 80년대 이미 글을 썼지만, 이것은 조금 일본학계에서 고쳐야 되지 않을까 하는 생각이 듭니다. 발해의 다섯 개의 주요 교통로 중에 신라도가 있는데, 신라도만 대립적인 루트였다는 것은 좀 이해가 되지 않습니다. 또 하나는 신라와 발해 사이에 39개 역이 있었는데, 또 하나 신라 국경선에 관문이 있었다고 분명히 되어 있습니다. 기록에. 삼국사기에. 그렇다면 비록 신라 사람들이 기록을 남기지 못해서 그렇지 일본하고의 교류만큼이나 분명히 왕래가 있었던 것으로 봐야 되지 않을까 하는 생각이 듭니다. 그게 선생님에 대한 질문이고요. 그 다음에 고지마 선생님. 제가 세 가지 질문입니다. 간단간단히. 선생님께서 편처라고 말씀하셨는데. 일본의 한자 쓰는 방식은 모르겠지만 일반적으로 편처하면 임시거처적인 성

격이 강합니다. 정식의 거처가 아니고, 그렇다면 고고학적으로 그것이 증명되기는 상당히 어렵지 않을까 하는 생각이 들어서 편처를 고고학적인 주거지하고 직접 연결하는 것은 참 어렵겠다는 생각이 들었습니다. 두 번째 질문은 표류민이라고. 두 번째 질문하고 관련된 것인데. 표류민이라고 본다고 하더라도 꼭 발해인으로만 볼 수 있느냐. 제가 후쿠이에 가서 보니까 한국의 남쪽에 쓰레기들이 상당히 많이 흘러와 있는 것을 봤습니다. 신라인도 여기에 고려대상이, 이건 정식이 아니기 때문에 대상이 될 수 있는데 왜 발해인으로만 생각하시는지 그게 궁금합니다. 세 번째는 이건 다무라고이치 선생님하고 얘기할 때 했던 것 중에 하나인데, 51페이지에 신라도의 루트를 보면 중경에서 출발한 것처럼 되어 있습니다. 그게 동경에서 중경을 거쳐서 남경으로 갔다는 의미인지, 저희들이 일반적으로 생각하는 동경에서 바로 바닷가로 나와서 따라서 남경으로 갔다는 루트하고 다르기 때문에 여기에 특별한 생각이 있으신지 하는 것이 제 질문입니다. 그 다음에 세 번째로는 김웅국 선생님. 절대연대라는 것을 말씀하시는데 이게 수치는, 조사한 수치는 분명히 플러스 마이너스라는 오차 범위가 분명히 붙어 있어야 될 수치로 생각이 됩니다. 탄소연대 측정도 마찬가지고. 그렇다면 830년, 40년이라는 연대를 얘기해서는 안되고 플러스 마이너스 몇 년이라는 것을 분명히 얘기를 하고 그 상태에서 얘기를 해야지만 오해가 없을 것으로 생각이 됩니다. 그래서 이 발표문에서 고고학적인 수치에서의 연대에서 절대연대라는 것은, 고고학에서 이 시기의 탄소연대 측정은 절대연대를 거의 믿지 않습니다. 그런 면에서는 오차라는 것이 충분히 있기 때문에 이것만 가지고 논지를 전개하는 것은 상당히 위험하다는 생각이 듭니다. 이상입니다.

**한규철** : 질문을 상당히 많이 해주셨는데, 선생님 부탁합니다.

**鈴木靖民** : 음, 첫 번째는 발해와 신라의 교섭은 거의 없었다고 제가 말씀 드렸습니다만, 일본의 평균적인 견해입니다만, 그것이 옳다, 가장 옳은 판단이라고 생각합니다. 교섭은 없었다는 것은 저도 없었다고 생각합니다. 앞서 말씀드렸습니다만, 예를 들어 당에 동시에 갑니다. 즉 함께 동시에 간 적이 있습니다. 예를 들면 897년 정월 조하사절, 발해 사절이 당에 가서, 신라 사절과 자리 순서를 席次爭朝사건이라고 말합니다. 이러한 사건이 있었고, 그리고 872년 역시 당에 갔던 발해인이 신라인의 뭐라고 합니까. 음, 학생이지요. 학생으로 시험에 합격한 사람 명부를 어디에서 어떠한 순서로 적는가 하는 다툼이 있었기 때문에 발해와 신라 사절, 사람이 모두 만나지 않았다는 그러한 의미는 아닙니다. 그리고 신라도에 대해서입니다만, 확실히 중국에서 한반도 북부를 거쳐 알고 계시듯이 24회석입니다. 돌입니다. 그것이 도중까지 있어서 교통시설일 가능성이 높습니다. 이와 같이 일정한 거리에 있었기 때문에 도중에 없어졌다고 하는 것은 부자연스럽습니다. 단, 한편으로 관문이 도중에 있었습니다. 아마 철 관문이 그러한, 역시 장애가 된 적도 있어서, 매우 원활하고 유효한 교통이었다고 그렇게도 말할 수 없을지도 모릅니다. 그러나 속일본기에서 오늘 어느 분께서 언급해주셨습니다만, 발해로지요. 이것은 제가 역시 일본해 쪽을, 동해 쪽을 통하는, 발해에서 일본에 이르는 교통로. 저, 정해진 교통로는 아니라고 생각합니다. 그렇기 때문에 그것은 역시 신라도를 도중까지 이용하는 것이 아닌가 생각하고 있습니다. 일본 연구는 신라와의 교류, 교섭을 평가하지 않는다는 것입니다. 말씀하신 대로 다시 검토하지 않으면 안된다고 생각합니다.

**한규철** : 네, 감사합니다. 小嶋선생님.

**小嶋** : 세 가지 질문. 처음 편처 문제입니다만, 편처는 송기호 선생님이
말씀하셨듯이 임시 시설입니다. 그렇기 때문에 金澤에서도 불특정한
유적이 편처로, 이것과 이 유적만이 편처라고 생각하지 않습니다. 오
늘 말씀하였듯이 지금 이해하고 있는 다섯 개의 유적은 전부 편처일
가능성이 있어 아무래도 임시로 만들어진 것이라고, 이용된 것이라
고 생각합니다. 단, 발해와 일본과의 왕래를 생각할 때 오늘은 발해
船의 來着이라고 하는 것에 초점을 두어 말씀을 드렸습니다. 그런데
일본에서 발해로 돌아가는 사람들의 루트도 실은 都에서 香川, 金澤
를 경유하여 能登으로 갔습니다. 그래도 일본에 來着한 발해사절 중
전원이 都에 들어간 것은 아니고, 20인 전후의 사람밖에 들어갈 수
없었습니다. 그래서 100명 정도의 사람이 와서 20인 정도밖에 들어
갈 수 없었기 때문에 남은 사람들은 귀국 준비를 합니다. 귀국 준비
를 어디에서 하였는가 하는 문제가 있습니다. 그래서 都에 들어간
사절은 기본적으로 能登에서 돌아간다고 생각하면 귀국 준비는 카라
혹은 能登에서 하였을 가능성이 있습니다. 그리고 두 번째 표류민입
니다만, 확실히 신라인일 가능성도 부정할 수 없다고 생각합니다. 그
리고 9세기의 정확한 연대는 조금, 생각나지 않습니다만 9세기 후반
이라고 생각합니다. 신라의 병선, 병대와 군선이지요. 배가 들어온
것을 막기 위해 大宰府에서 북쪽지방의 나라들에 대해 군비와 神仏
에 기원하라고 하는 명령이 있었습니다. 특히 9세기에 들어서면 일
본 정부는 발해와 멀어지면서 신라에 대한 다양한 대책을 취하고 있
습니다. 이런 중에 이 戸水c유적에서도 어떠한 형태로든 신라의 일
을 적었을 가능성도 있습니다만, 제 생각으로는 戸水c유적이라고 하
는 것은 발해의 배가 들어오기 위한 정비된 유적이라는 것을 대전제

로 하여 당연히 여기에서 나오는 유민이라는 것은 발해일 것이라고 생각했습니다. 단, 신라인을 완전히 부정하는 것은 아니고, 이제부터 생각해 봐야겠습니다. 그리고 중경의 문제입니다만, 이 그림을 그렸을 때에는 무엇인가를 생각한 것입니다만, 중경의 都가 어디인가 하는 문제와 그리고 중경 경덕부가 어디인가 하는 문제를 분리하여 생각하지 않으면 안된다고 생각합니다. 신라로 갈 경우 예를 들어 상경에서 신라로 갈 때에는 동경을 통과하지 않고 중경을 통해 갔을 것이라고 생각해서 이러한 방향을 열었다고 지금 생각하고 있습니다. 그 정도 이유밖에 없어서, 별로 깊은 의미는 없습니다. 감사합니다.

**김은국** : 예 감사합니다. 선생님께서는 조금 더 정확한 자료, 데이터를 갖다가 제시를 했어야 한다는 그런 취지에서 말씀하신 걸로 알고 있습니다. 그래서 고고학 연대측정은 어떻게 인용하느냐에 따라서 신중해야 될 것을 다시 한 번 느끼게 됩니다. 아까 말씀하셨던 방사선 탄소연대 측정은 60페이지의 주 40번을 보시면 2005년도에 나와 있던 성과를 방사선 탄소연대 측정값 예를 한 번 참고로 하시면, 380년 플러스 마이너스 50이었고, 연대 눈금을 맞춘 결과 ca지요. 이게 840ad 이렇게 나옵니다. 방사선 탄소연대는 여러 시료를 통해서 나오기 때문에 플러스 마이너스가 나오지만, 여기서 ca라는 게 있습니다. 연대의 눈금을 맞추고 조정이 되어서 가장 보편적인 연대가 나오는데 과연 이것을 어느 정도 적극적으로 고고학적 연대를 우리가 문헌에서 얘기하는 그런 연대와 동일시 할 수 있을까 하는 것은 조금 차치하더라도 지금 우리가 고고학 연대에서 최대한 얻을 수 있는 가장 확실한 자료는 유물하고 유물에 의해서 분석되는 연대측정이라고 하는 점이죠. 거기에 맞춰서 플러스 마이너스하고 BP연대보다는

연대와 눈금을 맞춘 결과로 나오는 보정연대 이것을 조금 제시해 본 것입니다. 본문에서 애기한 것은 ca연대를 제시를 한 것입니다. 급하게 발표문을 준비하다 보니까 방사선 BP 측정값과 ca연대값이 조금 같이 제시가 안된 것 같습니다. 이것은 다시 보완을 하도록 하겠습니다. 감사합니다.

**한규철** : 네. 감사합니다. 鈴木靖民 선생님.

**鈴木靖民** : 앞서 小嶋 선생님의, 송선생님이 질문한 편처에 대해서, 편처라고 하는 것은 두 사람이 말씀하신대로입니다. 즉 처음부터 객관, 영빈관 같은 곳, 시설은 없다는 것입니다. 즉 갑자기 사절이 오는, 지금처럼 가겠습니다 하는 메일로 연락이 없이, 그러할 때 뭔가 다른 시설을요. 다른 시설을 이용할, 전용할 그러한 곳은 없었을까하고 생각하였습니다. 개인적으로는 고지마 선생님에게 메일로 사전에 말씀드린 것입니다만, 저는 香川의 國府인 나라의 津, 항구입니다. 나라의 진, 국부의 진. 한글로 진. 그리고 혹은 저곳 어느 군입니까. 香川 郡인 나라 아래의 郡의 役所의 진, 그러한 군진이지요. 그러한 것이 시설이 계속해서 국부가 있을 때에는 부속으로 그러한 시설이 항구 근처에 있어, 그것이 이용되었다. 혹은 그 때 수리되거나 개조되거나 하였다는 점도 생각하였는데, 이러한 것을 편처라고 하는 것이 제 생각입니다.

**한규철** : 네. 감사합니다. 편처에 대해서 부언말씀 해주셨는데, 제가 개인적으로 국학원 대학의 우리 스즈키 선생님의 초청으로 일 년 가서 있었습니다. 그래서 제가 스즈키 선생님을 많이 배려를 하고 있는 것 용서를 해 주십시오. 양해를 바랍니다. 다음 우리 임기환 선생님

부탁합니다.

**임기환** : 네. 이성시 선생님에 대해서 말씀을 드렸는데, 질문이라기 보다 사실 아까 제가 첫 번째 드렸던 질문이 제가 질문을 명확하게 하지 못했던 관계로 이성시 선생님께서 오해를 하신 것 같습니다. 선생님께서 답변하신 대로 저도 전통시대 왕조의 역사관과 근대의 역사관은 전혀 다른 역사관이라고 생각을 합니다. 다만 동북아시아 속에서 민족이 형성된다고 할까요. 민족관이라고 하는 것이 만들어질 때 유럽에서는 그것이 만들어질 때 완전히 경계선들이 재구성되는 이런 방식으로 합니다만, 즉 일본에서의, 그 신채호에 의해서 민족이 인식되고 민족이라는 걸 어디 범주를 민족으로 할 것인가, 또 일본에서 민족을 인식하려고 하고, 양개초에 의해서 민족이 만들어 질 때, 민족이라고 하는 범주를 설정하는 그 범주 자체는 그 이전에 내려왔던 역사의 계승과 범주를 그대로 받아들인다 라는 그런 뜻이었습니다. 왜냐면 새롭게 민족을 구성하면서 새로운 역사기술에 민족의 범주를 새로 설정하지 않고 신채호 같은 경우에도 그 이전의 조선왕조까지 내려왔던 역사의 계보, 단군부터 쭉 내려왔던 삼국, 조선까지 이어왔던 그 범주를 바로 근대적 민족의 범주로 설정한단 그런 뜻이었습니다. 중국에서도 그다지 다르지 않으리라고 생각합니다. 청까지 내려왔던 어떤 정치적 범주라던가 역사기술의 범주가 그대로 이어지는 부분이 있으리라 생각을 하고, 일본의 경우도 마찬가지라고 생각합니다. 따라서 분명히 이때 민족이라고 하는 것은 그 이전과 전혀 다른 역사관입니다만, 신채호 선생이 한국민족, 조선민족으로 설정할 때, 그때 설정했던 민족의 범주는 그 이전에 생각해 왔던 역사기술의 범주와 중복된다는 것이죠. 그 점에 대해서 추적, 접근, 검토 같은 것도 필요하지 않을까 그런 점에서 질문을 드렸습니다.

혹시 답이 있으시면 감사하겠습니다.

**한규철** : 이성시 선생님 질문 답변하시겠습니까?

**李成市** : 그렇습니다. 영역적으로는 각각 변동이 없다고 하는 것은 그대로입니다만, 임기환 선생님의 그 문제에 대해서 말씀드리면 전근대입니다. 이번 문장에서도 쓰였습니다만 중국을 예로 들면 우리들이 중국인이라고 하는 의식은 전혀 없었습니다. 나는 무슨 무슨 주의 사람이다. 일본에서도 나는 살마번 사람이라고 하는 의식은 있었어도 일본인이라고 하는 의식은 없었습니다. 19세기에 들어서도 이것을 한국에서라면 한국은 있다고 할지도 모르겠습니다만 그러나 어느 지방에서 살고 있는 사람이 자기를 규정할 때 자신은 어느 본관의 누구누구이다. 어느 어느 군에서 살고 있는 본관은 어디인 사람이다 라고 하는 인식이 있었어도 조선인이든 무엇이든 좋습니다만 그렇게 인식하는 것은 극히 일부 지식인 이외에는 없었다고. 그리고 그것보다 나는 양반이다 라든가 나는 향리이다 라든가 그러한 신분은 있다고 생각합니다. 신분의 의식은, 그래서 근대국가의, 여기는 정치학을 의논하는 장소는 아닙니다만, 근대 국민국가 중 민족이 어려운 것은 그 지역이나 신분을 넘어 우리들은 하나다 라고 하는 의식을 어떻게 만들 것인가 하는 이것은 무엇보다도 어려운 중에 어려운 문제입니다. 그것을 이 지역에서는 거의 같은 시기에 웨스턴 임팩트를 받으면서 그래도 상호 의식하면서 이 지역으로 만들어 냈다고 하는 특수성이 있다고 생각합니다. 물론 그곳에는 유럽과는 달리 영토가 늘 변한 적은 없었다고 생각합니다. 그렇기 때문에 기초적인 풍습이나 습속이나 그러한 것을 공유하면서 만들었겠지만, 그러나 완전히 새로운 의식, 한 겨레, 동포라는 의식은 극히 어렵습니다. 그래서 그것

은 제가 여기에서 이야기할 것은 아니지만 베네딕트 앤더슨이 왜 그렇게 유명하게 되었는가 하면 그 창조의 공동체라고 하는 것이 왜, 어째서, 어떻게 가능한 것인가 하는 점을 지금까지 생각하지 않은 시각에서 대답했기 때문입니다.

**한규철** : 제가 잠깐, 저도 평소에 말갈 얘기 하면서 말갈사람이라고 생각하는 사람들이 백두산, 나는 백산 사람, 송화강 사람 그러는데, 백산말갈, 속말말갈 이렇게 적은 게 아닌가 이렇게 생각하는데요. 부산 사람하면 부산 사람이라고 해도 한국 사람을 전제로 얘기를 하는 것 같고. 그래서 어떻게 보면 역사적 사실과 현실에 우리가 미래학이라든지 당연시 생각하고 우리가 갈등을 해소하는 이런 어떤 평화담론하고는 좀 거리가 있는 게 아닌가. 평소에 좀 그런 생각을 해 봤습니다. 사회자가 주제넘게 생각을 조금씩 보태서 미안합니다만. 마지막 이사장님 질문을 받겠습니다.

**이상우** : 감사합니다. 이 테이블에 앉은 중에 유일의 비전문가이기 때문에 비전문가로서 전문가 여러분들에게 제가 무식한 걸 전제로 하고 질문하겠습니다. 궁금해서 그렇습니다. 우리가 지금 발해를 논하는데 사실 발해국을 논하는 건지, 아니면 발해인이나 발해문화나 발해족을 논하는 건지 사실 불분명해졌습니다. 흔히 우리가 국가라 그러면 정부와 영토와 국민, 이 세 가지를 갖췄을 때 우리가 국가라고 그럽니다. 발해라고 하는 나라가 있었다고 그러면 발해가 멸망한 이후에 이 각각 세 가지가 어떻게 승계되는가 거기가 제가 궁금한 겁니다. 정부는 해체됐습니다. 영토는 대충 다른 주변국가에 전부 분속이 돼버렸습니다. 그럼 발해인이란 사람들은 지금 어디 가 있는가. 누가 승계했는가. 어디와 관련되느냐면 발해가 있었을 때 발해인이라는

사람이 있었을까. 발해민족이라고 하는 것이 있었을까. 오늘 토론에서도 신라인이란 말은 여러 번 나왔고, 일본인이란 말도 여러 번 나왔는데 그런 차원에서 발해인이라고 할 수 있는 사람들이 있었을까. 흔히 우리 민족을 어떻게 정의하느냐면 문화동질성을 상호 인정하는 인민의 집단, 남과 차별성을 느끼고 있는 그러한 인간의 집단이고 문화적으로, 그러면서 저는 정치학을 합니다만, 정치학에서는 자치를 원하는 집단 이런 조건을 붙입니다. 그래서 전 세계 현재 65억은 약 3,000개의 민족이 있다고 저희들은 지금 인정하고 있습니다. 그렇다고 그러면 이런 조건을 갖췄던 발해인이나 발해민족이라고 하는 것은 과연 있었다고 생각하느냐. 오늘 지금 논의하면서 지금 우리가 발해문제가 중국의 동북공정하고 같이 연결돼 가지고 우리가 관심을 가지는데, 중국쪽에서의 인식은 영토 기준으로 하니까 발해는 중국사의 일부라고 하는 것이고, 또 구성원 중에서 상당부분이 고구려 유민이 아닌 말갈족이었기 때문에 중국 역사에 포함된다고 주장하는 부분이 있습니다. 반대로 우리는 그 정부를 구성했던 주요 지배계급이 고구려 유민이었기 때문에 한국 역사의 일부라고 주장하고 있습니다. 제가 궁금해서 질문하고 싶은 딱 한 가지라면 누가 대답해도 좋습니다만, 말갈이 누굽니까? 말갈이라고 우리가 부르는 종족은 그 뒤에 어떻게 되었으며 현재는 어떤 모양으로 어디에 존재하고 있는지가 제가 궁금해서 질문을 드립니다. 이상입니다.

**한규철** : 말갈에 대한 생각들이 워낙 달라서 제가 많이 제일 얘기하고 싶은 말입니다. 제가 그 부분에 대해서 제일 논문을 많이 썼습니다. 근데 제 생각하고들 많이 좀 틀린 부분이 있어서요. 금방 아까 말씀 드렸는데, 백산말갈, 속말말갈 7개 말갈이 있는 부분을 말갈의 종족명을 그대로 인정하면서 하나의 민족단위로써 인정하느냐 아니면 고

구려의 변두리, 저는 그렇게 생각합니다. 고구려의 변두리 사람이었던, 심지어는 백제와 신라의 변두리 사람까지도 삼국사기는 말갈로 표현하는 그런 부분이다. 그래서 말갈은 고구려의 변두리인이자, 동북방 이민족에 대한 범칭, 타칭이라는 거지요. 자칭, 스스로 말갈이라고 한 적은 없습니다. 그런 부분으로 봤을 때 이른바 지배층이 고구려 유민, 피지배계층은 말갈이다 라고 주로 말씀하시는 많은 분들은 적어도 피지배계층 말갈설에서 말씀을 하고 있습니다. 그랬을때 저는 발해는 말갈사라고 하는 것이 옳다 저는 오히려 그런 쪽이고요. 어느 정도 30대 70이니 얼마로 얘기하던지간에 저는 이제 말갈로 불리는 타칭의 말갈로 보기 때문에 부산 오면 부산말갈 이렇게 깔봐서 불렀던 거지요. 말갈이라고 불리는 사람도 고구려인으로 볼 수 있는. 안시성 사람도 말갈로 불렀단 거예요. 말갈언어가 뭔지 모릅니다. 고구려와 발해가 풍속이 같았다 하는 말은 있습니다. 언어는 모릅니다. 발해언어도 잘 모르고요. 저한테 말을 많이 하도록 해 주신 것 같아서 감사합니다. 제가 말갈에 대한 부분을 아까 말갈시대도 얘기하고 어느 쪽에 분명히 이게 말갈거다라고 고구려거다고 구별하는 자체는 무의미하다고 생각하죠 저는. 그래서 유물 자체가 말갈거다라고 하는 것이 손으로 빚은 것은 말갈거고, 돌림판 만들고 좀 좋은 것은 고구려거고, 발해거고. 이런 부분에서 저는 또 무덤도 송묘계통은 고구려거고, 또 이 토광묘는 말갈거다. 보통 사람들 우리 어머니 토광묘 썼어요. 우리 어머니 토광묘 썼는데, 우리는 말갈 후손이라 해야 돼 그러면. 우리 이사장님께서 오히려 사회자한테 이야기할 기회를 줘서 감사합니다. 우선 다른 분들한테 기회를 주기 위해서 질문을 받겠습니다. 시간 뭐 많진 않습니다. 예. 우리 고지마상 부탁합니다.

**小嶋芳孝** : 지금 말갈에 대해서 고고학의 의견을 하나 말씀드려도 좋을까요? 저, 고고학 세계에서는 중국, 러시아, 모두 말갈계인 카메라고 하는 것입니다. 이것은 취사에 사용하는 도구, 카메입니다. 냄비 같은 것이지요. 이것의 기원은 5세기 후반이나 6세기 초로, 아무르 강 중류역, 중국의 차무스의 주변 토기가 기원이라고 생각하고 있습니다. 그리고 그 토기의 형태가 좀 변화해서 7세기, 8세기 발해 시대에도 같은 카메가 기본적으로 각지에서 사용되었습니다. 이것은 중국 영내, 러시아의 연해주도 포함해서 일상적으로 사용하는 취사에 사용할 때에는 말갈계의 카메를 사용하였습니다. 함경도의 경우는 제가 잘 알지 못합니다만, 매우 같다고 생각하는데, 발해가 멸망하고 이후에도 10세기, 11세기 아마 13세기경까지 말갈계의 카메라고 하는 것은 남아있습니다. 그러니까 민족의 개념은 매우 어려운 것인데, 그 일상적으로 사용하는 토기를 공유한 집단을 혹시 민족이라고 한다면 말갈이라고 하는 민족은 에스닉 그룹입니다. 그 자체는 13세기 정도까지는 일정한 존재를 보이고 있다고 하는 것이 고고학적인 견해로 말할 수 있는 것은 아닌가 생각합니다.

**한규철** : 감사합니다. 다른 분. 예 우리 임상선 선생님.

**임상선** : 저도 아까 사회를 보느라고 궁금한 게 있었는데 못했습니다. 단지 아까 스즈키 선생님이 재판하는 듯 한 기분이라고 해서 질문을 드리기가 조심스러운데요. 어떤 그런 것이 아니라 제가 궁금했던 사항을 여쭤본다고 생각해 주시면 좋겠습니다. 스즈키 선생님의 발표문을 보면 83쪽 두 번째 단락에 보시면 이광현에 대한 언급이 있는데요. 지난 번에 저도 이광현에 대해서 관심이 있어서 검토한 적이 있습니다. 여기선 간단하게 이광현을 전설적인 인물 이런 식으로 상

인, 교역에 종사한 상인인 듯이 이렇게 설명을 하셨는데. 사실은 제가 아는 범위 내에서 일본 쪽에서 선생님 이외에 이쪽 자료에 대해서 언급하는 분이 거의 없는 걸로 알고 있는데, 그 일본학계에 선생님 이외에 이 자료에 대해서 어떻게 생각하고 있는지 한번.

**鈴木靖民** : 이 자료를 발견한 것은 중국인입니다. 왕용이라는 사람인데, 王勇이라는 사람은 왕이라는 王자에 용기가 있다는 勇입니다만, 일본 문화사라든가 문화론의 연구가입니다. 역사가라기보다는 도교의 경전에 상세하기 때문에 중국에서 최고의 논문을 쓰고 계십니다. 일본에서는 아시아 유학 6호 인가요. 국학원에서 심포지움이 있었던 것을 특집으로 한 것이지요. 그리고 일본어로 쓰셔서 일본에서 알려지게 되었습니다. 저도 그것을 알고 쓴 것과 그리고 이시다 선생님과 마사토시 씨가 역시 국학원 심포지움에서 썼고, 9세기의 동아시아 심포지움, 역시 아시아 유학 20, 2002년입니까. 아. 2001년 봄 정도에 썼습니다. 이것은 저는 지금 임선생님의 말씀과 같이 실재의 인물이 아니고 이것은 뭔가 꿈을 보는 듯한 꿈 속에서 나타나는 듯한 즉 도교의 선인의 이야기이기 때문에 그러한 전설상의 이광현입니다만, 저는 실제로 그러한 중국 강남, 남쪽에서 동중국해 그리고 황해, 황색의 황해 등을 돌아다니면서 해상활동을 한 그러한 역시 상업활동, 교역, 무역이지요. 그러한 사람들 그러한 집단, 상인집단이라고 할까, 그러한 것이 있었습니다. 그 사실을 반영한 도교가 이 상인 세계지요. 그러니까 그러한 설화일 것이다. 그러나 실재가 기저에 있을 것이라고 생각하고 있습니다. 그 밖에 비슷하게 이러한 교역을 하는 사람들의 거점은 중국 측에서는 산둥 반도이지요. 산둥 반도였는데, 9세기 이후가 되면 강남쪽으로 이동해 가고 산둥 신라인도 그렇습니다. 반도에 있던 신라인도 그러한 생각이 최근 나오고

있습니다. 젊은 연구자에 의해서.

**한규철** : 네. 감사합니다. 오늘 종합토론을 마무리하려고 합니다. 지금 죄송합니다. 한국에서는 올해부터 발해사학회 모임을 하고 있습니다. 발해사학회를 만들어서 저희들이 어떻게 보면 발해사 연구자들이 처음으로 대외적인 행사를 같이 하는 자리가 아닌가 하는 생각이 듭니다. 앞으로도 일본과의 교류, 그리고 중국, 러시아 교류에 다 함께 의견들을 나누는 좋은 시금석이 되었으면 합니다. 토론에 참여해 주시고 발표 또 뒤에서 이렇게 청중으로써 들어주시고 격려해 주신 여러분들께 감사드립니다. 오늘 감사합니다.

**손승철** : 감사합니다. 오늘 아침 9시 반에 시작을 해서 한일문화교류기금, 동북아역사재단 이사장님의 축사로 시작한 심포지움이 거의 9시간 이상 지속이 되었습니다. 스즈키 교수님의 발해사 전반에 대한 기조강연. 그리고 이어서 다섯 선생님들의 각론적인 발표 그리고 또 다섯 분의 종합 토론이 있었습니다. 발해사 전공자가 아닙니다만, 총체적으로 매우 심도 있고 유익했던 심포지움이 아니었나 이렇게 생각이 됩니다. 아까도 잠깐 말씀드렸습니다만 발표 선생님들께선 연말까지 원고를 좀 수정 보완해서 다시 보내주시기 바랍니다. 그러면 내년 3월까지 단행본으로 출간하도록 하겠습니다. 개회사에서 이상우 이사장님 말씀처럼 앞으로 2, 3회에 걸쳐서 발해사에 대한 지속적인 탐구를 계속하겠습니다. 계속 여러 선생님들의 관심과 격려를 부탁드립니다. 그리고 이 심포지움을 처음 계획을 하면서 오늘에 이르기까지 한일문화교류기금의 김수웅 국장님, 그리고 동북아역사재단의 임상선 연구위원님께 감사를 드립니다. 그리고 아울러서 하루 종일 아주 어려운 통역을 발표한 분들보다도 더 잘 거침없이 통역을

해 준 이남희, 김혜원 동시 통역사님께 감사를 드립니다. 그러면 이것으로 한일문화교류기금, 그리고 동북아역사재단이 공동으로 주최한 동아시아속의 발해와 일본 한일국제심포지움을 모두 마치도록 하겠습니다. 감사합니다.

필자소개

鈴木靖民　國學院大學

宋 基 豪　서울대학교 국사학과

古 畑 徹　金澤大學

小嶋芳孝　金澤學院大學

金 恩 國　東北亞歷史財團

李 成 市　早稻田大學文學學術院

*집필순

# 東아시아 속의 渤海와 日本

초판 인쇄 ‖ 2008년 6월 20일
초판 발행 ‖ 2008년 6월 30일

엮은이 ‖ 한일문화교류기금·동북아역사재단 편
펴낸이 ‖ 한정희
펴낸곳 ‖ 경인문화사
출판등록 ‖ 1973년 11월 8일 제10-18호
편집 ‖ 신학태 김소라 김경주 장호희 김하림 한정주 문영주
영업 ‖ 이화표　관리 ‖ 하재일

주소 ‖ 서울특별시 마포구 마포동 324-3
전화 ‖ 718-4831　팩스 ‖ 703-9711
홈페이지 ‖ www.kyunginp.co.kr / 한국학서적.kr
이메일 ‖ kyunginp@chol.com

ISBN 978-89-499-0567-9　93910
값 15,000원